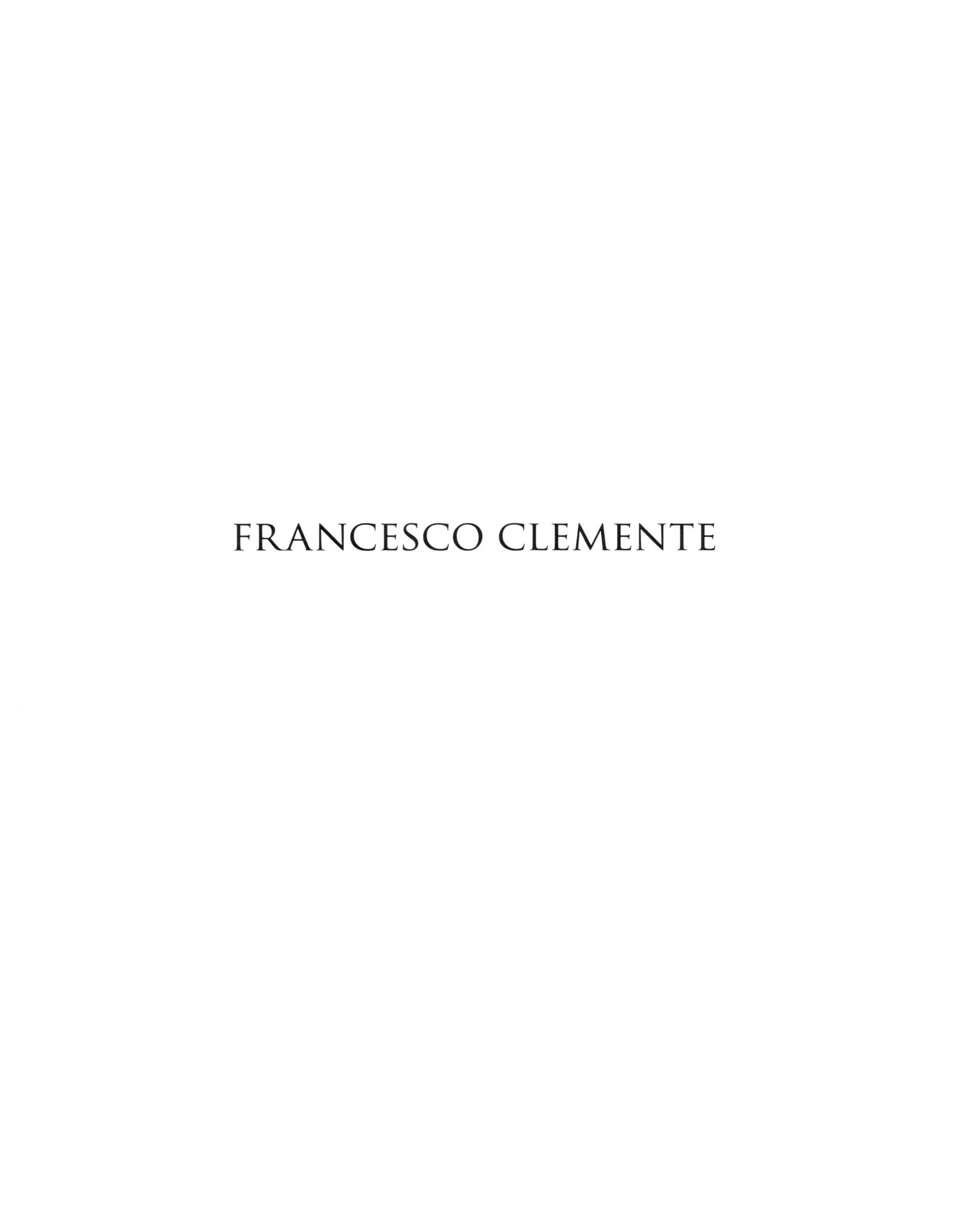

FRANCESCO CLEMENTE

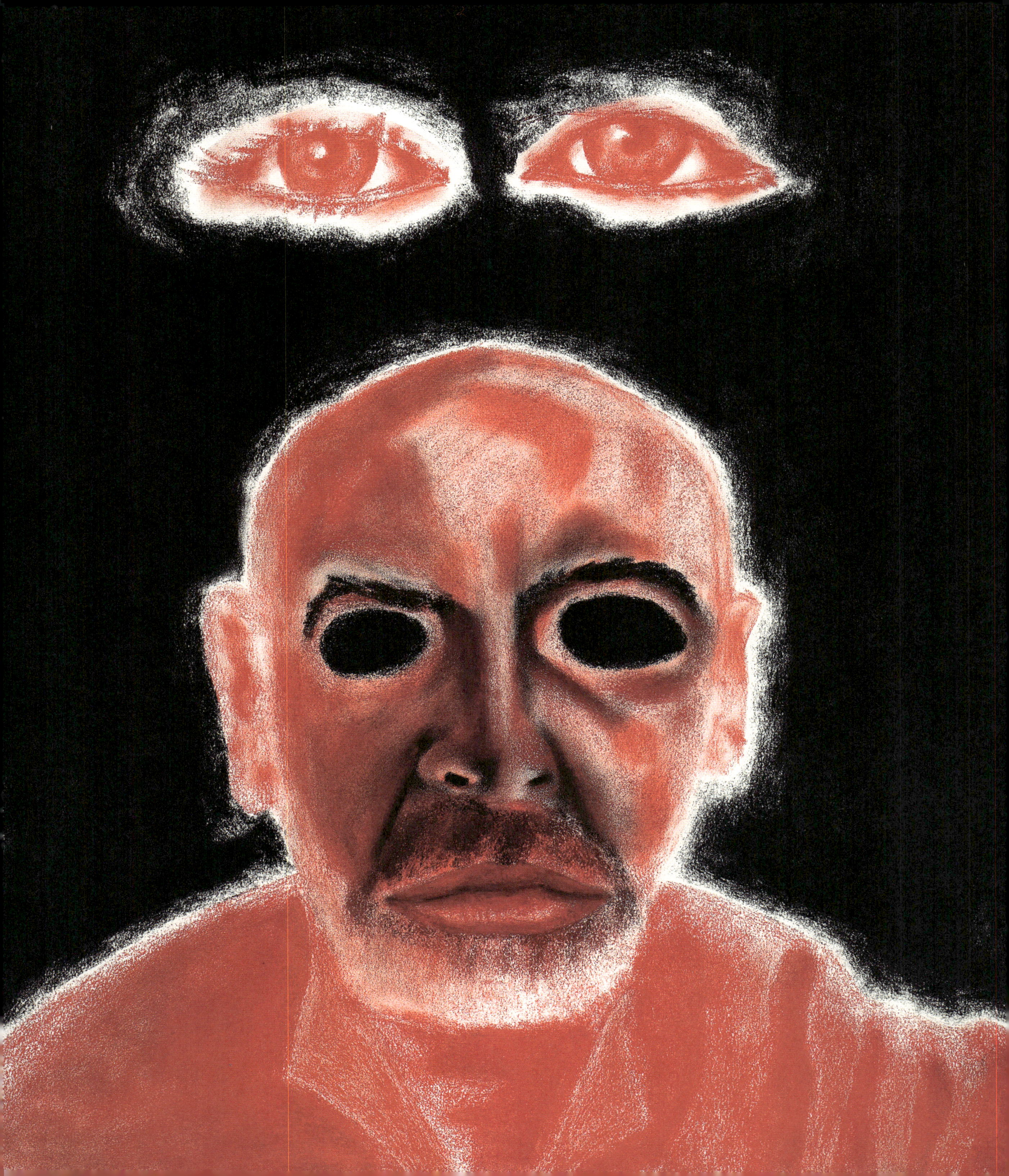

FRANCESCO CLEMENTE

Herausgegeben von
Edited by
ELSY LAHNER
KLAUS ALBRECHT SCHRÖDER

Mit Texten von
With essays by
RAFAEL JABLONKA
SIR NORMAN ROSENTHAL
und and
ENRIQUE JUNCOSA
sowie einer Biografie von
as well as a biography by
BETH CITRON

ALBERTINA

HIRMER

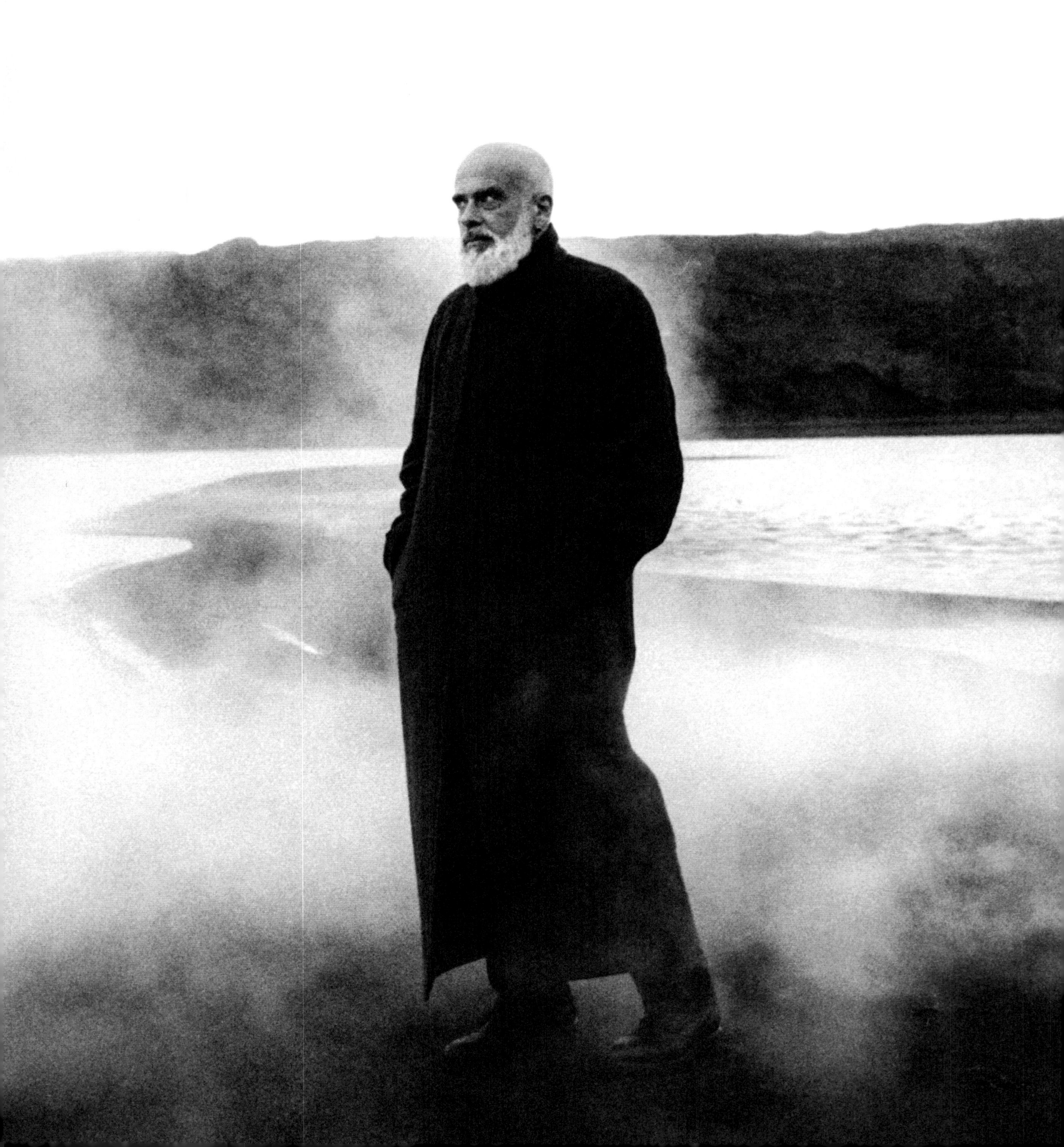

Francesco Clemente
Island / Iceland, 2004

Vorwort

Die Albertina widmet dem italienisch-US-amerikanischen Künstler Francesco Clemente eine einzigartige Personale. Die Idee hierzu stammt von Rafael Jablonka, der uns gemeinsam mit seiner Frau Teresa ihre bedeutende Sammlung als Dauerleihgabe übergeben hat. Diese beinhaltet auch wichtige Werke von Francesco Clemente, dem Rafael Jablonka schon lange als Kunstliebhaber, Sammler und Freund nahesteht. Er hat diese Ausstellung in enger Abstimmung mit dem Künstler konzipiert.

1952 in Neapel geboren, zählt Clemente in Italien schon Anfang der 1970er-Jahre zu den herausragenden Künstlern seiner Generation. Er gilt als einer der Hauptvertreter der Transavanguardia, einer Gegenströmung zu Minimalismus und Konzeptkunst, die eine Rückkehr zur figurativen Kunst und Farbigkeit, zu Symbolik, Mystik und Mythologie darstellt. Anfang der 1980er-Jahre lässt sich Clemente in New York nieder, kehrt jedoch regelmäßig nach Italien zurück. Seine Reisen an die verschiedensten Orte der Welt, etwa nach Afghanistan, Brasilien und immer wieder für lange Aufenthalte nach Indien, beeinflussen nicht nur sein Werk, sondern auch ihn selbst und sein gesamtes Denken. Eindrücke, Erlebnisse, Geschichten und Volksglauben gibt er in traumähnlichen Bildern mit rätselhaften Inhalten voll Poesie wieder, die auf diese Weise dynamisch bleiben und offen für unterschiedliche Interpretationen sind. Anhand seiner Pastelle, Aquarelle, Gouachen, Druckgrafiken und einiger Gemälde konzentriert sich die Schau auf Clementes Selbstreflexionen, seine Verortung in der Welt und auf jene Menschen – Familie, Freunde und Wegbegleiter –, die sein Leben prägen.

Allen voran danke ich von Herzen dem Künstler, Francesco Clemente, sowie seinem Team für die wunderbare Zusammenarbeit. Ich freue mich sehr, dass wir sein Werk hier in der Albertina zeigen können. Mein besonderer und aufrichtiger Dank gilt ebenso Rafael Jablonka für seine kontinuierliche Unterstützung und für das Kuratieren dieser gelungenen Schau. Der Kuratorin von Seiten der Albertina, Elsy Lahner, sowie Assistenzkuratorin Melissa Lumbroso danke ich für die umsichtige Umsetzung und Betreuung des Projekts. Mein Dank gilt zudem den Autoren dieses Katalogs, Sir Norman Rosenthal, Enrique Juncosa und Beth Citron, für ihre Beiträge, die einen hervorragenden Einblick in das Werk von Francesco Clemente geben. Für die gelungene grafische Gestaltung des Katalogs danke ich Kühle und Mozer, dem Team des Hirmer Verlags sowie Lektorat und Übersetzung für die angenehme und produktive Kooperation. Darüber hinaus danke ich allen anderen Mitarbeiterinnen und Mitarbeitern der Albertina, die an diesem Projekt beteiligt waren, insbesondere Sandra Maria Rust für das Publikationsmanagement, Kristin Jedlicka und Christiane Steinbichler-Schranz im Ausstellungsmanagement sowie dem Team der Restaurierung.

KLAUS ALBRECHT SCHRÖDER
Generaldirektor der Albertina

Foreword

The Albertina Museum is dedicating this exceptional solo exhibition to Italian-US artist Francesco Clemente. The idea for this exhibition originated with Rafael Jablonka. He and his wife Teresa have placed their joint collection on permanent loan to the Albertina Museum. This collection includes major works by Francesco Clemente, whom Rafael Jablonka has been close to as an art lover, collector, and friend. He conceived this exhibition in close consultation with the artist.

Born in Naples in 1952, Clemente was by the early 1970s already considered one of the outstanding artists of his generation in Italy. He was one of the prime representatives of Transavanguardia, a countermovement to minimalism and conceptual art, which espoused a return to figurative art and color, to symbolism, mysticism, and mythology. In the early 1980s, Clemente settled in New York, but regularly returned to Italy. His travels to far-flung places, to Afghanistan, Brazil, and India for repeated long stays, influenced not only his work, but also his character and his entire way of thinking. Impressions, experiences, stories, and popular beliefs find their way into his mysterious, oneiric, and highly poetic images, which remain dynamic and open to the most varied interpretations. Displaying pastels, watercolors, gouaches, prints, and several paintings, this exhibition concentrates on Clemente's reflections on his place in the world and on those—family, friends, companions—who have been important to him.

Above all, I am profoundly grateful to the artist, Francesco Clemente, as well as his team, for their wonderful cooperation. I am delighted that we are able to exhibit his work here at the Albertina Museum. My special and heartfelt thanks also go to Rafael Jablonka for his unremitting support and for curating this successful show. I would further like to thank the Albertina Museum's curator, Elsy Lahner, and assistant curator Melissa Lumbroso for their thoughtful realization and close supervision of the project. I am also grateful to the authors of this catalogue, Sir Norman Rosenthal, Enrique Juncosa, and Beth Citron, for their essays, which provide excellent insight into Francesco Clemente's oeuvre. Kühle und Mozer is to be thanked for the wonderful graphic design of the catalogue, along with the team at Hirmer Verlag as well as the translators and proofreaders for their pleasant and productive teamwork. I would also like to express my gratitude to everyone else at the Albertina Museum who is involved in this project, in particular Sandra Maria Rust for the publication management, Kristin Jedlicka and Christiane Steinbichler-Schranz, who were responsible for the exhibition management, and the conservation team.

KLAUS ALBRECHT SCHRÖDER
Director General of the Albertina Museum

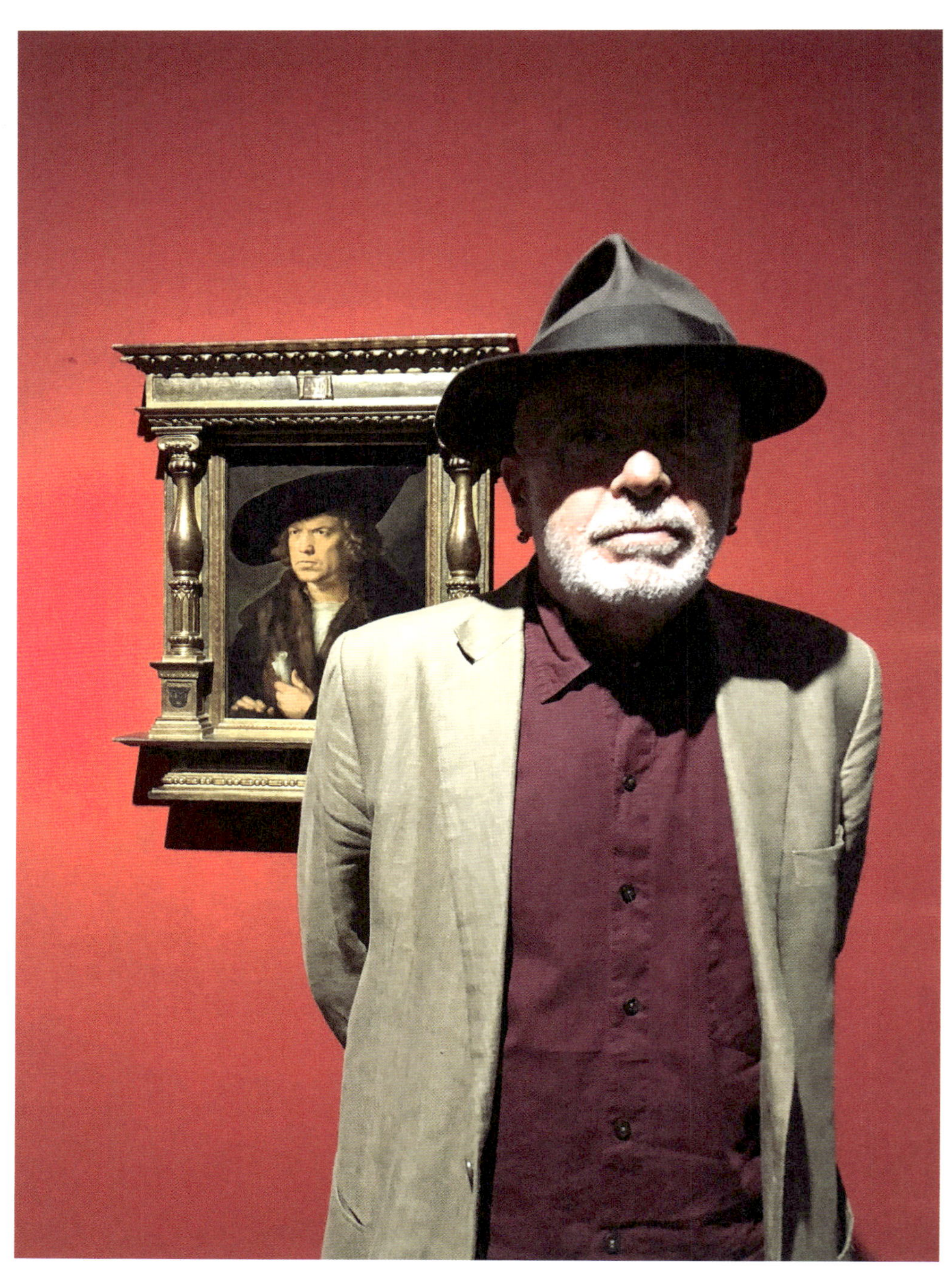

Francesco Clemente
September 2019,
ALBERTINA, Wien / Vienna

»A Chameleon in a State of Grace« (Edit DeAk)

Francesco Clemente stellt zum ersten Mal in Wien aus. Diese Tatsache überrascht. Wenn man seine intellektuelle Verwandtschaft mit dem im Wien der vorletzten Jahrhundertwende herrschenden Zeitgeist bedenkt, wenn man sich die Nähe seiner Bilder und Zeichnungen zu Wiener Künstlern des späten österreichisch-ungarischen Kaiserreichs vor Augen führt, bleibt nur das Staunen über diese späte Entdeckung.

Den damaligen Wiener Zeitgeist kann man durchaus mit jenem im New York der Jahre nach 1970 vergleichen, als die Intensität des kulturellen Austauschs zwischen Europa und den USA gewaltig zunahm, nicht nur zwischen den einzelnen Kunstbereichen. Dichter, Musiker, Tänzer, Maler, Bildhauer hatten schon in den 1950er-Jahren zusammengearbeitet (John Cage, Merce Cunningham, Jasper Johns), doch ab Mitte der 1970er-Jahre wurde New York zu einem Magneten für Künstler aus der ganzen Welt.

Die Performance von Joseph Beuys *I Like America, America Likes Me* (Ich mag Amerika, Amerika mag mich), die vom 21. bis 24. Mai 1974 in der Galerie René Block in New York stattfand, markiert einen wichtigen Wendepunkt dieser Entwicklung.

Francesco und Alba Clemente besuchten 1981 New York und ließen sich 1982 dauerhaft dort nieder. Fast über Nacht wurden sie zu einem wichtigen Bestandteil des kulturellen Lebens der Stadt. In Clementes Loft fanden Konzerte (Morton Feldman, Kevin Volans) und Dichterlesungen (Allen Ginsberg, John Ashbery) statt. Mit vielen Künstlern verband Clemente ein enges freundschaftliches Verhältnis, mit manchen schuf er gemeinsame Werke, darunter Jean-Michel Basquiat, Allen Ginsberg, Andy Warhol. Und das Loft am Broadway, das sie bezogen, wurde nach einem Entwurf von Ettore Sottsass zu Atelier und Wohnung umgestaltet.

Was Wien oder Paris um 1900 waren, wo Architekten, Dichter, Komponisten, Tänzer, Designer aus ganz Europa in regem intellektuellem Austausch standen und vielleicht auch oft sentimental miteinander verflochten waren über die Schmerzgrenze hinaus, das war jetzt in den 1980er-Jahren endgültig New York.

Henry Geldzahler schreibt im Vorwort zur Ausstellung *Francesco Clemente: Frescoes* in der Fundación Caja de Pensiones in Madrid (wieder abgedruckt in Geldzahler, *Making It New*): »Francescos Werk bedeutete für mich eine Rückbesinnung auf die Bildtradition der Wiener Jahrhundertwende und ließ mich Egon Schiele ganz neu sehen.«

Visuelle Belege für diese Verbindung drängen sich auf Anhieb auf. Ich verweise hier nur auf zwei. Es überrascht zunächst, dass beide in der Albertina beheimatet sind: Schieles *Aktselbstbildnis* (Abb. 1) von 1916 und Clementes *Self-Portrait with Eyes* (Selbstporträt mit Augen; Abb. 2) von 2002.

Mein Wiener Abenteuer mit Francesco Clemente begann im September 2019 mit Albrecht Dürer. Wir besuchten gemeinsam die im Aufbau befindliche Dürer-Ausstellung in der Albertina und dort fiel mir das Bild *Jesus unter den Schriftgelehrten* (Abb. 5) auf. Ein wichtiges Detail in diesem Gemälde führte mich auf Anhieb gedanklich zu dem Bild *Southern Cross* (Kreuz des Südens; Abb. 6) von Clemente.

Das Thema dieses Bildes sind Hände. Auch in Dürers Gemälde sind Hände das zentrale Motiv. Bei Dürer führt Jesus eine bestimmte Geste aus. Der Zeigefinger der Rechten berührt den Daumen der Linken. Jesus zählt auf. Sind es Sünden, sind es Gebote, von denen er spricht? Bei Clemente sind die gleichen Finger mit der gleichen Geste im Spiel. Bei Dürer scheinen die zwei anderen Hände den Händen Jesu zu widersprechen. Bei Clemente sind die acht Finger der vier Hände miteinander zu einem Zeichen der Harmonie verbunden. Bei Dürer ist ein Gespräch dargestellt, möglicherweise ein Disput – eine Idee wird erklärt. Bei Clemente herrscht Schweigen, nur die Form, zu der sich die Finger zusammenfügen, spricht.

Was ist die Botschaft von *Southern Cross*?

Sind in dem Bild Hände tanzender Schamanen bei einem *Umbanda*-Ritual dargestellt, die im Trancezustand die Grenze von der materiellen hin zur geistigen Welt überschreiten? Eine Vermutung nur – aber nicht unbegründet, denn das Bild entstand in Zusammenhang mit einem Aufenthalt Clementes in Salvador de Bahia im Norden Brasiliens, wo solche Rituale noch heute aufgeführt werden.

Gefragt nach der Bedeutung von Joseph Beuys' Werk sagt Clemente in einem Gespräch mit Michael Auping, dass er Beuys' Glaube an Schamanismus und nicht an traditionelle Religionen bewundere. »Ich wende meinen Blick von Ideen ab. Ideen teilen die Menschen ein in gute Menschen und schlechte Menschen. Daran habe ich kein Interesse, so wie mich auch förmliche Religionen nicht interessieren … Ich möchte meinen Blick der Welt der Formen zuwenden …, weil Formen uns zusammenbringen.«

Das Bild *Southern Cross* weist auf einen Weltreisenden hin, es ist ein Bild, das in der Seele eines Seglers beheimatet ist – auch in der des Kapitäns Ahab.

Die Neugier hat Clemente schon sehr früh auf Reisen geschickt, ihm wohnt eine »dem Wesen nach nomadische Existenz« (M. Auping) inne.

Salman Rushdie, ein Freund des Künstlers und selbst ein Ausgewanderter, schreibt: »Seine Kunst ist die eines Reisenden«, und spricht weiter vom »kreativen Nutzen des Reisens«, denn »nur diejenigen, die

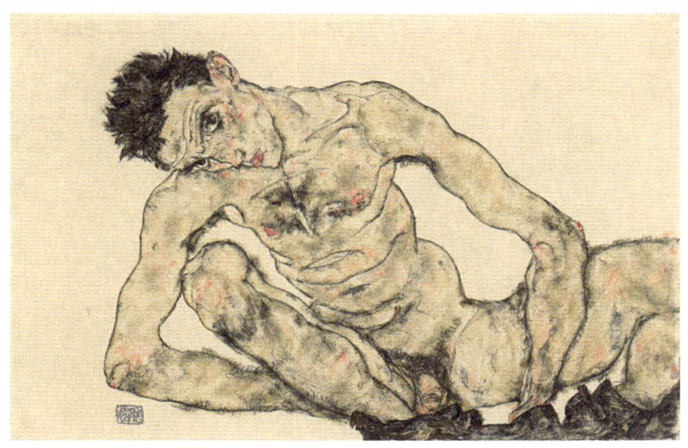

1
Egon Schiele
Aktselbstbildnis, 1916
Bleistift, Deckfarben / Pencil, gouache, 29,5 × 45,8 cm
ALBERTINA, Wien / Vienna

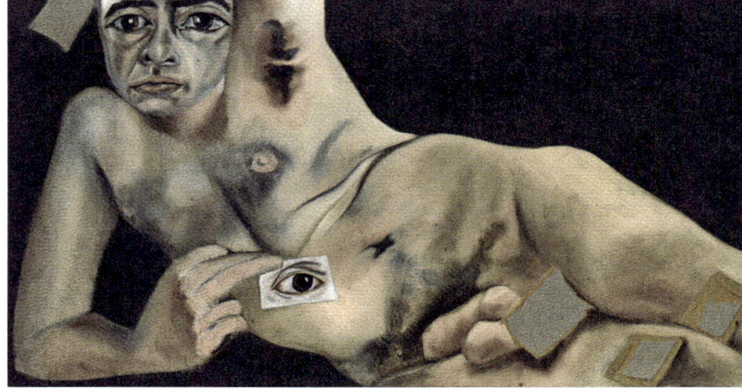

2
Francesco Clemente
Self-Portrait with Eyes, 2002
Öl auf Leinwand / Oil on canvas, 76,5 × 153 cm
ALBERTINA, Wien / Vienna – The ESSL Collection

das ganze Bild sehen … sind auch die, die aus dem Rahmen heraustreten.«

Wie kommt es, dass einer wie Clemente, der in die weite fremde Welt zog, um sie zu ergründen, sich gleichzeitig mit sich selbst, dem eigenen Spiegelbild, so stark beschäftigt? Es ist erstaunlich, aber zugleich selbstverständlich, denn das Risiko auf sich zu nehmen, das Fremde zu verinnerlichen, dient doch der Selbsterkenntnis. »Zur Schaffung eines Kunstwerks gehört eine Art zweifacher Blick, man muss zugleich nach außen und nach innen schauen.« (S. Rushdie)

Und hier drängt sich wieder ein Bildvergleich auf: Dürers frühe Zeichnung *Selbstbildnis als Akt* (Abb. 3) von 1499 und Clementes fast 500 Jahre später entstandene Zeichnung *Self-Portrait, The First* (Selbstporträt, das Erste; Abb. 4) von 1979.

In diesen Selbstporträts sehen wir beide noch am Beginn ihrer künstlerischen Tätigkeit. Alles ist noch offen – die großen Schritte sind noch nicht gemacht und dennoch erstaunt es den Betrachter, welches Selbstbewusstsein die Bilder ausstrahlen. Die Zeichnung Dürers ist das Werk eines Menschen der Renaissance, ein paar Jahrzehnte früher wäre sie undenkbar. Denkt man nicht bei diesen Porträts an das Selbstbildnis des 20-jährigen Picasso *Yo, Picasso* (Ich, Picasso)?

Clementes große Zeichnung hat eine ähnlich starke Präsenz und Aussagekraft wie die Arbeit Dürers. Er scheint uns sagen zu wollen: Ich höre, was mir die Singvögel sagen, die Dichter im Reich der Tiere, und was die weise Eule, die Philosophin, zu sagen hat. In Anbetracht seines

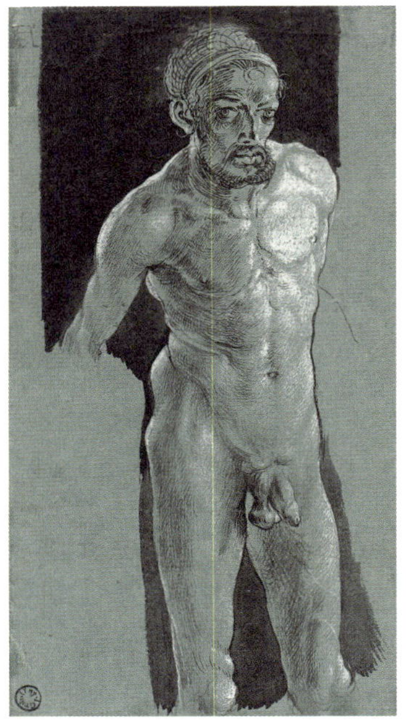

3
Albrecht Dürer
Selbstbildnis als Akt, um 1499
Feder und Pinsel in Schwarz über Kreidevorzeichnung, weiß gehöht, auf grün grundiertem Papier
Pen and brush and black ink, heightened with white, on green prepared paper
29,1 × 15,3 cm
Klassik Stiftung Weimar, Graphische Sammlungen

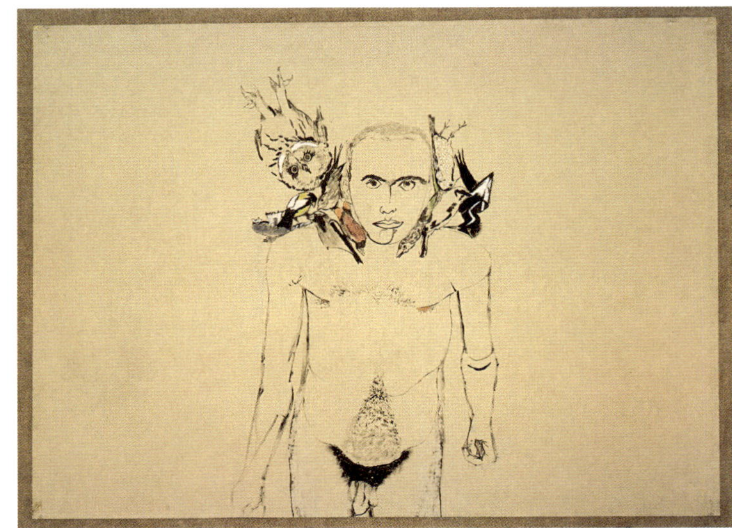

4
Francesco Clemente
Self-Portrait, The First (il primo autoritratto), 1979
Tusche, Pastel und Gouache auf Papier, auf Leinwand
Ink, pastel and gouache on paper, on canvas
111,8 × 147,3 cm

Nomadendaseins ist die Anwesenheit fliegender Lebewesen in seinem Selbstbildnis bezeichnend. Es ist ein Manifest.

Clemente, der Dichter unter den Malern, ein Neapolitaner, der sich der Antike, der Renaissance genauso wie der Moderne verbunden fühlt. Als ob er die Fäden der Welt in seinen beiden Händen hielte. Die des Okzidents, des Orients, des Nordens, des Südens, des Altertums und der Gegenwart. Er hält sie oder er spinnt sie sogar wie eine Spinne, der man nicht entkommt – eine Sirene (Abb. 7).

Und zum Schluss noch ein Satz von Henry Geldzahler, den ich gerne genauso geschrieben hätte: »Ich war allerdings ganz sicher, mich in der Gegenwart eines Meisters zu befinden. Sowohl seine Arbeit als auch seine Person haben mich augenblicklich überzeugt.« Genauso fühlte ich, als ich im Frühjahr 1986 zum ersten Mal in Francesco Clementes Studio (Ecke Broadway und Great Jones Street) saß.

Rafael Jablonka
Seefeld, Januar 2020

"A Chameleon in a State of Grace" (Edit DeAk)

Francesco Clemente is exhibiting his work in Vienna for the first time. Isn't this surprising? When we consider his intellectual affinity with the cultural and intellectual climate that prevailed in Vienna at the turn of the last century, when we remember how close his paintings and drawings are to artists in Vienna in the later years of the Austro-Hungarian Empire, we can only marvel that his exposure came so late.

The Viennese zeitgeist of that time may be likened to that of New York in the years following the 1970s, when the intensity of cultural exchange between Europe and America increased dramatically, and not just among the individual arts. Poets, musicians, dancers, painters, and sculptors had already worked together in the 1950s (John Cage, Merce Cunningham, Jasper Johns), but in the mid-1970s, New York became a magnet for artists from throughout the world.

The performance of Joseph Beuys' *I Like America, America Likes Me* that was held at the René Block Gallery in New York from May 21 to 24, 1974, marks a significant point in this development.

Francesco and Alba Clemente visited New York in 1981 and moved there permanently in 1982. Virtually overnight, they became important participants in the city's cultural life. Their loft was the setting for concerts (Morton Feldman, Kevin Volans) and poetry readings (Allen Ginsberg, John Ashbery). Clemente was close friends with many artists; he produced joint works with a number of them as well, including Jean-Michel Basquiat, Allen Ginsberg, and Andy Warhol. And the loft they occupied on Broadway was converted into a studio and apartment based on a design by Ettore Sottsass.

What Vienna and Paris were in 1900, where architects, poets, composers, dancers, and designers from all over Europe entertained a lively intellectual exchange and were often romantically involved with each other in extremely painful ways: that is what New York finally became in the 1980s.

Henry Geldzahler wrote in his foreword to the catalogue for the 1987 exhibition *Francesco Clemente: Frescoes* at Fundación Caja de Pensiones in Madrid (reprinted in Geldzahler, *Making It New*): "It was Francesco's work that led me back to the visual tradition of Vienna at the turn of the century to re-see Egon Schiele." Visual examples of this affinity readily spring to mind. Here I will mention only two. Both of them, surprisingly, are at the Albertina Museum: Schiele's *Aktselbstbildnis* (*Nude Self-Portrait*; fig 1) from 1916 and Clemente's 2002 *Self-Portrait with Eyes* (fig. 2).

My Viennese adventure with Francesco Clemente began in September 2019, with Albrecht Dürer.

We visited the Dürer exhibition at the Albertina together, which was being installed at the time, and I was struck by the painting *Jesus unter den Schriftgelehrten* (*Christ Among the Doctors*; fig. 5). An important detail of the work put me immediately in mind of Clemente's painting *Southern Cross* (fig. 6).

The subject of Clemente's image is hands. Hands are also the central motif in Dürer's painting. In Dürer's, Jesus is executing a specific gesture. The index finger of his right hand is touching the thumb of his left. Jesus is counting. Is it sins that he is enumerating, is it commandments? In Clemente's painting, the same fingers are present, making the same gesture. In Dürer's, the other two hands seem to be contradicting Jesus's hands. In Clemente's, all eight fingers of the four hands appear to combine in a symbol of harmony. In Dürer's work, a conversation is depicted, perhaps a dispute: an idea is being expounded. In Clemente's, silence reigns; the only thing that speaks is the sign of the fingers' gesture.

What is the message of the painting *Southern Cross?*

Are the hands depicted in it those of dancing shamans in an Umbanda ritual, who have entered a trance state and are crossing the border from the material world to the spiritual? It is only a guess, but it is an educated one, since the work was produced in the context of Clemente's visit to Salvador de Bahia in the north of Brazil, where such rituals are still performed today.

Asked about the significance of Joseph Beuys' work in an interview with Michael Auping, Clemente responds that he admires Beuys' belief in shamanism rather than traditional religions. "I'm turning my gaze away from ideas. Ideas divide people into good people and bad people. I have no interest in that, as I have no interest in formal religions… . I want to turn my gaze towards the world of forms … because forms bring us together."

The painting *Southern Cross* suggests a world traveler. It is a picture at home in a sailor's soul—including that of Captain Ahab.

Curiosity drove Clemente to travel at a very early age; he lives an "essentially nomadic existence" (M. Auping).

Salman Rushdie, a friend of the artist and an émigré himself, writes: "his is a traveller's art," and Rushdie goes on to speak of the "creative benefits of displacement," since "the only ones who see the whole picture … are the ones who step out of the frame."

How is it that someone like Clemente, who went forth to explore the strange, wide world, is also so intensely concerned with himself, with his own reflection? It is astonishing, yes, but it is also entirely natural, since the risk of internalizing the foreign is actually taken in the service of self-knowledge. "To make a work of art one must use a form of double vision, looking simultaneously outwards and inwards" (S. Rushdie).

And here, once again, I am impelled to compare two images: Dürer's early drawing *Selbstbildnis als Akt (Nude Self-Portrait*; fig. 3) from 1499

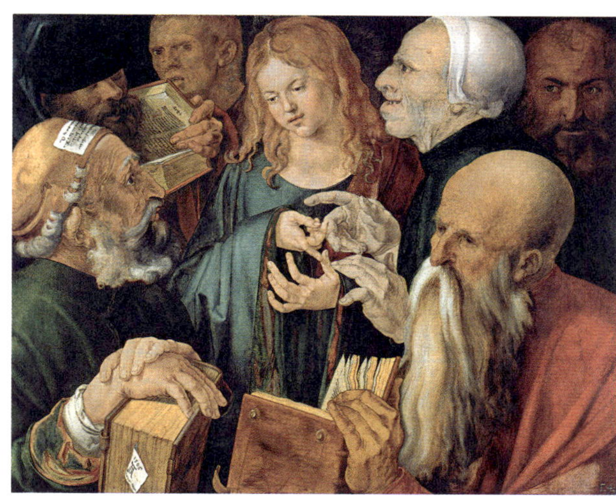

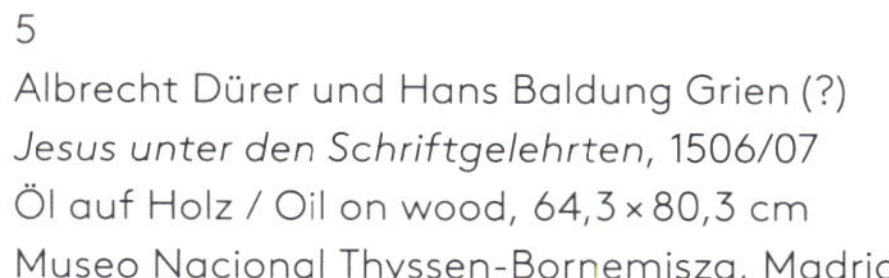

5
Albrecht Dürer und Hans Baldung Grien (?)
Jesus unter den Schriftgelehrten, 1506/07
Öl auf Holz / Oil on wood, 64,3 × 80,3 cm
Museo Nacional Thyssen-Bornemisza, Madrid

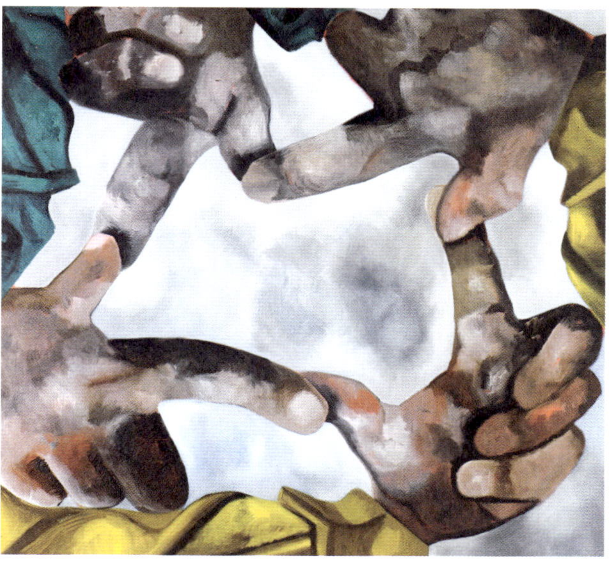

6
Francesco Clemente
Southern Cross, 2006
Öl auf Leinwand / Oil on canvas, 190 × 200 cm
ALBERTINA, Wien / Vienna – The JABLONKA Collection

and Clemente's drawing *Self-Portrait, The First* (fig. 4), which was produced almost five hundred years later, in 1979.

In these self-portraits, we see both artists still at the beginning of their artistic development. Everything is still wide open—the great steps have not yet been taken—and yet the viewer is astonished at the sense of self-assurance the works communicate. Dürer's image is the work of a person of the Renaissance; it would have been inconceivable a few decades earlier. Aren't we reminded, when we look at these portraits, of the self-portrait by the twenty-year-old Picasso, *Yo, Picasso (I, Picasso)?*

Clemente's large drawing has a presence and expressive power on a par with those of Dürer's. He seems to be saying: I hear what the songbirds are telling me, the poets of the animal kingdom, and what the wise owl, the philosopher, has to say. In light of his nomadic existence, the presence of flying creatures in his self-portrait is significant. It is a manifesto.

Clemente, the poet among the painters, is a Neapolitan who feels strongly connected to antiquity, the Renaissance, as well as the modern age. It is as if he held the threads of the world in his two hands: those of the West, the East, the North, the South, antiquity, and the present. He holds them or even weaves them like a spider that one can't escape—a siren (fig. 7).

In conclusion, another statement by Henry Geldzahler, one that I could just as easily have made myself: "What I was certain of, however, was that I was in the presence of a master. Both the work and the persona convinced me instantaneously." I felt exactly the same way when I first sat in Francesco Clemente's studio (at the corner of Broadway and Great Jones Street) in the spring of 1986.

Rafael Jablonka
Seefeld, January 2020

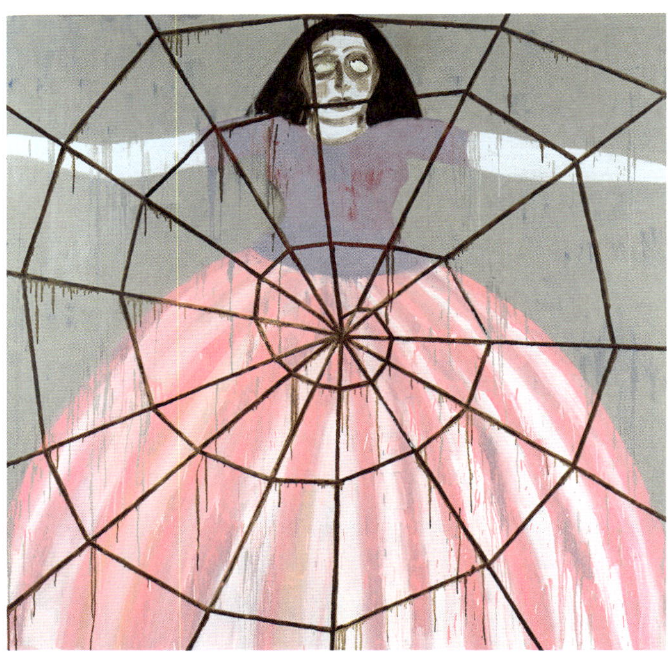

7
Francesco Clemente
Untitled, 2019
Öl auf Leinwand / Oil on canvas
183 × 183 cm

FRANCESCO CLEMENTE:
Das Bild im inneren Auge

SIR NORMAN ROSENTHAL

> Ich will mich beschreiben / wie ein Bild, das ich sah / lange und nah / wie ein Wort / das ich begriff / wie meinen täglichen Krug / wie meiner Mutter Gesicht / wie ein Schiff / das mich trug / durch den tödlichsten Sturm.
>
> Rainer Maria Rilke, *Das Stundenbuch*, Leipzig, 1905

> Schöpfung, das heißt die Exhumierung alter, vergessener Werte (Schöpfung aus zweiter Hand), ersteht aus der Stimulierung der Sinne: eine gewaltige Kraft, deren Handhabung eine vollkommene Sachkenntnis erfordert. Für die Lektionen in sinnlichem Erleben bedarf es, ganz so wie bei der Herstellung von Schießpulver, angeborener Fähigkeiten, damit die Zutaten gut gemischt und zusammengepackt werden. Das steigert die Produktion und hilft, bei der Explosion eine möglichst starke Entladung auszulösen.
>
> Alberto Savinio, *La partenza dell'argonauta*, 1918

Zwischen 1983 und 1986 erarbeitete Francesco Clemente gemeinsam mit einem engen Freund, dem Verleger Raymond Foye, eine illustrierte englische Übersetzung von *La partenza dell'argonauta* (1918), *The Departure of the Argonaut* (Der Aufbruch des Argonauten). Es handelt sich bei dem Werk um einen während des Krieges verfassten Reisebericht von Alberto Savinio, dem weniger bekannten, jüngeren Bruder von Giorgio di Chirico, der nicht nur ein hochbegabter Maler, sondern auch ein ausgebildeter Avantgarde-Komponist gewesen ist.

Die Zeit der frühen bis mittleren Achtzigerjahre liegt schon am Ende des mittlerweile klassischen kulturellen Zwischenspiels, das wir als »Transavanguardia« kennen. Gemeint ist damit der wichtige Beitrag von fünf oder sechs jungen italienischen Künstlern zum sichtbaren Wiederaufleben der Malerei und des Bildermachens sowohl in Europa als auch in Amerika. Die »Transavanguardia« war sowohl eine Zeit der Begeisterung, aber ebenso der Kontroversen, eine Phase, die viele Kunstberichterstatter auch als einen Verrat an fortschrittlichen kulturellen Werten ansahen. Solche Kritiker schienen die Rolle des Auges, ganz zu schweigen von den Fertigkeiten der Hand, bei der Schaffung von Kunst leugnen zu wollen, zugunsten des Konkreten, das in den zunehmend vorherrschenden zeitgenössischen Medien Film und Video präsent war, so als müsse man gewissermaßen per definitionem die Legitimität des Anderen ausschließen.

Obwohl Clemente zu jener Zeit in New York lebte, blieb er ein Argonaut, er kehrte häufig nach Italien zurück und behielt einen kreativen Stützpunkt in Indien. Wie sein früherer italienischer Künstlerkollege Alighiero Boetti, der häufig Reisen nach Afghanistan unternommen hatte, beschäftigte er äußerst begabte Kunsthandwerker, sowohl Frauen als auch Männer, bei der Herstellung von Bildern und druckte zudem Bücher. Während aber Clementes Freund Boetti seine Mitarbeiter zur Schaffung einer Art dekorativen Konzeptualismus einsetzte, konzentrierte Clemente seine eigene Produktion größtenteils auf Bilder seines Selbst; und wenn es keine Selbstbildnisse waren, dann Bilder von der das Selbst umgebenden Welt – nicht so sehr landschaftlich gesehen, sondern eher als etwas, das man ganz frei als ein Bild des inneren Auges bezeichnen könnte. Denn über seine eigenen außergewöhnlichen virtuosen Fähigkeiten hinaus, insbesondere beim Aquarellieren und beim Arbeiten mit Pastellkreiden auf Papier, und indem er vom Können der indischen Kunsthandwerkerinnen und -handwerker lernte, fokussierte sich seine Bildersprache auf den magischen Raum zwischen den Welten der inneren und äußeren Wahrnehmung. Dennoch hat nicht ohne Grund kein anderer zeitgenössischer Künstler eine solche Aufmerksamkeit für die Öffnungen des menschlichen Körpers an den Tag gelegt – von denen das Auge nur eine unter anderen ist – und diese Aufmerksamkeit in seine Bildsprache überführt.

In Clementes Werk erscheinen Mund, Ohren, Nase und die unteren Körperöffnungen – die auch in Zusammenhang mit dem männlichen und weiblichen Sexualtrieb zu sehen sind – alle als Verbindungsglied zwischen innerer und äußerer Welt und helfen ihm dabei, seine Vision vom Dasein in der Welt zu bestimmen. Ein Aspekt der erstaunlichen Schönheit aller von Menschen gemachten Kunst, wann und wo auch immer sie entstanden ist, besteht darin, dass jedes Bild zu einer voll ausgebildeten Betrachtung wird, für die ein Philosoph oder Schriftsteller ewig nach verschlungenen Formulierungen suchen müsste, um überhaupt mit einer Beschreibung anzusetzen. Das Bild selbst wird zum Vehikel für all diese Mehrdeutigkeiten, es verändert sich ständig sowohl für den Künstler selbst, der ja mit der Schaffung von Werken fortfährt, als auch für den privilegierten Betrachter. Die künstlerische Arbeit selbst wird zur kontinuierlich sich weiterentwickelnden Summe von Erfahrungen, wenn sie denn so brilliant ins Werk gesetzt ist wie im Falle von Clemente und übrigens auch aller anderen aufmerksamen Künstlerinnen und Künstler, von den prähistorischen Höhlenmalern bis in die Gegenwart.

Die Entwicklung des besonderen, individuellen Stils eines jeden Künstlers oder jeder Künstlerin – man könnte ihn »Handschrift« nennen –, der vom sachkundigen Betrachter unmittelbar erkannt wird, ist ein Wunder. Das wird bei Begegnungen mit dem explosiven Charakter von Clementes

Werk im Laufe der Jahre, sei es Malerei auf Leinwand, auf Tafeln oder Fresko, ebenso deutlich wie in seiner vollendeten, im Zeitalter der »Neuen Medien« derart seltenen Könnerschaft in sämtlichen klassischen Fertigkeiten, die auf Papier ausgeführt werden können.

Aber Clementes Kunst ist auch im Denken fundiert und in seiner Beschäftigung mit der Weltliteratur in großem Umfang, ganz zu schweigen von der östlichen wie auch der westlichen Philosophie. Vielleicht liegt das Wunder seiner Kunst in der Verschmelzung der Welten von buddhistischem und tantrischem Denken und Praxis mit einer Kenntnis der europäischen und amerikanischen Literatur, die Schopenhauer, Nietzsche und andere aufgesogen hat, von Walt Whitman über Bob Dylan bis zu Jack Kerouac, Allen Ginsberg und Robert Creeley. Manch anderer könnte noch genannt werden, nicht zuletzt sein enger Freund Salman Rushdie, der selbst eine literarische Ikone ist und in seinen Romanen die Kulturen von Ost und West bereist.

Auch innerhalb der figurativen Malerei gab es und gibt es immer noch viele Herangehensweisen: die metaphysische, die expressionistische, die hyperrealistische und sogar die symbolistische. Clemente gehört keiner von ihnen an, auch wenn der bekannte Aphorismus von Odilon Redon, dem französischen Maler des Symbolismus par excellence, »die Logik des Sichtbaren steht im Dienste des Unsichtbaren«, auf ganz eigene Weise in Clementes Bildwelten des Selbst sowie der von ihm dargestellten inneren und äußeren Welt Anwendung zu finden scheint. Clemente steht in einer fortgesetzten Auseinandersetzung mit den Phänomenen des Sehens und Beschreibens – mit ihren Tatsachenwirklichkeiten sowie dem philosophischen Diskurs über das Auge, der die Gelehrten schon immer fasziniert hat und von Platons Höhlengleichnis bis zu den komplexen und oft ambivalenten Diskursen über die Kunst des Sehens bei Sigmund Freud und Jacques Lacan reicht. Clementes Malerei, seien es Arbeiten auf Papier oder auf Leinwand, beschreibt man am besten als sowohl lyrisch, im musikalischen Sinne und im Hinblick auf ihre Farbigkeit, als auch literarisch, denn sie findet Entsprechungen für Worte und subjektives Denken, während sie Körperfunktionen thematisiert, von der körperlichen Liebe bis zur bloßen Betrachtung der Welt.

In seinem Buch *Downcast Eyes: The Denigration of Vision in Twentieth-Century French Thought* erinnert uns der Historiker Martin Jay – wie vor ihm schon Nicolas Poussin, der größte französische Maler des 17. Jahrhunderts: »Seit die Renaissance-Humanisten in der *Ars Poetica* des Horaz die Erklärung *ut pictura poesis* (wie die Malerei, so die Poesie) wiederentdeckten, ist die Beziehung zwischen Literatur und bildender Kunst ein Thema, dem ein lebhaftes und anhaltendes ästhetisches Interesse gilt.«[1] Es lässt sich argumentieren, dass dies weder auf die abstrakte noch die expressionistische Malerei als solche anwendbar ist, aber in Anlehnung an Jays Diskurs liegt mir an einer Befragung der »modernistischen Version der altehrwürdigen Spannung zwischen der

Dichtung, die auf der äolischen Harfe des Dichters für das Ohr geschrieben wurden, und jener, die vermittels des Prismas der Vorstellungskraft des einzelnen – sie oder er – für das Auge geschrieben wurde.«[2] In diesem Zusammenhang können wir mit einer Würdigung der gesamten Produktion Clementes beginnen, der in seiner beruflichen Laufbahn, die inzwischen fast ein halbes Jahrhundert umspannt, von einem erfindungsreichen, fantasievollen Bild zum nächsten schreitet. Die früheste Arbeit in diesem Katalog stammt aus dem Jahr 1978, eine genau beobachtete Zeichnung auf Papier, mit Leinwand hinterlegt, die ein gewitztes Selbstporträt zeigt, als würde laut nachgedacht, auf eine private, persönliche und langandauernde, existenzialistische Auseinandersetzung hin, die glücklicherweise noch heute andauert.

Eine Auseinandersetzung mit Clementes gesamtem Schaffen – das in dieser Schau gut repräsentiert ist – bedeutet ein kontinuierliches Nachdenken, für den Künstler wie für sein Publikum, über die inneren und äußeren Ansichten des Auges, in der reale Bilder ständig mit den Zweideutigkeiten des Sehens konfrontiert werden, die natürlich nie gänzlich erfasst werden können. In einer Serie mit zwölf braunen und grauen Pastellen aus dem Jahr 2007, die nur ein wenig mit Rot akzentuiert wurden, fast überall Augen und Pupillen; durch eine ostafrikanische Maske blickend strömen aus den Augen einer schönen Frau Pupillen in endloser Reihe – wie Rosenkranzperlen oder vielleicht auch einfach eine Halskette mit Halbedelsteinen. Sind das Selbstporträts?

Wie immer herrscht Ambivalenz. Ein dunkler Kopf – oder handelt es sich um einen unendlichen Raum? – wird von einem gefängnisgleichen Maschengitter umschlossen, aber durch augenähnliche Öffnungen dringt Licht aus Kopf, Armen und Torso einer geisterhaften Gestalt, einer Projektion des Selbst – zugleich Künstler und Betrachter. Ausgestreckte Arme, die sowohl an Stärke denken lassen als auch an Segnung, jedes Bild ist offen für endlose Interpretationen kultureller Referenzen, von dem imaginierten Rhesusaffen bis zu Joseph Beuys' kopfstehendem Spazierstock, der zum Zauberstab wird und quer über den eurasischen Kontinent hinweg Ost und West symbolisch miteinander verbindet.

Eine sehr seltsam anmutende, mystische Zeichnung wirkt, als würde sie sich den Blick aus dem inneren Auge heraus auf und in die äußere Welt hinein vorstellen und das durch einen Maschendraht, der aus beliebigen Buchstaben zu bestehen scheint. Sie lassen an ein kabbalistisches Universum denken, in dem das lateinische Alphabet – das selbst aus dem Nahen Osten stammt und semitischen Ursprungs ist – als Zeichen ewiger Wahrheiten funktioniert, genauso wie die hebräischen Buchstaben der ursprünglichen, sich ständig wandelnden Kabbala, die ihrem Wesen nach eine Suche nach dem Unendlichen ist. Diese Suche ist nicht nur eine Aufgabe für den Philosophen, sondern ebenso für den wahren Künstler. Darin bestand von Anfang an bewusst Clementes Projekt, wie er auch in seinen Bildwelten auf Leitern in die Unendlichkeit hinaufsteigt, während eine Frau mit verbundenen Augen den Kontakt verloren hat. Durch Teleskope blickt er auf das endlose Meer, um dann auf den Meeresboden des tiefsten Ozeans hinabzutauchen, wo er auf Delphine trifft und schließlich auf eine allsehende, allwissende Krake. In einem anderen erotischen Traum begegnet er einem Zentauren mit einer antiken griechischen oder römischen Amphore als Kopf – was für Erinnerungen wohl darin enthalten sind, mag man sich fragen – und einem erigierten Geschlecht, das er wie einen Stab hält.

In einem in brauner Grisaille ausgeführten Selbstporträt als Akt, der sich auf der Leinwand ausstreckt wie Manets Olympia, hält Clemente ein Stück Papier in der Hand, vielleicht ein Aquarell, auf dem ein allsehendes Auge abgebildet ist, das fast schon allsehender ist als der Künstler selbst. Und in einer hier auch gezeigten erstaunlichen Bildserie mit fünf Pastellen in Rot und Schwarz-Weiß aus dem Jahr 2008 treten die Augen mit bohrendem Blick überall in Erscheinung – an ihrem angestammten Platz, aber auch über dem Kopf schwebend und sogar, in der Bildmitte, auf dem, was aussieht wie der Rücken. Das Auge des Künstlers kann ausgehöhlt sein wie das sprichwörtliche schwarze Loch, aber auch mit einer furchterregenden, von päpstlicher Kraft angetriebenen Intensität in die Welt blicken. Von einer Papstkrone hängen Fische herunter – diese wiederum Symbole des Christentums, deren Schuppen wie gottgleiche Augen wirken. Es kann mit der Intensität des wissenschaftlich Fragenden einen fernen roten Planeten in der schwarzen Tiefe des Nachthimmels betrachten. Es kann Furcht zum Ausdruck bringen, wenn der offene Mund blind und leer wird und doch so beängstigend ausdrucksstark ist. Oder es blickt ganz nonchalant in die Welt, während Zigarettenrauch in den Himmel aufsteigt.

Als Ganzes zeigen diese fünf Pastelle, wie der Künstler quasi jede erdenkliche Frage über das Auge stellt – was es sehen kann, was es nicht sehen kann, als an sich permanent bewegtes Organ. Wir betrachten Clementes moderne Bilder dieser endlosen Darstellungen des Bösen Blicks, die uns seit Beginn der Menschheitsgeschichte in Ost und West begleiten – insbesondere in den jüdischen, christlichen und islamischen, an das Mittelmeer angrenzen Kulturen – und die, wenn sie nur in ausreichender Zahl vorhanden sind, böse Blicke abwehren, die Unglück und sogar den Tod ankündigen.

In engem Zusammenhang mit dem Bösen Blick steht die Hand der Fatima, die ebenfalls böse Geister vertreibt und deren Herkunft sich Jahrtausende zurückverfolgen lässt. Eine der Stärken von Clementes Bilderwelt ist die Art und Weise, wie er mittels seiner besonderen, sehr individuellen künstlerischen Fertigkeiten sowohl persönliche als auch kulturelle Erinnerungen bewahrt und wertschätzt. Letztlich sind diese zwei Aspekte von Erinnerung ohnehin dasselbe. So mischt er in einer Aquarell-Serie von 2009–2011, die in dieser Ausstellung gezeigt wird, aus der Tradition der Tarotkarten abgeleitete bildliche Darstellungen – das

Tarot ist voller Rätsel, die in das späte Mittelalter in Italien zurückreichen – mit Bildern, die seine Freundschaften und bereichernde Gespräche mit anderen Künstlern, Designern, Schriftstellern, Schauspielern, Tänzern, Musikern, Mitarbeitern, der Familie, Alten und Jungen bezeugen und einen fortgesetzten fruchtbaren Dialog mit einer breit gefächerten kulturellen Welt vor Augen führen.

Wie jeder bestätigen kann, der Clementes Atelier einmal besucht hat, geht von seiner Person und Umgebung ein Eindruck geheimnisvoller Zurückgezogenheit aus – eine Zurückgezogenheit, die allein eine fruchtbare Einbildungskraft und ihre Umsetzung in Kunst ermöglicht, verbunden mit dem Geheimnis und dem Staunen über das Dasein auf diesem Planeten in Raum und Zeit. Zeit und Ort beschwören die Notwendigkeit, sich zu erinnern – eine kulturelle wie auch persönliche Erinnerung –, genau wie Clemente mit seiner regenbogenartigen Sicht der Welt. Jedes der Porträts wirkt wie ein Spiegelbild des Künstlers, da es dem Betrachter den Charakter der dargestellten Person, aber signifikanter tatsächlich den Schöpfer des Bildes widerspiegelt. Das Bild ist merklich nicht nur das Modell, sei es weiblich oder männlich, sondern es verschmilzt unvermeidlich mit dem Bildschaffenden. Die Malerei ist eine Kunstform, die in so vielen Medien – insbesondere im anspruchsvollen flüssigen Medium von Tusche, Aquarell und Gouache, aber auch im Fresko, einer Kunstform, in der Clemente ebenfalls Herausragendes geschaffen hat – nur wenige fehlerhafte Pinsel- und Federstriche zulässt, wenn überhaupt. Ihr wohnt ein magisches und persönliches Geheimnis ganz eigener Art inne, das sich entfaltet, wenn es mit den kulturellen Geheimnissen und der persönlichen, ja sogar geheimen Vorstellungswelt in Verbindung kommt, die Clemente fortgesetzt in seine Arbeit einbringt.

Beides wirkt auf eine Weise zusammen, die es uns so wirkungsvoll – wirkungsvoller wohl als Worte – ermöglicht, die unterschiedlichen Bilder des Künstlers als Prüfsteine – individueller wie auch kollektiver Natur – oder als Spiegel zu verwenden, die das Dasein gleichermaßen bestätigen und infrage stellen. Philosophie, Literatur und Musik tun, je auf ihre eigene Art und Weise, alle dasselbe. Bilder aber haben bei all ihrer inhärenten Uneindeutigkeit – aufgrund derer die neuere französische Philosophie sie sogar infrage stellt und nahelegt, dass bildliche Darstellung eigentlich ein Zeichen für die Blindheit des Künstlers sei – dennoch eine ganz eigene Magie. Die unerschöpflich reiche, rätselhafte Bildsprache eines Künstlers wie Clemente existiert genau in dem magischen Raum zwischen dem Realen und dem nach unserem Verständnis Nicht-Existierenden – eine Vorstellungskraft, die die unerschöpflichen Erfahrungen menschlicher Geschichte und Kultur in sich aufnimmt. Clementes Kunst ist eben deshalb so einzigartig, weil sie auf so humorvolle Weise gebildet ist, auf so schöne und farbenfrohe Weise kunstfertig und so angefüllt mit aus der Erfahrung gespeisten, sich ständig wandelnden Ambivalenzen im Denken und im Leben.

[1] Martin Jay, *Downcast Eyes: The Denigration of Vision in Twentieth-Century French Thought*, Berkeley 1993, S. 171.

[2] Ebd., S. 172.

FRANCESCO CLEMENTE:
The Image within the Inner Eye

SIR NORMAN ROSENTHAL

> I want to describe myself / like a painting that I saw / from far and near / like a word I fully grasped / like the pitcher I use every day / like the face of my mother / like a ship / that carried me / through the wildest storm.
>
> —Rainer Maria Rilke, *The Book of Hours*, 1905

> Creation, that is to say the exhumation of ancient forgotten values (second hand creation), arises through the stimulation of the senses: a tremendous force, whose manipulation exacts a consummate experience. For lessons in sensual experience, as with the preparation of gun powder, an inborn skill is required to mix and package the ingredients. This boosts production and helps bring about the maximum discharge in the explosion.
>
> —Alberto Savinio, *The Departure of the Argonaut*, 1918

Between 1983 and 1986, Francesco Clemente, together with his close friend, editor Raymond Foye, prepared an illustrated English-language translation of *La partenza dell'argonauta* (1918). This work was a wartime travelogue by Alberto Savinio, the lesser-known younger brother of Giorgio di Chirico, who, in addition to being a highly talented painter, was a trained avant-garde composer.

This period of the early to mid-eighties was already very much at the tail end of that now-classic cultural episode known as "Transavanguardia," which referred to the major contribution of five or six young Italian artists to the apparent revival of painting and image-making in both Europe and North America. The time of "Transavanguardia" was a period both of excitement and controversy, a period which many art commentators also regarded as betraying progressive cultural values. Such critics seemed to wish to deny the role of the eye, not to mention the skill of the hand, in making art in favor of the concrete, manifest in the increasingly prevalent contemporary media of film and video, as though one somehow by definition had to exclude the legitimacy of the other.

Clemente, though by this time a New York resident, remained the argonaut, frequently returning to Italy and maintaining a creative base in India. Like his earlier Italian artist-colleague Alighiero Boetti, who had often traveled to Afghanistan, he employed superbly gifted craftspeople, both women and men, in the creation of paintings and also printed books. Yet if Clemente's friend Boetti had harnessed his co-workers in order to produce a kind of decorative conceptualism, Clemente himself centered his own production largely on images of the self; and if not the self, on images of the world around the self—not so much in terms of landscape, but rather of what might loosely be called the image within the inner eye. For beyond his own extraordinarily virtuosic skills, particularly in the use of watercolors or pastels on paper, and in learning from the skills of his Indian craft collaborators, his imagery is centered on that magic space between the inner and outer worlds of perception. However, it is not for nothing that no other contemporary artist has had such awareness, translated into realized imagery, of the orifices of the human body—of which the eye itself is but one.

In Clemente's works, the mouth, the ears, the nose, and the lower orifices of the body—which also relate to both the male and female sex drive—are all depicted as connectors of the inner and outer worlds that help him define his vision of being in the world. One of the astounding beauties of all art of whatever time and place throughout human existence is that each image becomes a meditation, fully formed, for which the philosopher or writer seeks endlessly convoluted words to begin to describe. The image itself becomes a vehicle for all these many ambiguities, constantly changing both for the artist himself as he continues to create ever more works, and for the privileged viewer. The work itself becomes an evolving summa of experiences when so brilliantly realized, as is the case with Clemente and for that matter all attentive artists, from the prehistoric cave painters to the present.

The wonder is the evolution of each artist's special individual style—one dare call it "touch"—which becomes instantly recognizable to the informed viewer. This is evident in encounters with the explosive character of Clemente's work over the years, be it painting on canvas, panels, or fresco, and his total mastery, so uncommon in this age of "new media" applications, of all the ancient skills that can be applied to paper.

But Clemente's art is also grounded in thought and an engagement with a vast range of world literature, not to mention both Eastern and Western philosophies. Perhaps the miracle of his art is its fusion of worlds that encompass Buddhist and Tantric thought and practice, with a knowledge of European and American literature that absorbed Schopenhauer, Nietzsche, and others from Walt Whitman to Jack Kerouac, Allen Ginsberg to Robert Creeley via Bob Dylan. Many others could be invoked, not least his close friend Salman Rushdie, himself a literary icon, who in his novels traverses the cultures of East and West.

Even within the art of figurative painting, there have been and still are many approaches: the metaphysical, the expressionist, the hyperreal, even the symbolist. Clemente is none of these, even if the well-known aphorism of the archetypal French symbolist painter Odilon Redon, that the "logic of the visible is at the service of the invisible," seems in its own particular way to apply to Clemente's imagery of the self and the inner and outer worlds he depicts. Clemente is in an ongoing discourse with the phenomena of seeing and describing—with its factual realities and the philosophical discourse of the eye, which has intrigued scholars from the world of Plato's cave down to the complex and often ambivalent discourses on the art of gazing by Sigmund Freud and Jacques Lacan. Clemente's painting, whether on paper or canvas, can best be described as both lyrical in the musical and colorific sense, and literary as it finds equivalents for words and subjective thinking while addressing bodily functions, from making love to simply observing the world.

In his book *Downcast Eyes: The Denigration of Vision in Twentieth-Century French Thought*, historian Martin Jay reminds us once more—as did the greatest of seventeenth-century French painters, Nicholas Poussin—that: "Ever since the Renaissance Humanists rediscovered Horace's proclamation in his *Art of Poetry* that *ut pictura poesis* (as is painting, so is poetry), the relationship between literature and the visual arts has been a topic of lively and sustained aesthetic interest."[1] It is arguable that this is not applicable to either abstract or expressionist painting as such, but to adapt Jay's discourse, I am interested in questioning the "modernist version of the time-honored tension between poetry written for the ear on the poet's 'Aeolian harp' and poetry written for the eye through the 'prism' of his or her imagination."[2] We can begin to appreciate in this context Clemente's total output as he progresses from one imaginative image to the next in a career that now spans almost half a century. The earliest work in this catalogue dates from 1978 and is an intensely observed drawing on paper, laid down on linen, of a highly quizzical self-portrait as though thinking aloud toward a private, personal long-term existentialist discourse that fortunately continues to this day.

A discourse with Clemente's total output—well represented in this presentation, too—is a continual meditation, for the artist and his audience, on the inner and outer vision of the eye, in which real images continually confront the ambiguities of seeing, which, of course, can never fully be grasped. In a series of twelve brown and gray pastels, heightened very slightly with red, dating from 2007, eyes and pupils are almost everywhere; looking through an East African mask, endless pupils—like rosary beads or maybe just a necklace of semiprecious stones—stream out of the eyes of a beautiful woman. Are these self-portraits?

Ambiguity, as ever, rules. A dark head—or is it an infinite space?—is enclosed by a prison-like mesh, but light, like an eye, projects outward from the head, arms, and upper body of a ghostly figure that is a projection of the self—both the artist and the viewer. Arms point, suggesting both force and blessing, each image open to bottomless interpretations of cultural reference from the imagined Indian monkey to Joseph Beuys' upside-down walking, the stick itself a magic wand symbolically connecting across the Eurasian continent both East and West.

A very strange mystical drawing seems to imagine looking out of the inner eye onto and into the outer world through a mesh that consists of what appear to be random letters suggestive of a Kabbalistic universe in which the Latin/English alphabet—which itself has Semitic origins in the Middle East—functions as signs of eternal truths, just as do the Hebrew letters of the original, ever-evolving Kabbalah that is essentially a search for the infinite. This search is the task not only of the philosopher, but as much of the true artist. This has always been the conscious project of Clemente, as in his imagery he climbs ladders into infinity as a blindfolded woman fails to connect. He looks through telescopes into the endless seas, before diving to the bottom of the deepest ocean, where he encounters dolphins before an all-seeing, all-knowing octopus. In another erotic dream, he encounters a centaur with an ancient Greek or Roman amphora as a head—what memories are contained within, one might ask?—and with an erect sex that he holds like a staff.

In a brown grisailles portrait of himself in the nude, lying across a canvas like Manet's Olympia, he holds a paper, perhaps a watercolor, that depicts an all-seeing eye that is almost more all-seeing than the artist himself. And in an astonishing series that includes five red along with black-and-white pastels, shown here dating from 2008, the eyes are piercingly everywhere—in their normal positions, but also floating above the head and even on what appears to be, in the center, the back of the body. The eye of the artist is capable of being both hollow, like the proverbial black hole, and staring into the world with terrifying papal power-driven intensity. Fishes hang from a papal crown—themselves symbols of Christianity in which the scales themselves are god-like eyes. It can look with scientific quizzical intensity at a distant, red planetary body in the black depths of the night sky: it can express fear where the open mouth becomes blind and empty, nonetheless full of terrifying expression. Or it can look nonchalantly into the world with cigarette smoke puffing up into the sky above.

Seen together, these five pastels show the artist posing, as it were, every possible question about the eye—what it can see, what it cannot see as a constantly kinetic organ in itself. We see Clemente's modern-day images of those endless depictions of the Evil Eye which have been with us throughout the history of humankind, in the East, in the West, and most especially around the Mediterranean in Jewish, Christian, and Islamic cultures, and which, in sufficient numbers, ward off the offending looks that are indeed the prophets of calamity and even of death.

Closely related to the Evil Eye is the Hand of Fatima, which also wards off evil spirits and whose origin can be traced back millennia. One of the strengths of Clemente's imagery is the way, using his special, highly personally developed skills, he preserves and treasures memories both personal and cultural. Ultimately, the two aspects of memory are the same in any case. Just as in a later series of watercolors presented in this exhibition, dating from 2009–11, he mixes imagery derived from the

Tarot card tradition—Tarot is full of mysteries that date back to the late Middle Ages in Italy—with images that are testaments of friendship and enriching dialogue with other artists, designers, writers, actors, dancers, musicians, collaborators, family, the old and the young, which show a rich and continuing dialogue with a wide-ranging cultural world.

As anyone who has visited Clemente's studio would surely testify, the impression that emanates from his person and his surroundings is essentially that of solitariness and mystery—the solitariness that alone makes fertile imagination and its realization as art possible, together with the mystery and wonderment at existence on this planet in time and place. Both time and place evoke the necessity of memory—cultural and personal memory—and Clemente, with his rainbow-like vision of the world. Each of the portraits act like a mirror of the artist as it reflects toward the viewer the character of the sitter, but in fact more significantly the creator of the image. The painting is significantly not only the sitter, whether female or male, but becomes inevitably fused with the image-maker. Painting is an art that in so many media—especially the difficult fluid media of pen, watercolor and gouache, as well as fresco, an art in which he also excels—allows for few, if any, errors of touch. It has a magic and personal mystery of its own that arises when combined with the cultural mysteries and the private, even secret, imagination of subject matter that Clemente constantly introduces into his work.

Both combine in ways that so effectively—arguably more effectively than words—allow us all to use the artist's various images as touchstones—individually as well as collectively—or as mirrors that equally confirm and question existence. Philosophy, literature, and music all in their way do the same. But images, for all their inherent ambiguities, even questioned by recent French philosophy that suggests image depiction is in fact a manifestation of the blindness of the artist, have a magic of their own. The endlessly rich mysterious imagery of an artist such as Clemente exists precisely in that magic space between the real and the nonexistent—as we know—imagination that absorbs the bottomless experiences of human history and culture. The art of Clemente is so very special just because it is so humorously educated, so beautifully and colorfully skillful, and ultimately so full of experiential ever-changing ambiguities of thinking and living.

[1] Martin Jay, *Downcast Eyes: The Denigration of Vision in Twentieth-Century French Thought* (Berkeley: University of California Press, 1993), 171.
[2] Jay, 172.

Werke
Works

mit Texten von
with texts by

ENRIQUE JUNCOSA

Self-Portrait at Villa Fersen
Selbstporträt in der Villa Fersen 1978
Tusche, Acryl und Aquarell auf Papier auf Leinen
ink, acrylic and watercolor on paper on linen
180 × 215 cm

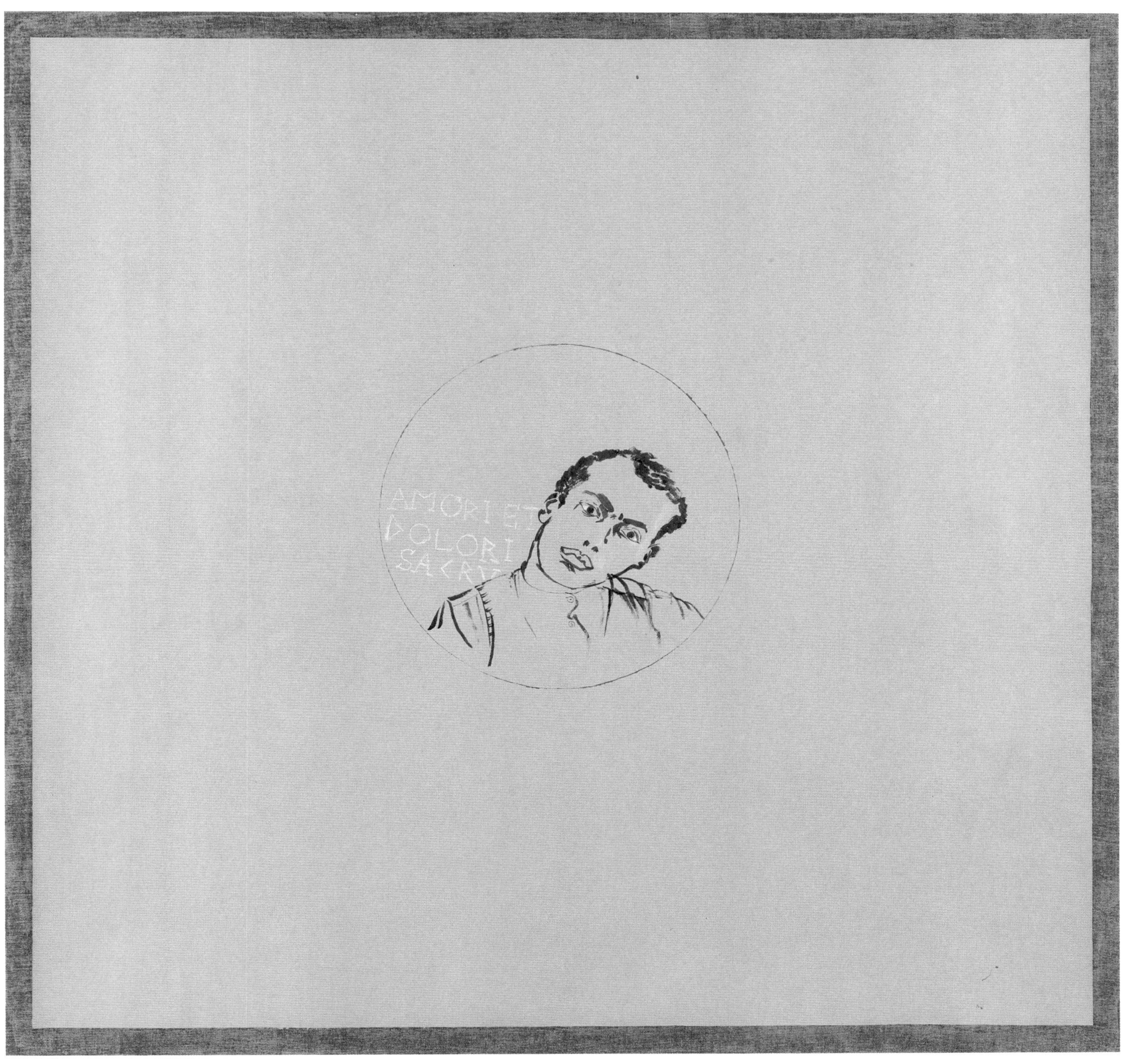
AMORI ET
DOLORI
SACRA

Autoritratto
Self-Portrait
Selbstporträt 1979
Tusche auf Papier auf Leinen
ink on paper on linen
302 × 202,5 cm

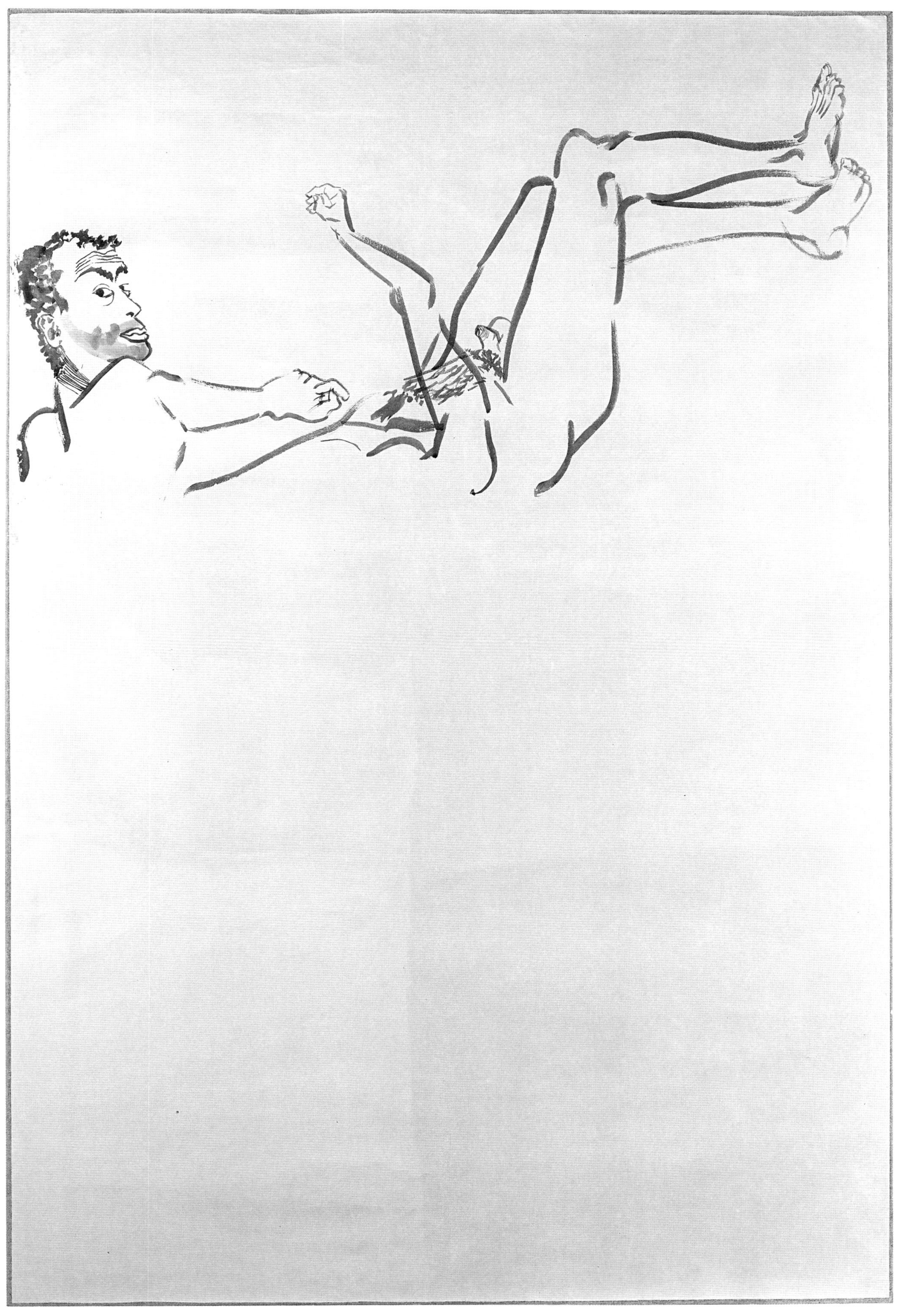

Der Aufbruch des Argonauten

The Departure of the Argonaut (Der Aufbruch des Argonauten) war Francesco Clementes erstes Künstlerbuch, es wurde von The Petersburg Press im Jahr 1986 veröffentlicht. Der Künstler, der 1983 mit der Arbeit an dem Projekt begann, schuf 48 Lithografien und gestaltete zusätzlich jede Text-Doppelseite. Im Jahr der Veröffentlichung wurde das Buch in einer Einzelausstellung im Museum of Modern Art in New York gezeigt. Der illustrierte Text stammt von Alberto Savinio (1891–1952) und wurde anlässlich der Gemeinschaftsarbeit erstmals von George Scrivani ins Englische übersetzt. Savinio, eine bedeutende Figur der italienischen Avantgarde, war Komponist, Bühnenautor, Maler und Schriftsteller. Sein eigentlicher Name lautete Andrea de Chirico, er war der Bruder von Giorgio. Alberto Savinio wurde in Athen geboren und sprach Griechisch. Während des Ersten Weltkrieges wurde er als Dolmetscher nach Griechenland geschickt. *Der Aufbruch des Argonauten* ist ein Bericht über seine Reise mit dem Zug und dem Schiff: Von Ferrara aus, wo Savinio eine Zeitlang stationiert war, ging es nach Thessaloniki, wo er letztlich mobilisiert wurde. Der Text steckt voller verschrobener Gedanken und kultureller Bezüge, verwendet aber auch eine bildreiche Sprache. Dabei sind die Illustrationen von Clemente nicht wörtlich zu nehmen, sie lassen an Schwerpunkt, Bewegung, Symmetrie und Wachstum denken. Selbstporträts und Masken deuten auch auf eine innere Vision und geistige Arbeit hin. Die Argonauten sind eine Gruppe von Helden der griechischen Mythologie. In den Jahren vor dem Trojanischen Krieg begleiteten sie Jason auf der Suche nach dem Goldenen Vlies, dem Fell eines geflügelten Widders, das nicht nur mit Macht und Reichtum, sondern auch mit Alchimie in Verbindung gebracht wurde. Savinios Text ist der Abschlussteil seines ersten Buches, *Hermaphrodito* (1918), das auch für sich stehende Gedichte und Erzählungen umfasst. Der Hermaphrodit sollte ein wiederkehrendes Thema in Clementes Werk werden. Die Textseiten sind farbig gedruckt, die Lithografien dagegen in Schwarz und Weiß, wodurch die Vorstellung eines mythischen Reiches betont wird. Die Werkgruppe, die hier gezeigt wird, besteht sowohl aus Lithografien als auch aus Zustandsdrucken und beschreibt den kreativen Prozess, der beim Zustandekommen des Buches im Spiel war.

The Departure of the Argonaut

The Departure of the Argonaut, the first artist book made by Francesco Clemente, was published by *The Petersburg Press* in 1986. The artist, who started working on the project in 1983, made 48 lithographs, embellishing each double-page text spread as well. The book was shown as a single exhibition at the Museum of Modern Art in New York the same year it was published. The text illustrated is a work by Alberto Savinio (1891–1952) which was translated into English for the first time by George Scrivani. Savinio, a seminal figure of the Italian avant-garde, was a composer, playwright, painter, and writer. His actual name was Andrea de Chirico, and he was the brother of Giorgio. He was born in Athens and spoke Greek, and was sent to Greece as an interpreter during the First World War. *The Departure of the Argonaut* is a travelogue based on his trip, by train and boat, from Ferrara, where Savinio had been stationed for a while, to Salonika, where he was finally mobilized. Full of quirky reflections and cultural references, the text is also rich in visual imagery, although Clemente's illustrations are not literal, suggesting ideas of focus, movement, symmetry, and growth. Self-portraits and masks also suggest inner vision and the workings of the mind. The Argonauts were a group of heroes in Greek mythology, who in the years before the Trojan War accompanied Jason in his search for the Golden Fleece, obtained from a winged ram, and associated not only with power and wealth, but even alchemy. Savinio's text is the final section of his first book, *Hermaphrodito* (1918), which also included independent poems and tales. The hermaphrodite was to become a recurrent theme in Clemente's oeuvre. Although the pages with text are in color, the lithographs are black and white, underscoring the idea of a mythical realm. The group of works shown here includes both lithographs and state proofs, describing the creative process involved in making the book.

Untitled (Departure of the Argonaut)
Ohne Titel (Aufbruch des Argonauten) 1983–1986
Lithografie lithograph
Probedruck stage proof
43 × 36 cm

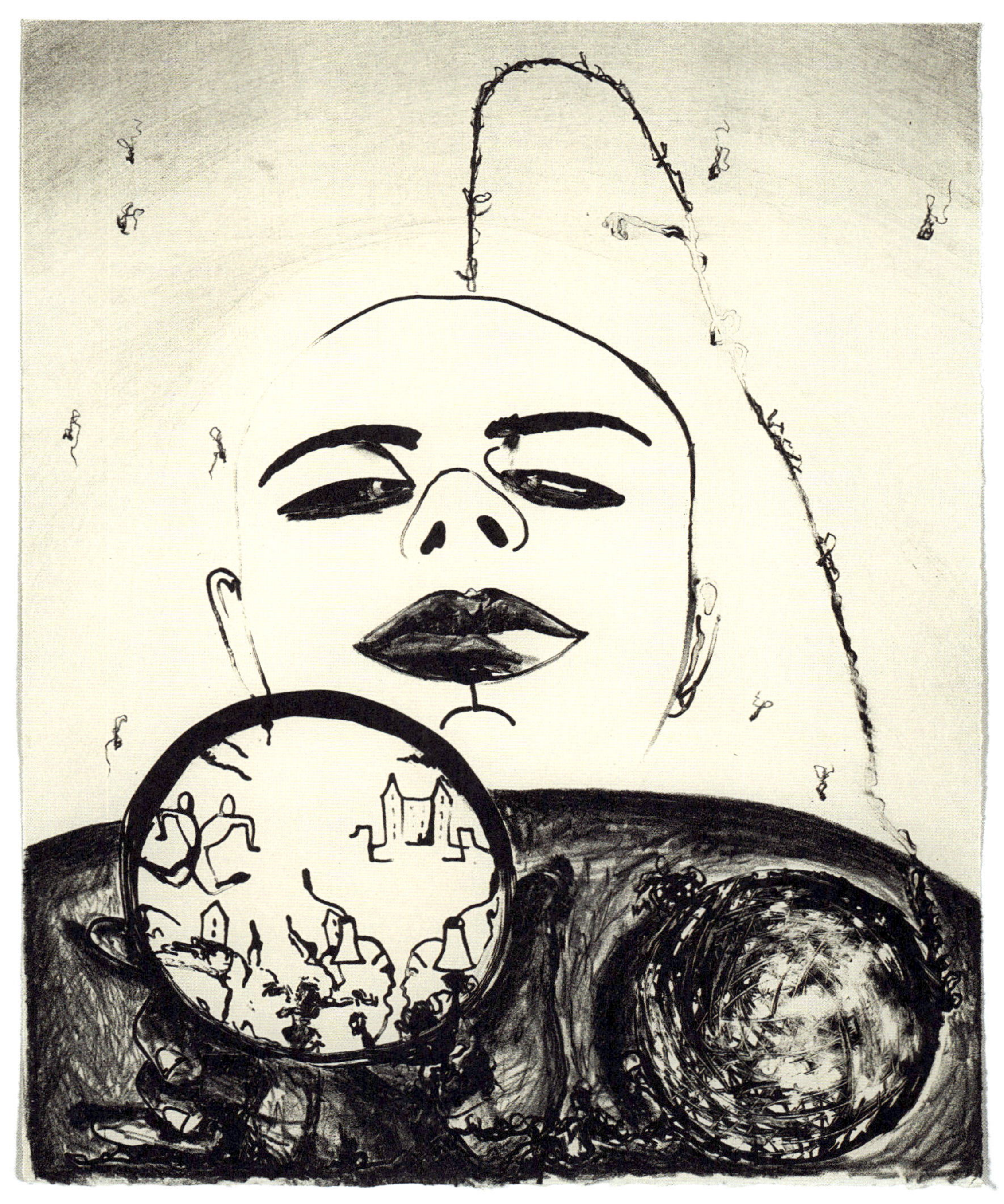

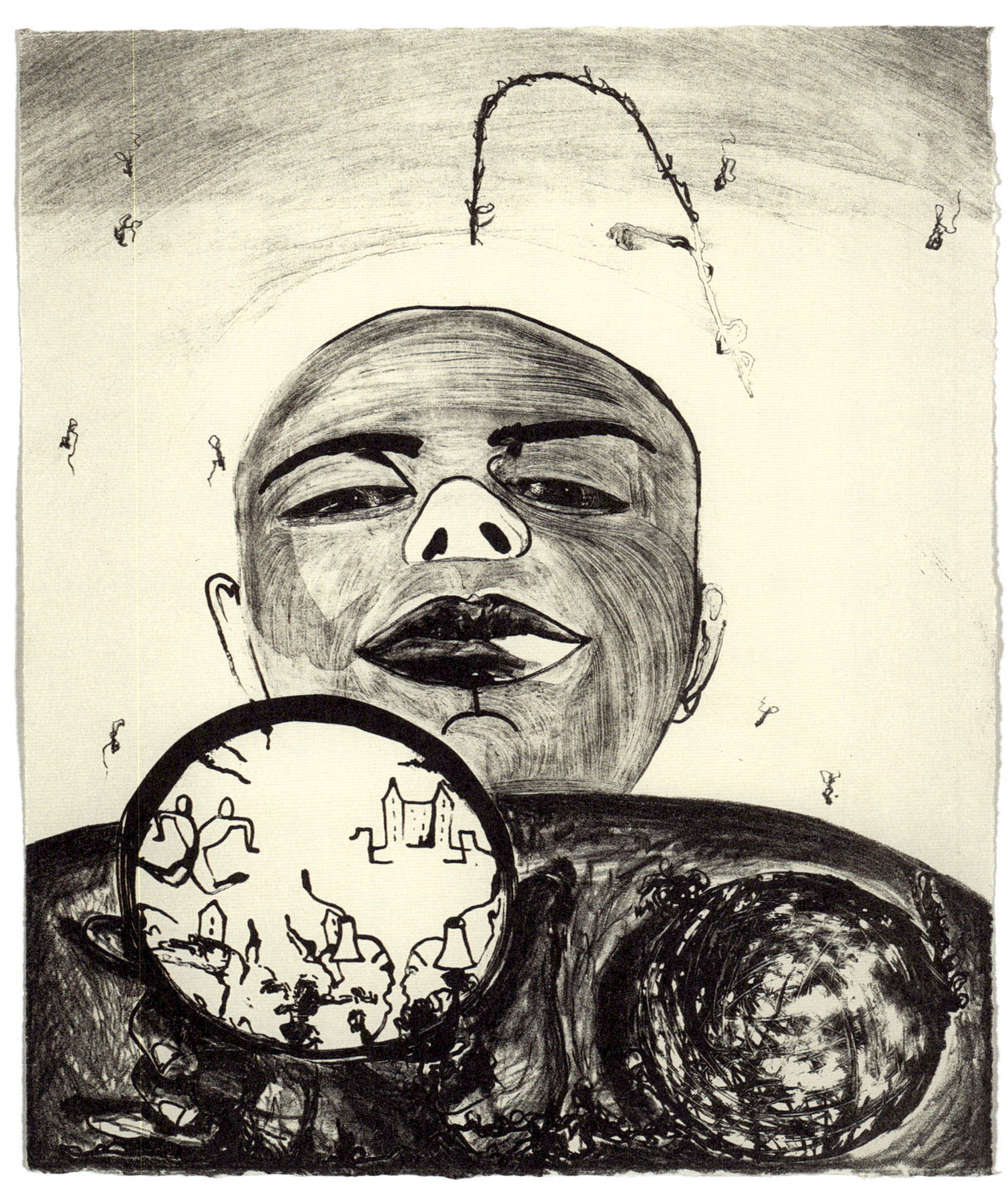

Untitled (Departure of the Argonaut)
Ohne Titel (Aufbruch des Argonauten) 1983–1986
Lithografie lithograph
Probedruck stage proof
43 × 36 cm

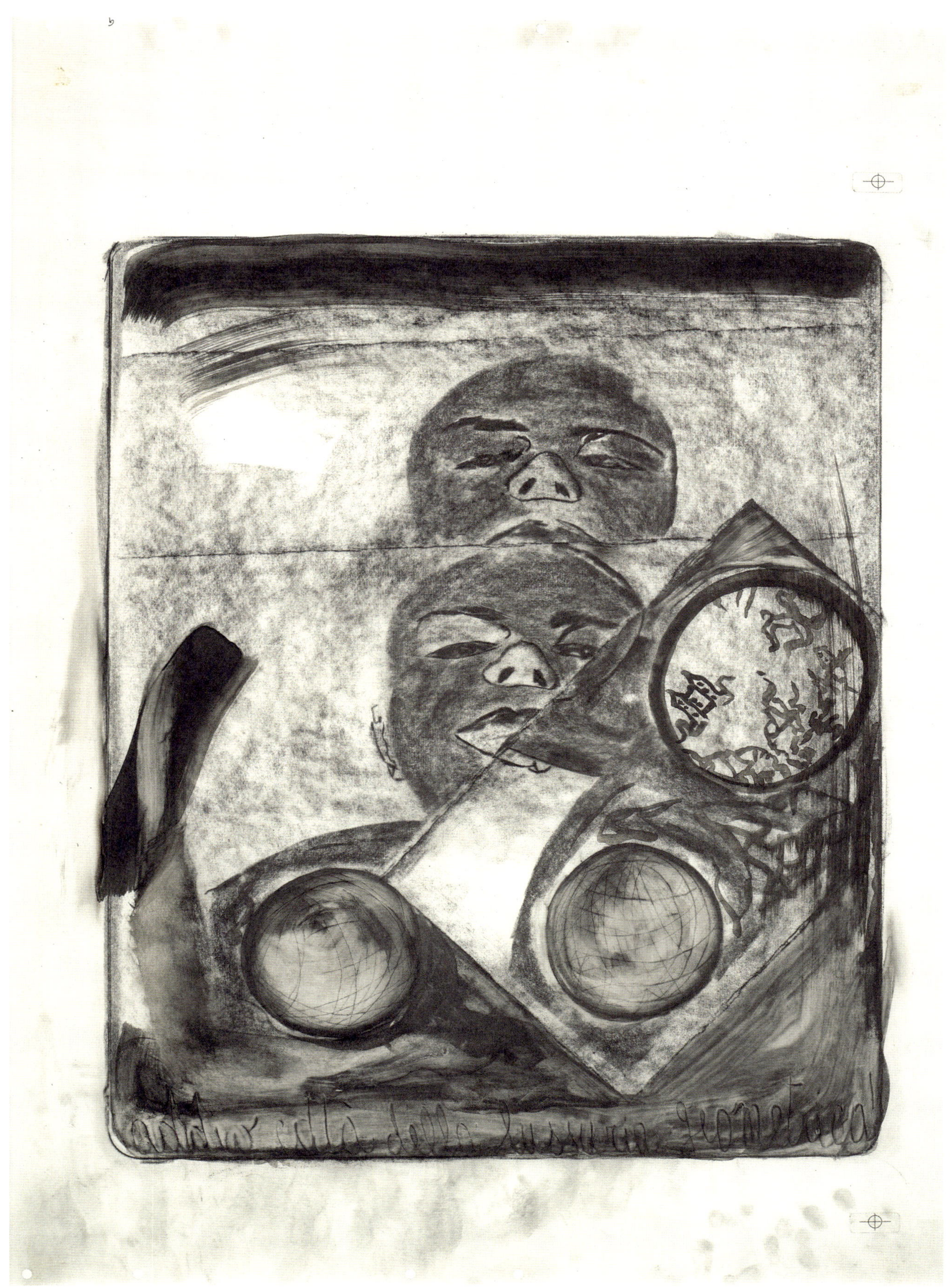

Untitled (Departure of the Argonaut)
Ohne Titel (Aufbruch des Argonauten) 1983–1986
Lithografie lithograph
Probedruck stage proof
43 × 36 cm

Chapter V

My window eyes the military gate, and the marshalling of the battle fleet is entirely contained within the perimeter of its quandrant.

I've always nourished a lively interest in war ships. This is but one of the many infantilisms which resonate through the period of my maturity. Rifles, cannons, battleships – in short, the whole warlike apparatus – have a powerful fascination for us – babies. How many times have we sworn to ourselves that we wouldn't just grow up one day, but that we'd grow up to become officers?... I was such a child, and now I am a grown-up; true, I haven't become an officer, but I still retain a fresh curiosity for firearms: fresh, however, only so long as circumstance doesn't lead to a familiarity with them which, were it to occur, would corrode the very magic of their mystery. With reference to warships, the phenomenon of corrosion replays itself in me: the first day here I planted myself at the window with the same enjoyment one feels while observing a cobra in a glass tank. By the next day I'd had enough, and as to those following, I prefer not to think about them. But now that I've come to feel more at home with these armed, bloated fish, I follow their lives and study their habits. Here's one that's repeated every morning: a seaplane takes to the sky, climbs high and patrols the sea; a flotilla of torpedo boats and minesweepers leaves its moorings and unleashes an inspection on itself; a battleship hoists anchor and slowly heads for the open sea, turns its side towards land and begins removing grease from its parts, opposite some sort of ballooning red scaffolding that floats far out to sea. The plane buzzes around the battleship; the torpedo boats and minesweepers circle like ants around a dead horsefly. In the evening the battleship returns to base. I ponder this matter: "according to the calculations of the experts, that ship is worth some sixty millions – but my life is worth much more than that. I'll be leaving soon and the government hasn't given me command of a seaplane, or a torpedo boat, or even a minesweeper. I must file a protest with the Ministry." *Friday: the 13th* of July.

Untitled (Departure of the Argonaut)
Ohne Titel (Aufbruch des Argonauten) 1983–1986
Lithografie lithograph
Probedruck stage proof
65 × 100 cm

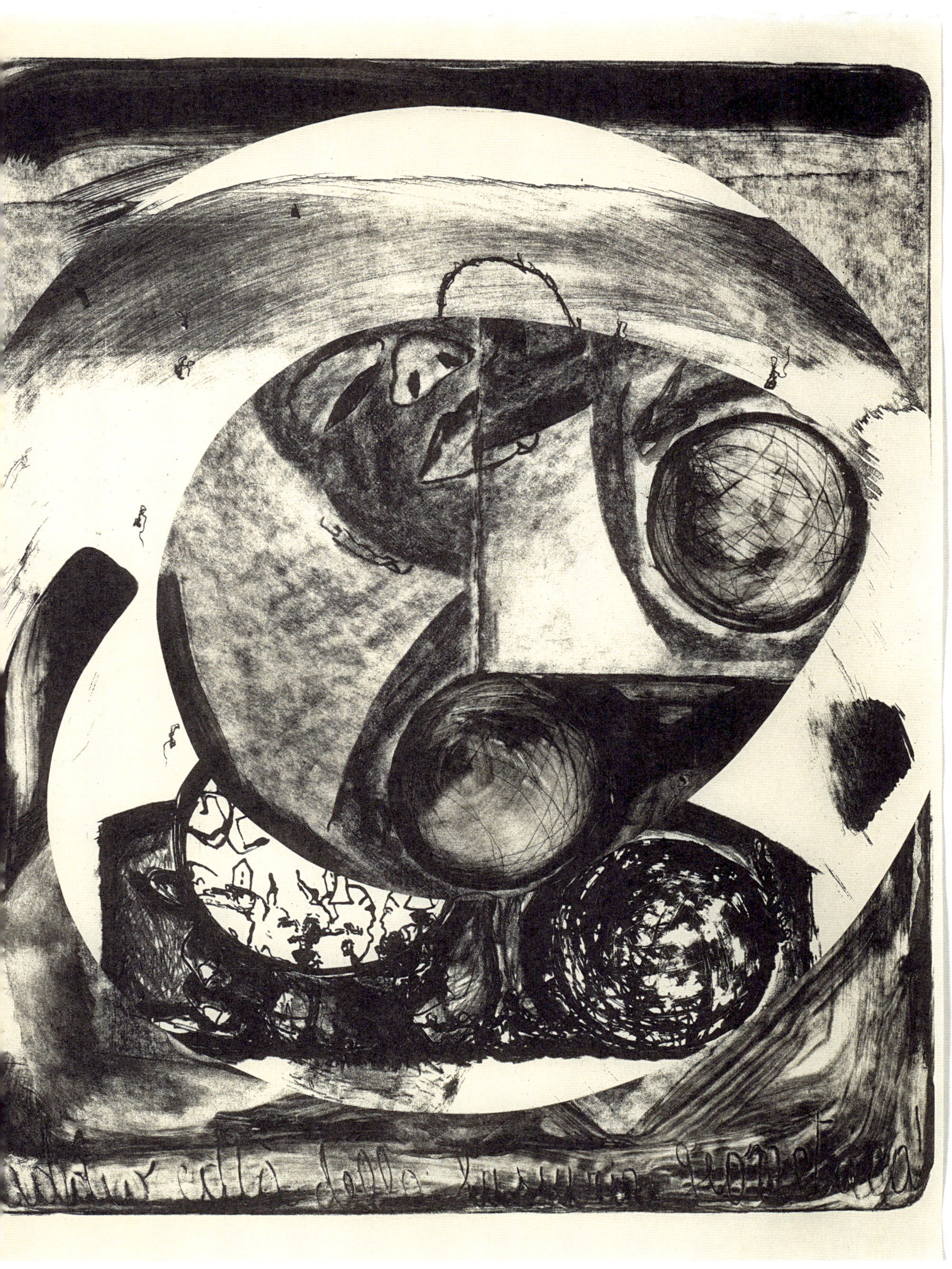

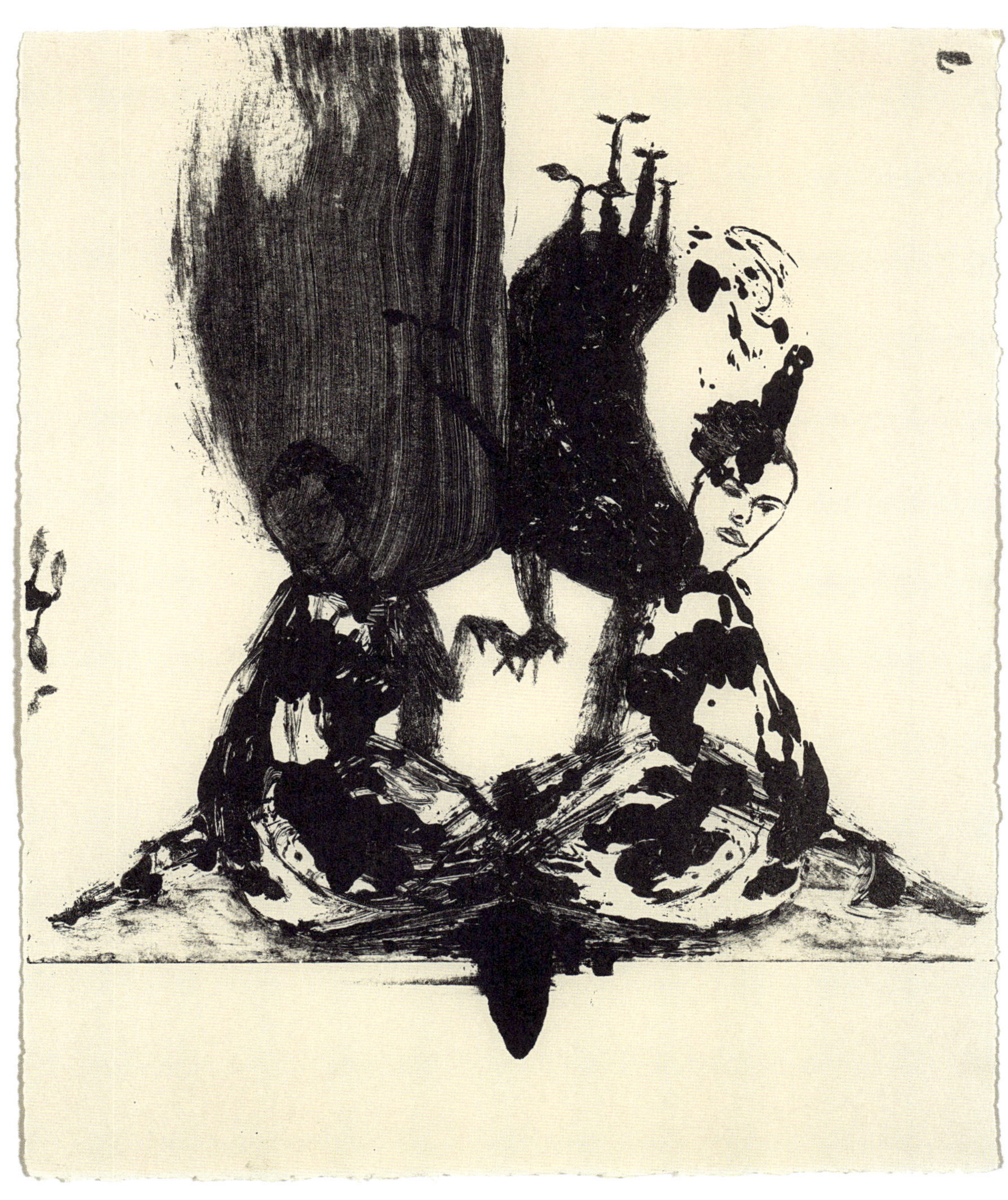

Untitled (Departure of the Argonaut)
Ohne Titel (Aufbruch des Argonauten) 1983–1986
Lithografie lithograph
Probedruck stage proof
43 × 36 cm

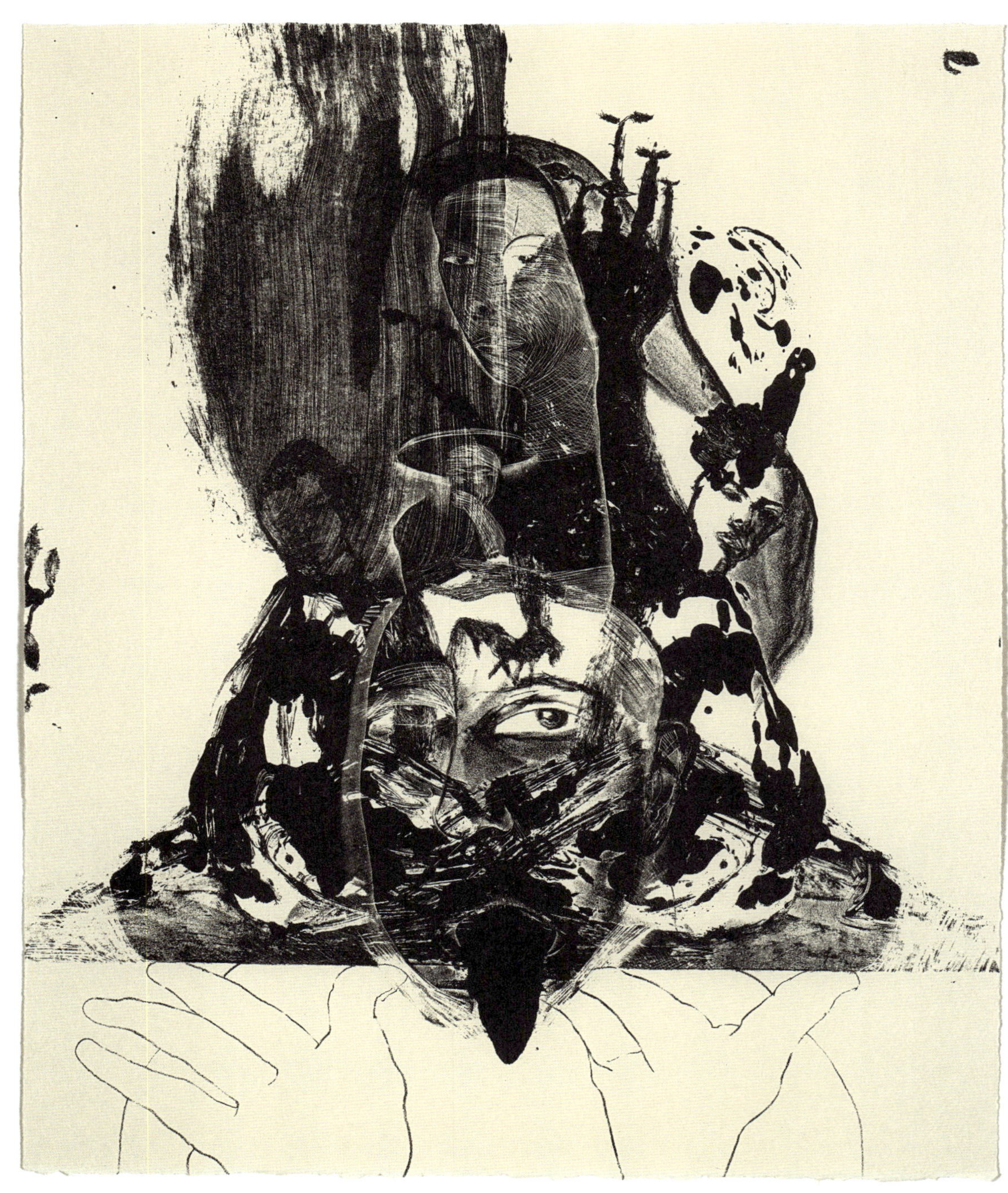

Untitled (Departure of the Argonaut)
Ohne Titel (Aufbruch des Argonauten) 1983–1986
Lithografie lithograph
Probedruck stage proof
43 × 36 cm

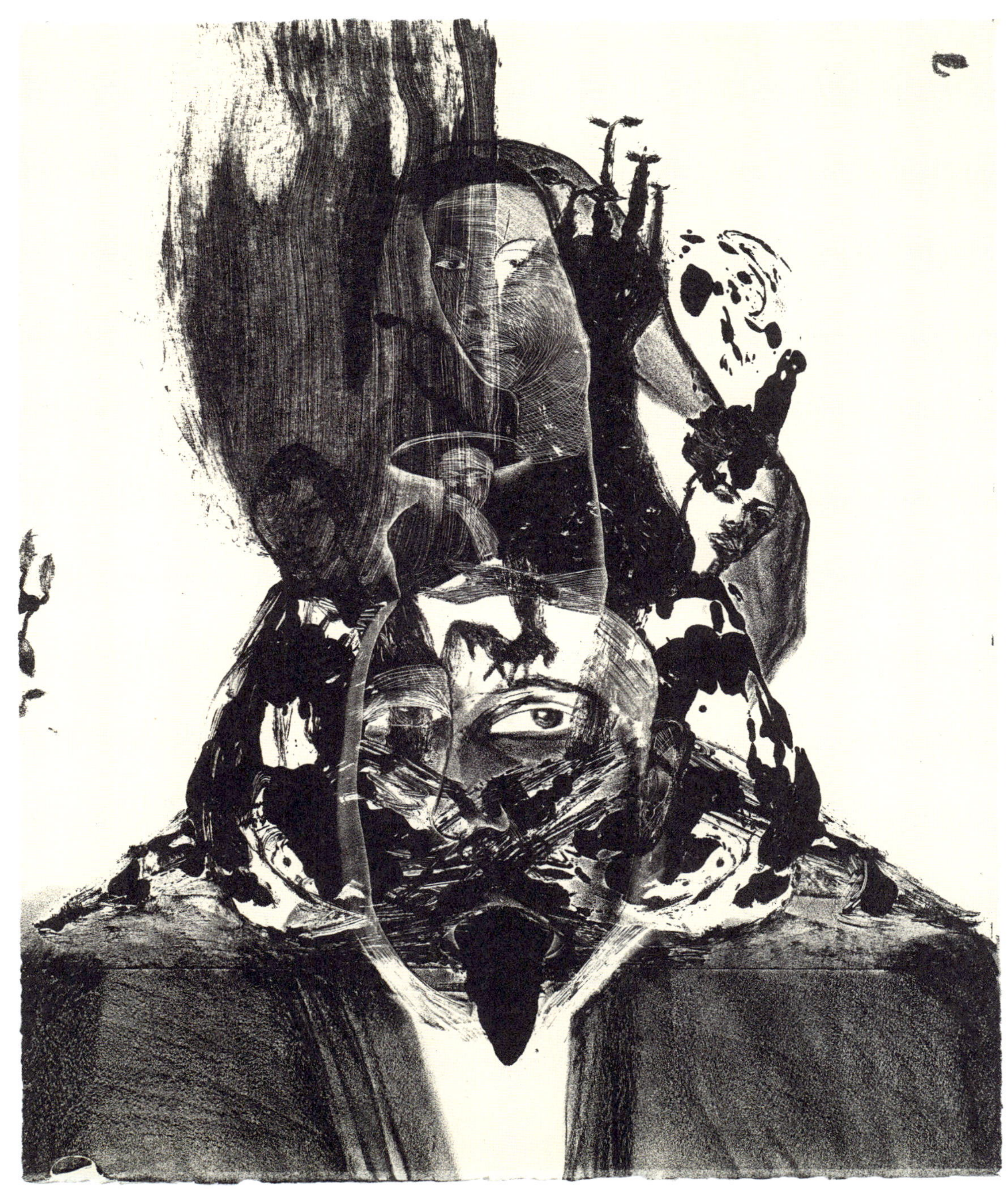

Untitled (Departure of the Argonaut)
Ohne Titel (Aufbruch des Argonauten) 1983–1986
Lithografie lithograph
Probedruck stage proof
43 × 36 cm

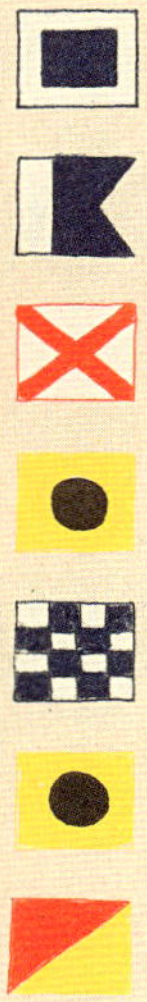

At the 18th – that magnificent hour – the commander of the bridge blows the whistle to get under way. The crew casts off the mooring lines, the pulleys begin to turn and the chains, wrapping around the windlass, hoist the anchors as they screech into their iron slots. With a clash of engines and ever increasing thrusts, the *Savoia,* arrogantly topped with hypertrophic smoke stacks, aims her prow impertinently at the open horizon.

Farewell! Farewell!

Prankish dwarfs gather on deck and, leaning on their elbows over the ship's dressing, gaze out at the city we've left behind as it clings to the edge of land. They're no longer laughing, and for the first time an expression of sadness wells up in their wide eyes. Like the dwarfs, none of us are laughing any more, lined up barefoot on deck, girded in gray lifejackets.

Our "theological" officer did make some sense; the sky is empty, the sea like oil, and the weather magnificent in the July sunset.

With gathering speed, the *Savoia* proceeds through the double wake of torpedo boats that lead the way. I regret having spoken ill of the government. No, there's no doubt about how much they value my safety, since they've dispatched these two iron ships.

Navigare necesse est

I confess that, personally, I long for some calm place where I can study how best to hinder or avoid the many calamities pressing in on me from all sides. I think I'd come out ahead if I became a citizen of Paraguay. My goal is to die between raptuous kisses – it may be necessary to push on to Labrador. But the place that really attracts me is a city in Palestine, sweet to the memory, buried in time: Cariatharim, the City of Repose. In short,

vivere non est necesse

and these are not the most luxuriously comfortable of times. So I can't pretend that this voyage is going to bring me to a perfumed El Dorado. I'll be happy enough if they just don't point that prow in the

Untitled (Departure of the Argonaut)
Ohne Titel (Aufbruch des Argonauten) 1983–1986
Lithografie lithograph
Probedruck stage proof
65 × 100 cm

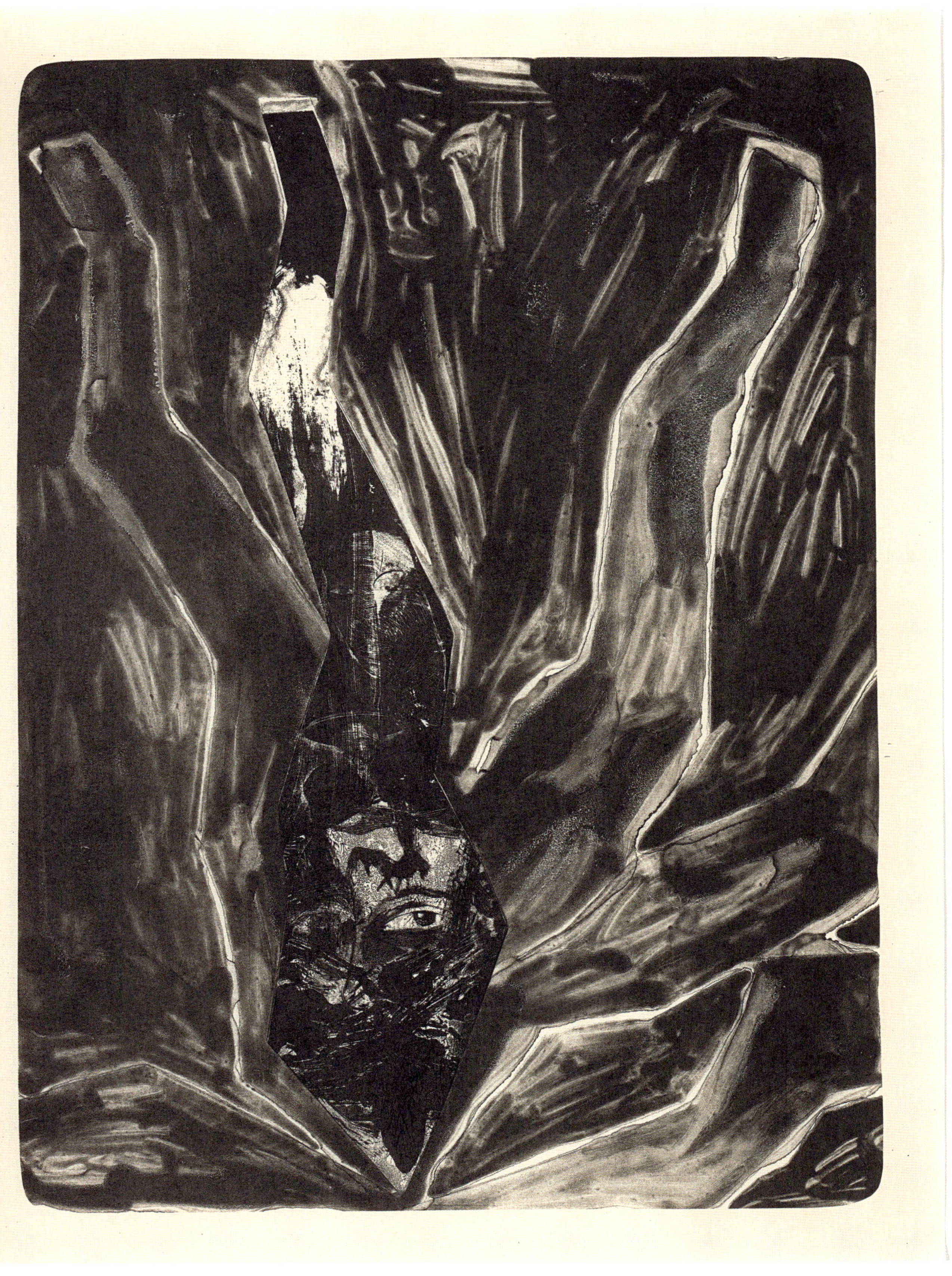

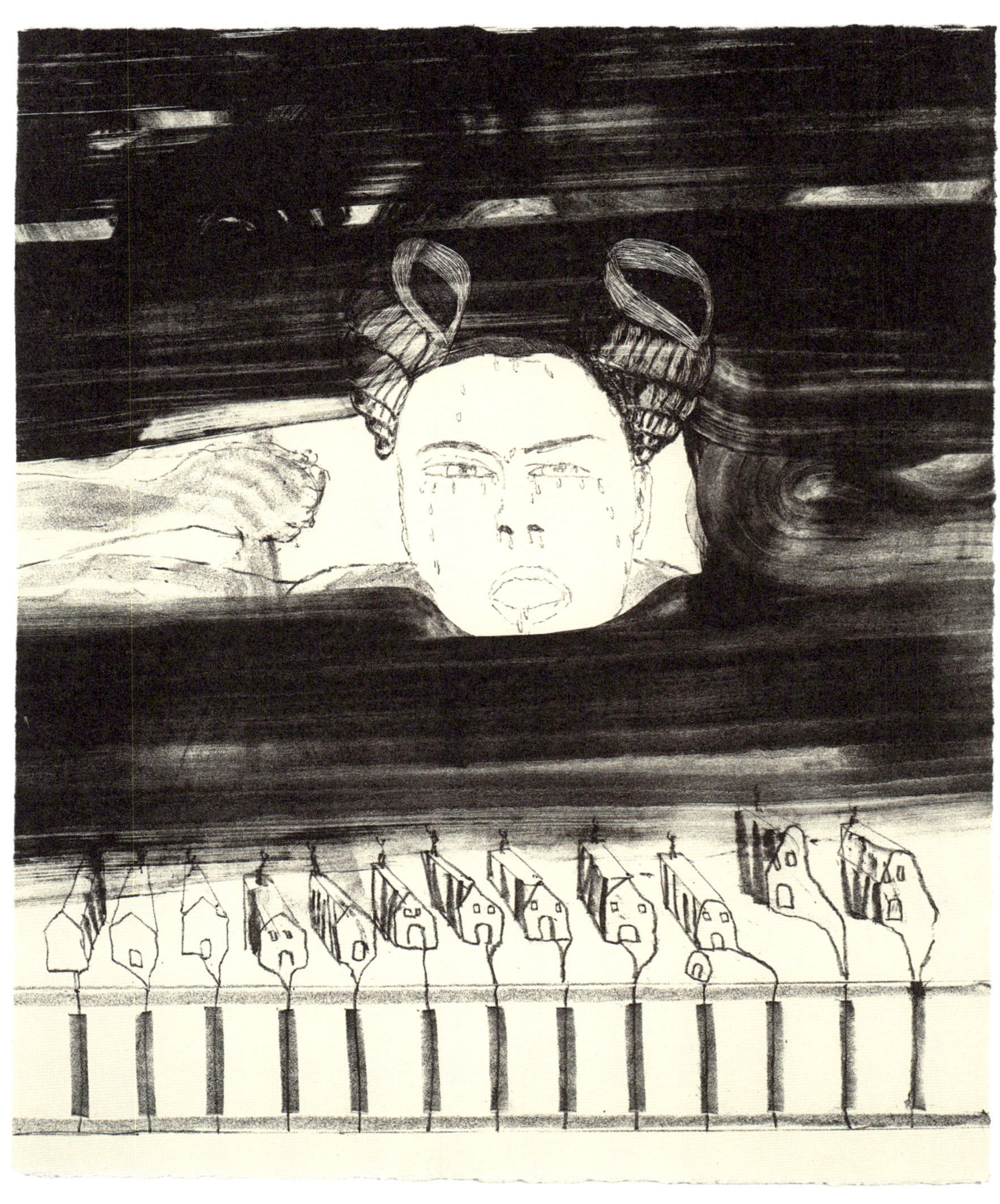

Untitled (Departure of the Argonaut)
Ohne Titel (Aufbruch des Argonauten) 1983–1986
Lithografie lithograph
Probedruck stage proof
43 × 36 cm

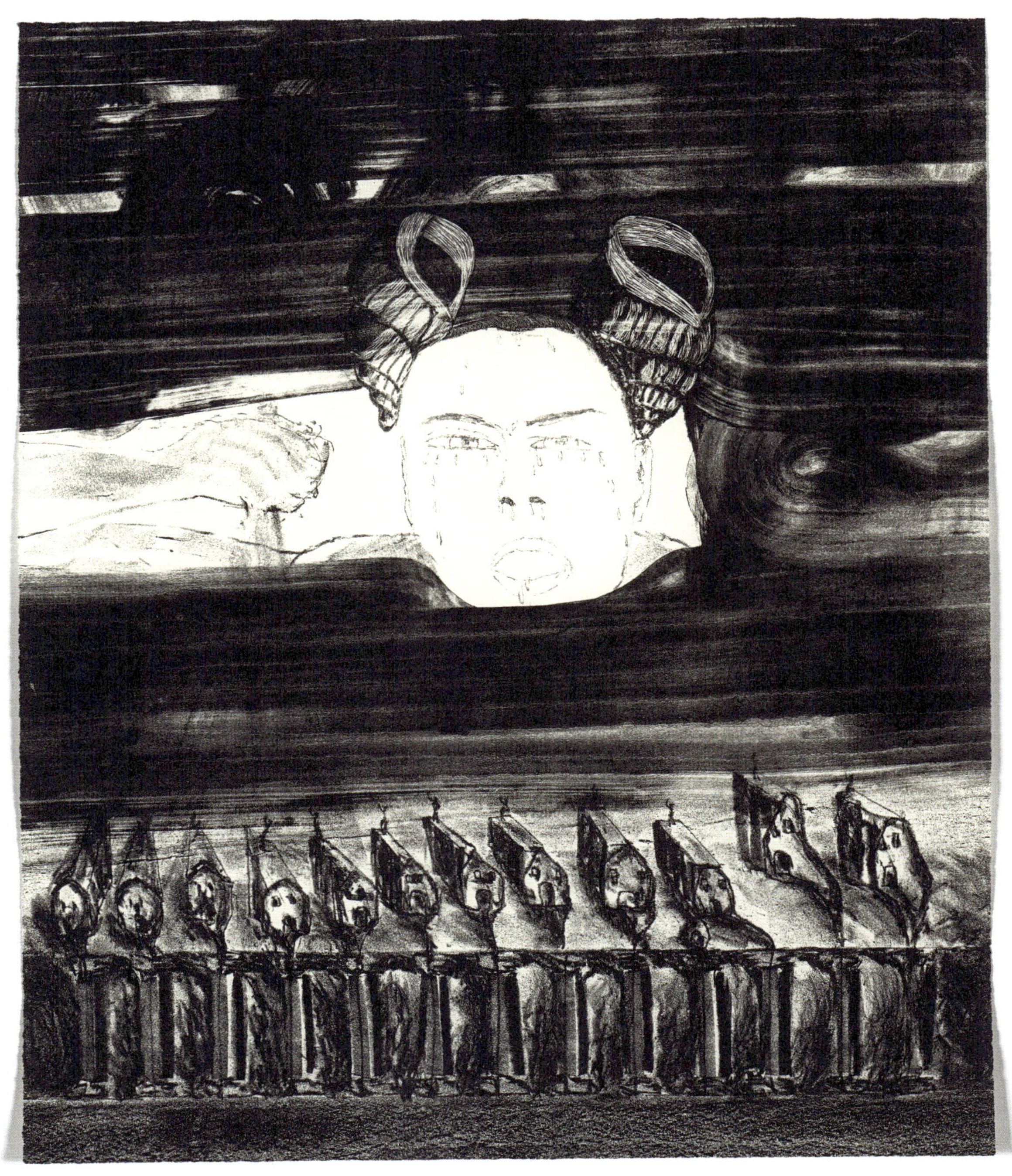

Untitled (Departure of the Argonaut)
Ohne Titel (Aufbruch des Argonauten) 1983–1986
Lithografie lithograph
Probedruck stage proof
43 × 36 cm

Untitled (Departure of the Argonaut)
Ohne Titel (Aufbruch des Argonauten) 1983–1986
Lithografie lithograph
Probedruck stage proof
43 × 36 cm

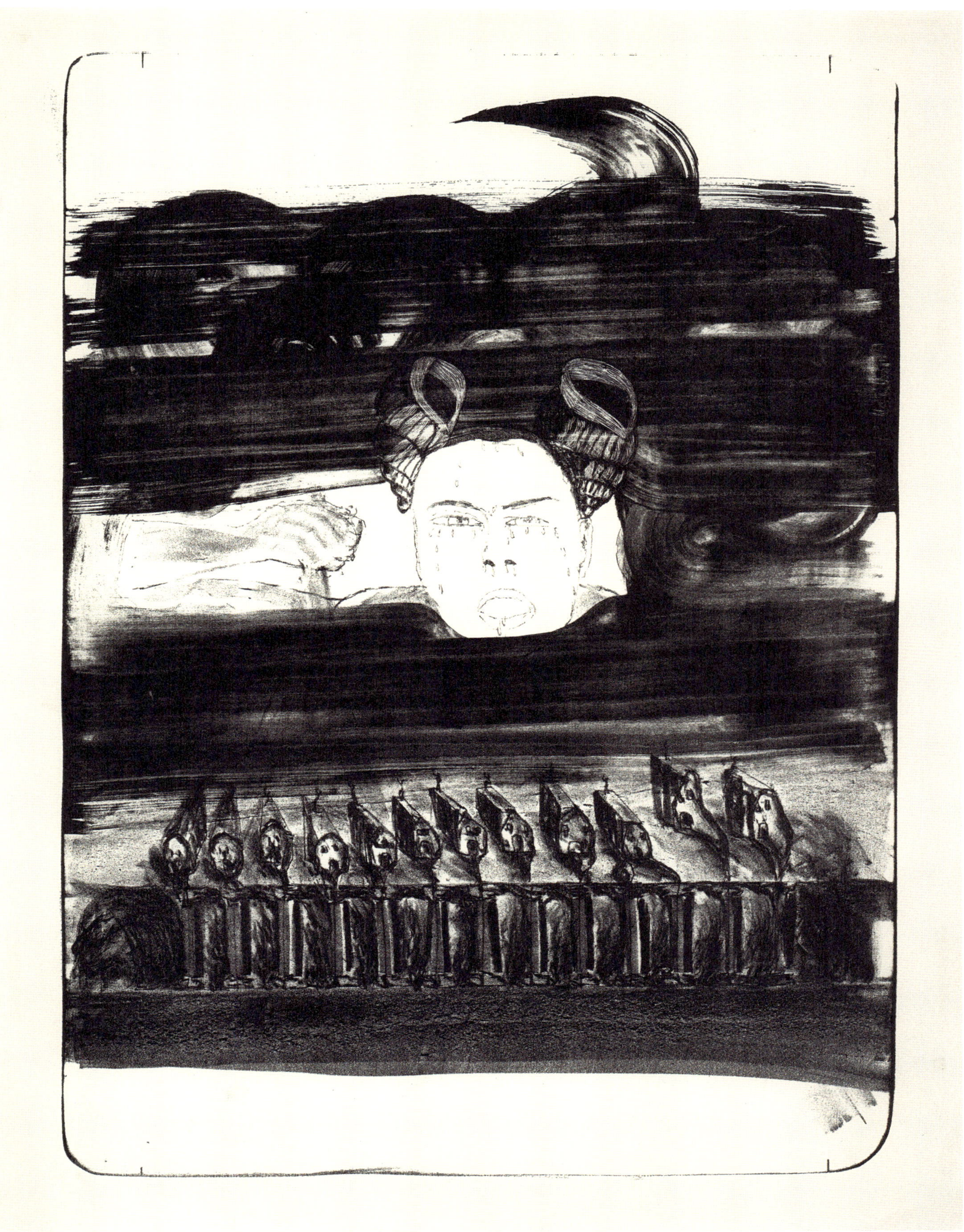

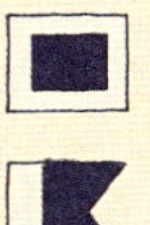

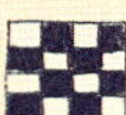

to prove my Italianity, and dive into my *riso con verdura,* the army ration for the day, but my censor smiles with an exasperating complacency and assures me there is nothing I can say to persuade him otherwise. I point out that my case is hardly the only one of its kind; I bring to his attention the famous examples of Ugo Foscolo, Arturo Graf and the less famous though more convincing examples of Matilde Serao. But the young Levantine doesn't know who Foscolo was and seriously doubts anyone named Arturo Graf could ever have walked amidst us mortals. Only the name of the famous Matilde makes him prick up his ears a bit, but I quickly see he's gotten tangled in an homophony, confusing her name with a certain Mea Tilde, who bleats out French ditties through her mouth and derrier in a *beuglant* about her detestable Cospole.

He is one of those creatures who are incapable of sustaining an argument by showing either approval or disapproval. They let you sink and never offer anything to hold onto; as you speak they whittle down your spirit with their deaf and dumb apathy so that, by their first assault on the conversation you've become timid and impotent, as if you were being forced to climb a glass wall: you slide down the soapy surface they present and are left standing before them looking like an eggplant, strangled by your own unvented anger.

Not even five minutes have elapsed and he's already inundating me with an affability at once intimate, communicative and confidential. We make our voyage *ensemble;* he holds up both parts of the conversation. "Ah, mon cher, quel plaisir! nous irons together à Salonique où nous pourrons boire at last du café turc et smoke des cigarettes Nestos… Ici en Italie trop de misère, my dear. Avez-vous été à Cospole?… Ah, si vous voyez la Cospole de maintenant!… Plus jolie que toutes les grandes capitales de l'Europe. Ah so glorious, mon cher. A Taxim, qui est le plus beau baktché du monde entier, nous avons maintenant quatre cinémas: le Vénus, le Parisiana, l'Olympos et le

Untitled (Departure of the Argonaut)
Ohne Titel (Aufbruch des Argonauten) 1983–1986
Lithografie lithograph
Probedruck stage proof
65 × 100 cm

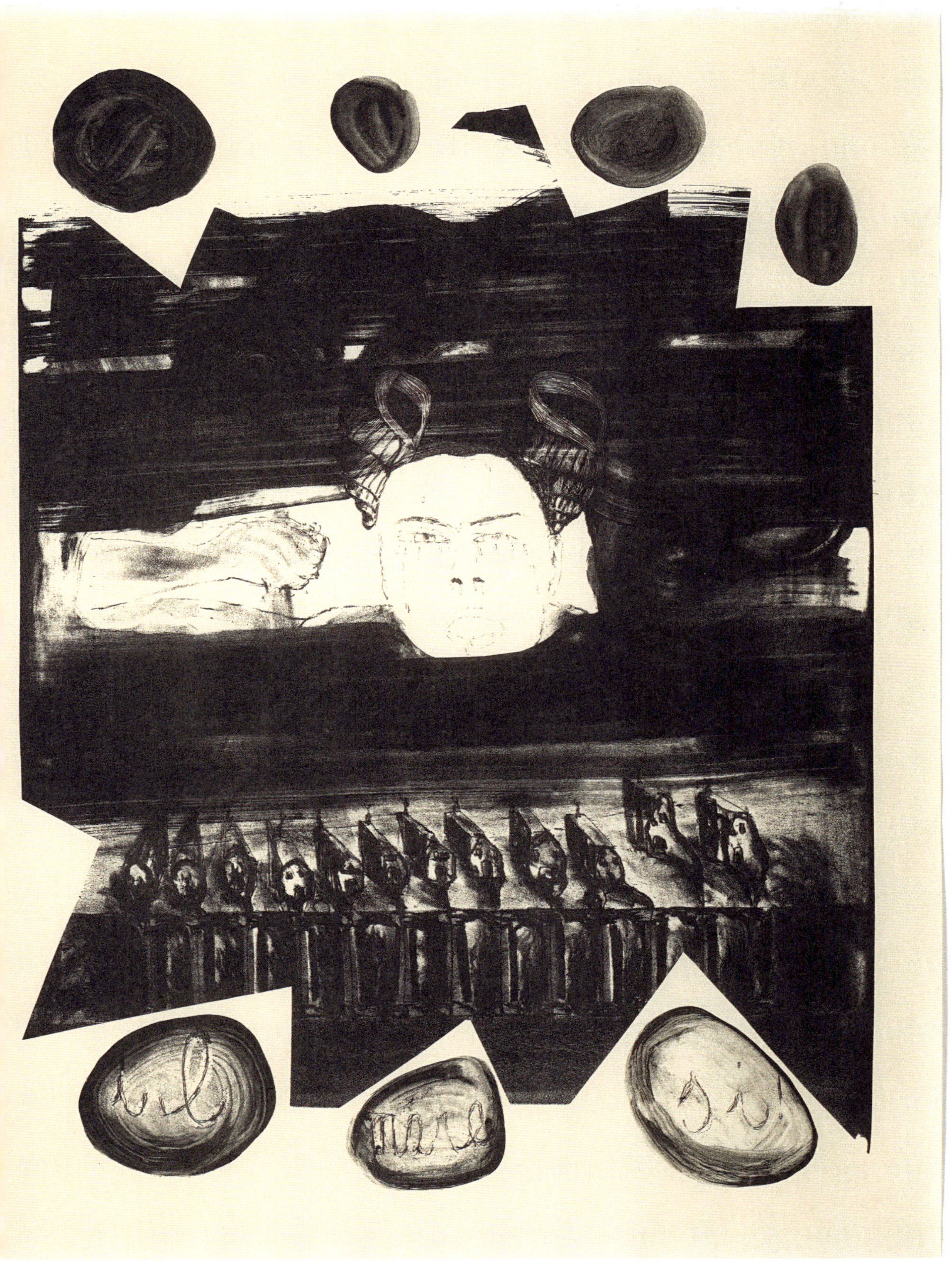
il
mare
sì!

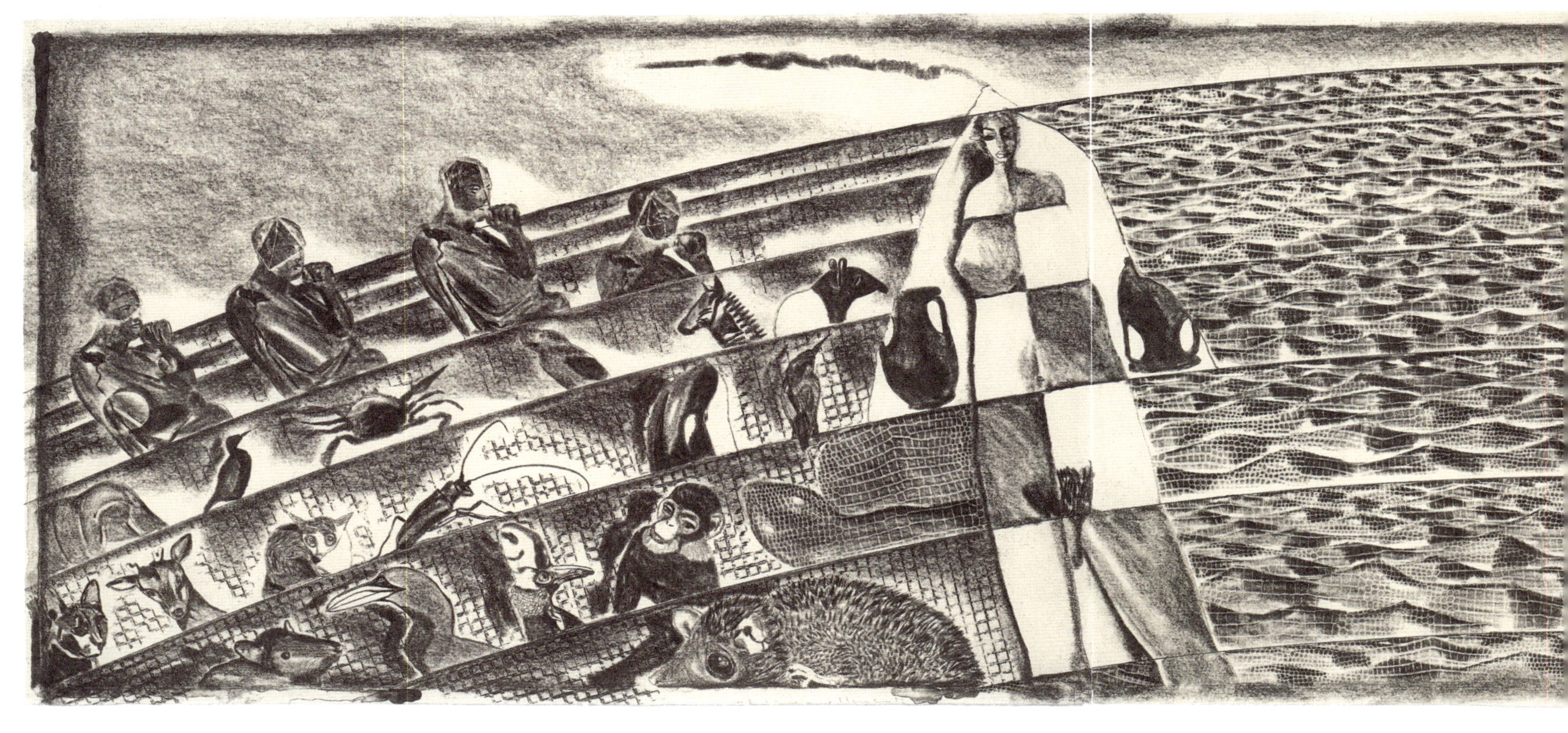

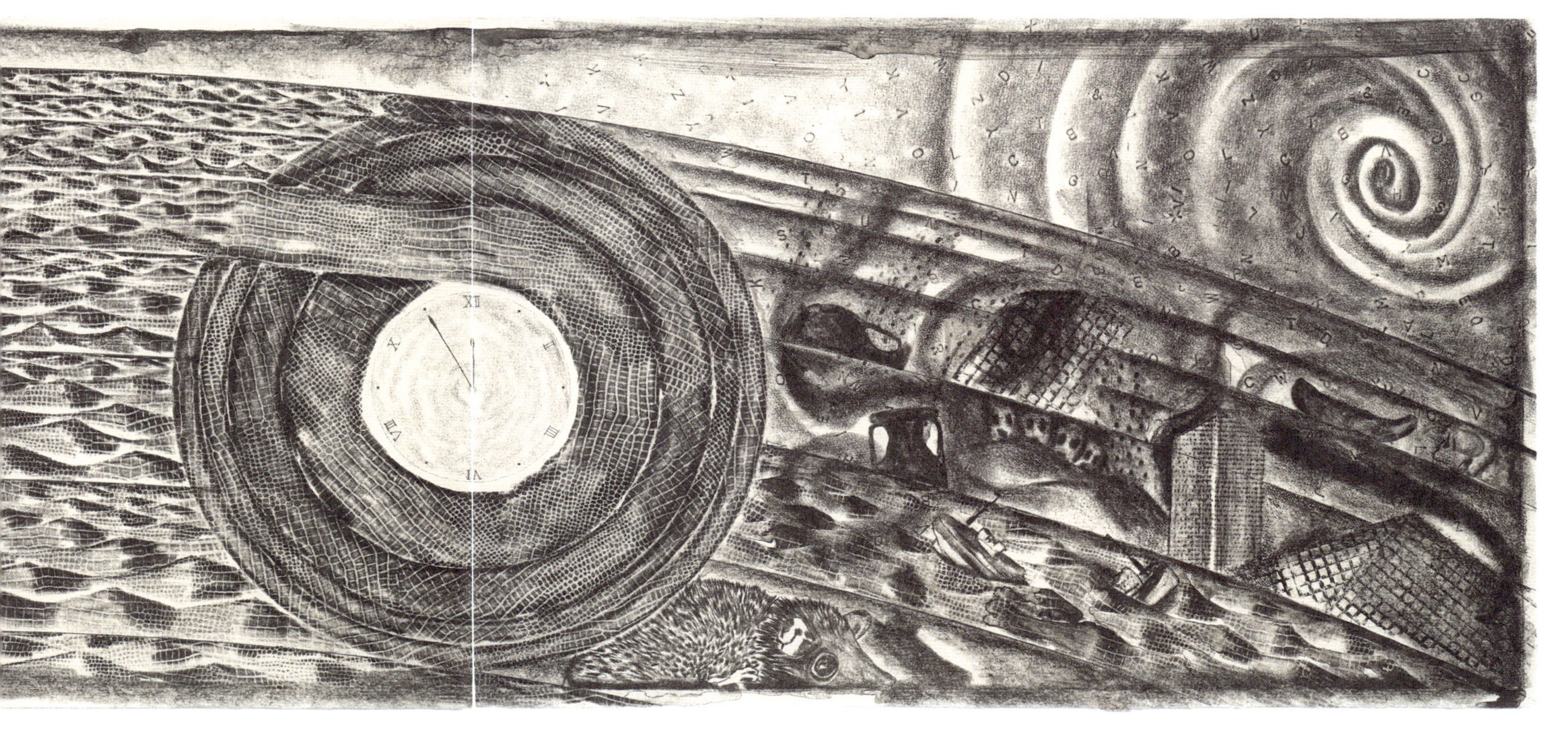

Departure of the Argonaut
Aufbruch des Argonauten 1986
Lithografie in drei Teilen lithograph in three panels
63 × 303 cm gesamt total

Departure of the Argonaut
Aufbruch des Argonauten 1986
Lithografie in drei Teilen lithograph in three panels
Detail

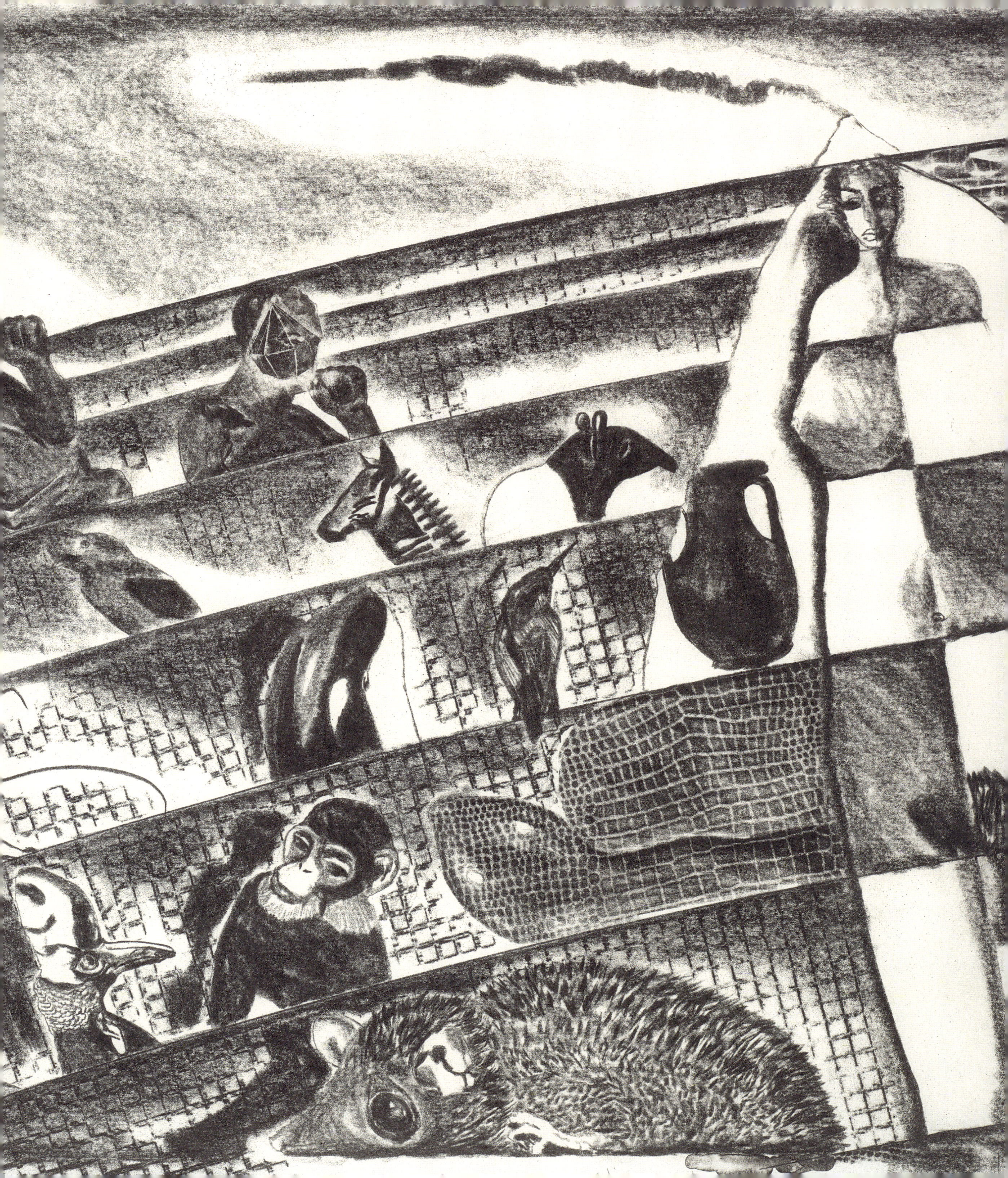

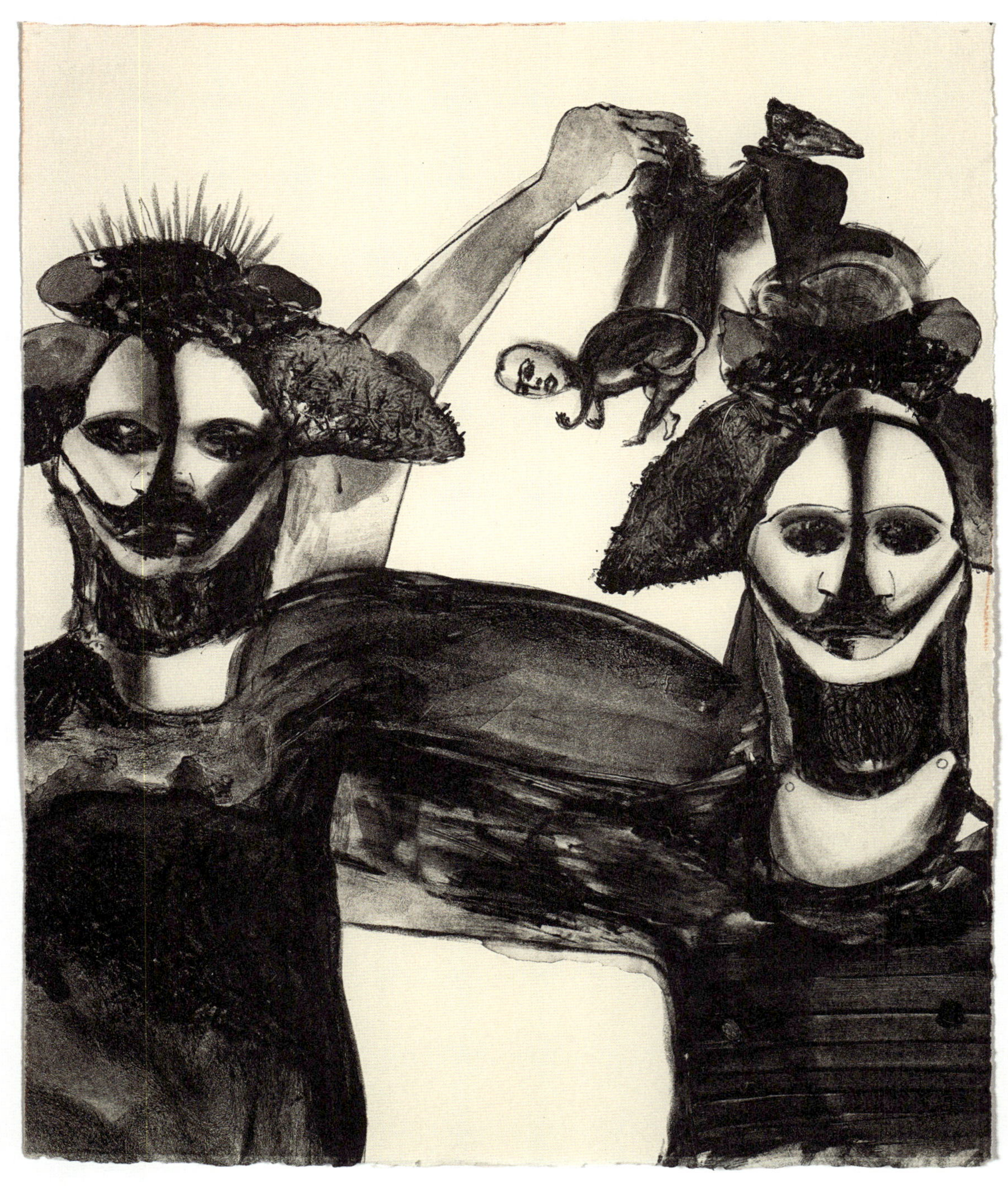

Untitled (Departure of the Argonaut)
Ohne Titel (Aufbruch des Argonauten) 1983–1986
Lithografie lithograph
Probedruck stage proof
43 × 36 cm

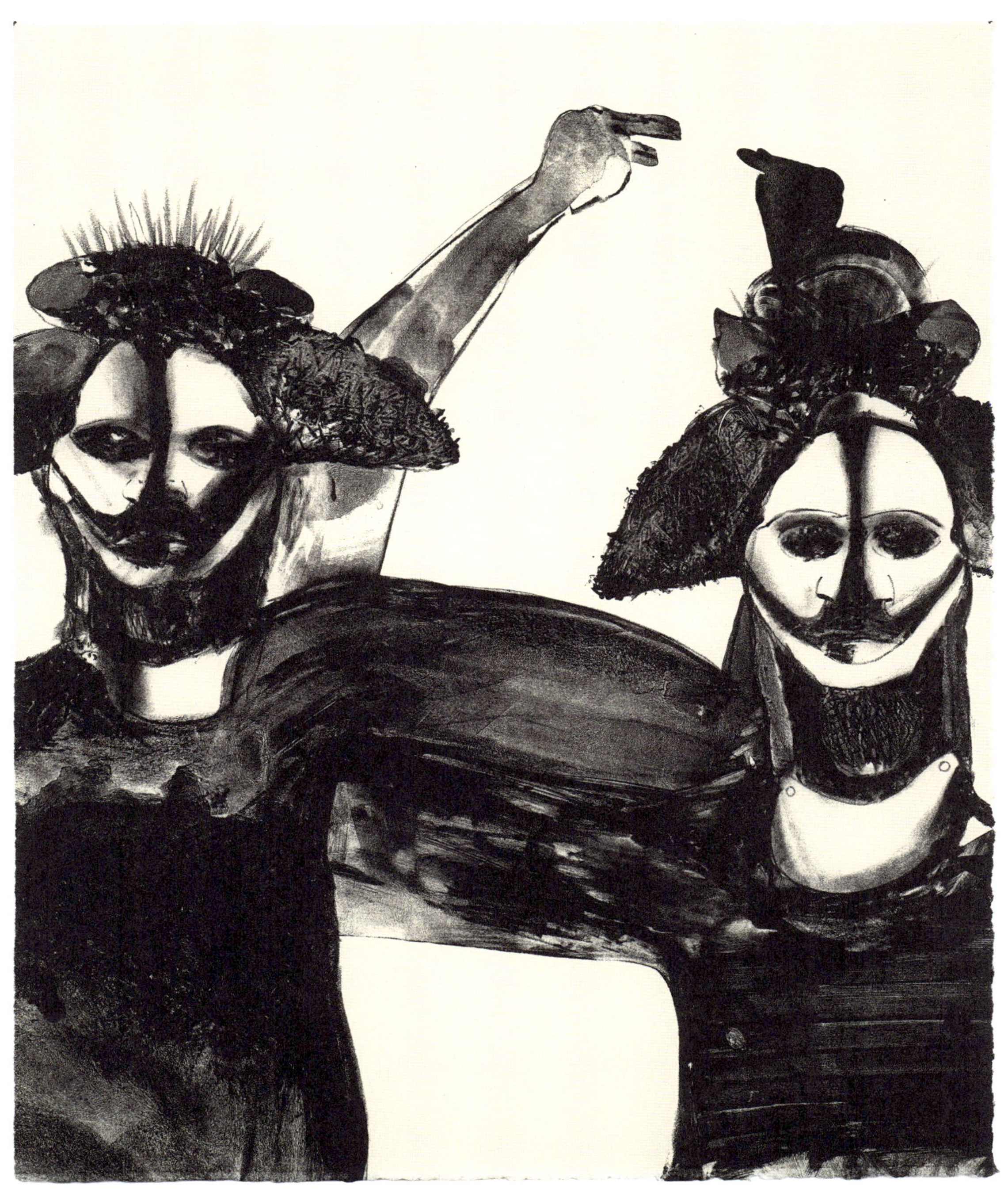

Untitled (Departure of the Argonaut)
Ohne Titel (Aufbruch des Argonauten) 1983–1986
Lithografie lithograph
Probedruck stage proof
43 × 36 cm

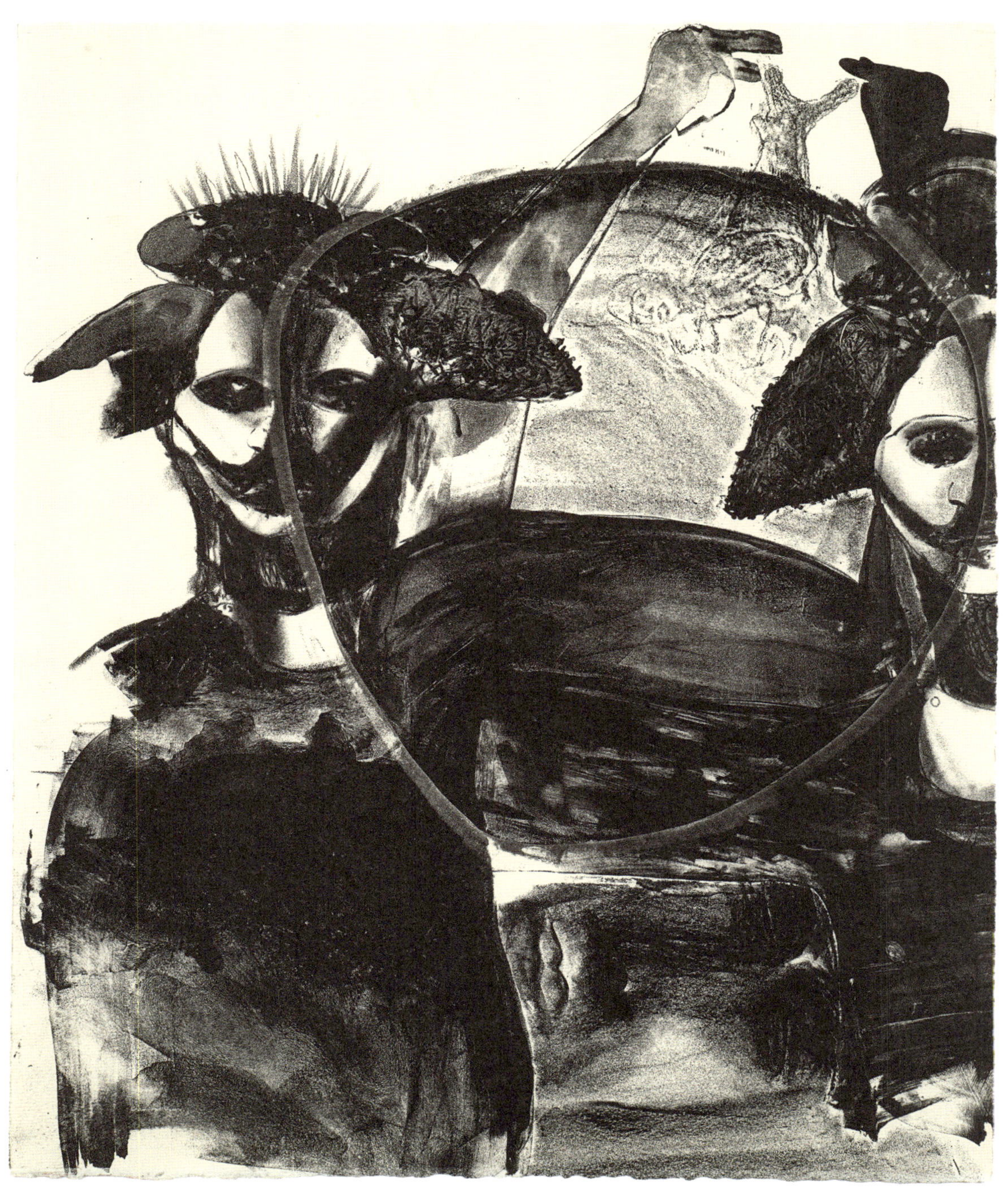

Untitled (Departure of the Argonaut)
Ohne Titel (Aufbruch des Argonauten) 1983–1986
Lithografie lithograph
Probedruck stage proof
43 × 36 cm

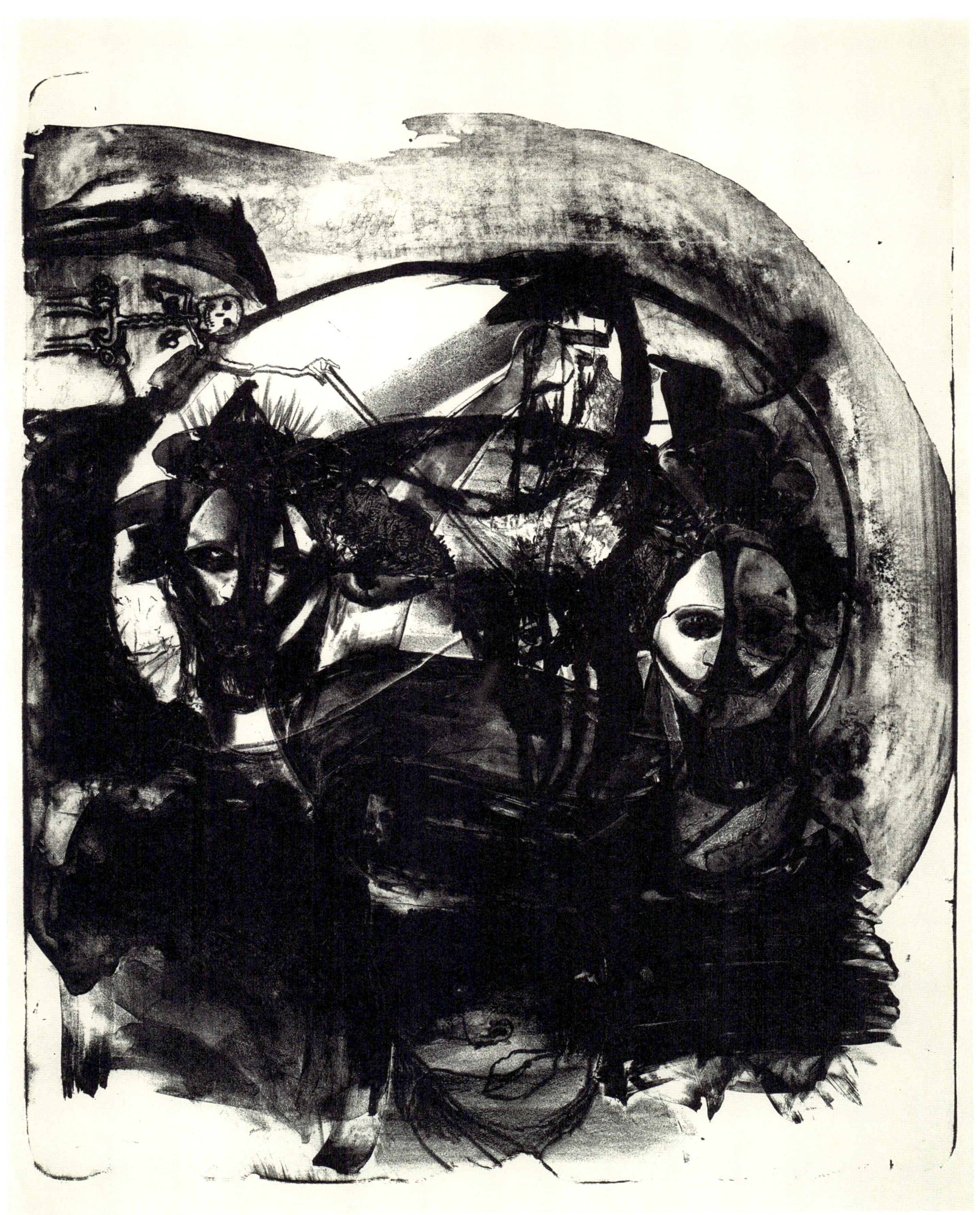

Untitled (Departure of the Argonaut)
Ohne Titel (Aufbruch des Argonauten) 1983–1986
Lithografie lithograph
Probedruck stage proof
43 × 36 cm

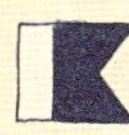

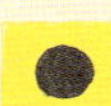
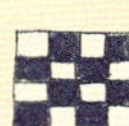

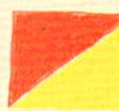

At first glance, this new vocabulary might give the impression of being silly because it's crude, harsh, lacking the polish words acquire from rubbing up against obsolete vocabularies. But this silliness harbors truth, reason, the classicism of the future. That's the trick of the Futurists. And when such silliness enters common usage, it's a good idea to accept it outright. We have to strip ourselves of the amour-propre of antiquity, and the oppressive aristocratic view. A more humble cretin might become as obstinate as a Spanish Grandee and want to attack everything new from a fortress of stagnant custom; but I'm not that humble cretin.

Anyway, the M. P. sergeant is furious because a short while ago one of his collegues from the 99th regiment told him that at his age he should've been made general. It's in the heat of this insult that the veteran subaltern has entered the restaurant, and he vents his anger in every direction. Almost immediately he fixes on the military regulations and at length screams out, "I hate regulations like I hate white navy pants, whether filthy or clean, they serve Italy in the same fashion!" I stand up at this point and in front of everyone, including the restaurant manager Gaggiano, I refute and finally quash the blasphemy of this heretic.

The 19th hour. The drawbridge is open. Crowds gather on the embankment. I stand facing forward: two Japanese destroyers pass by, and after them a transport ship loaded with French soldiers on deck standing at attention, with their Basque berets flopping over their ears and their cork lifejackets held tightly in their armpits. The officials on the ship's bridge stiffly salute and trumpets blare. Along the shore the crowds applaud. A naval chorus rises in broken waves of sound:

La République nous appelle
sachons vaincre ou sachons mourir . . .

Beside me a lieutenant from the chasseurs, swollen with enthusiasm, grabs my arm and, as if he were trying to force me to corroborate

Untitled (Departure of the Argonaut)
Ohne Titel (Aufbruch des Argonauten) 1983–1986
Lithografie lithograph
Probedruck stage proof
65 × 100 cm

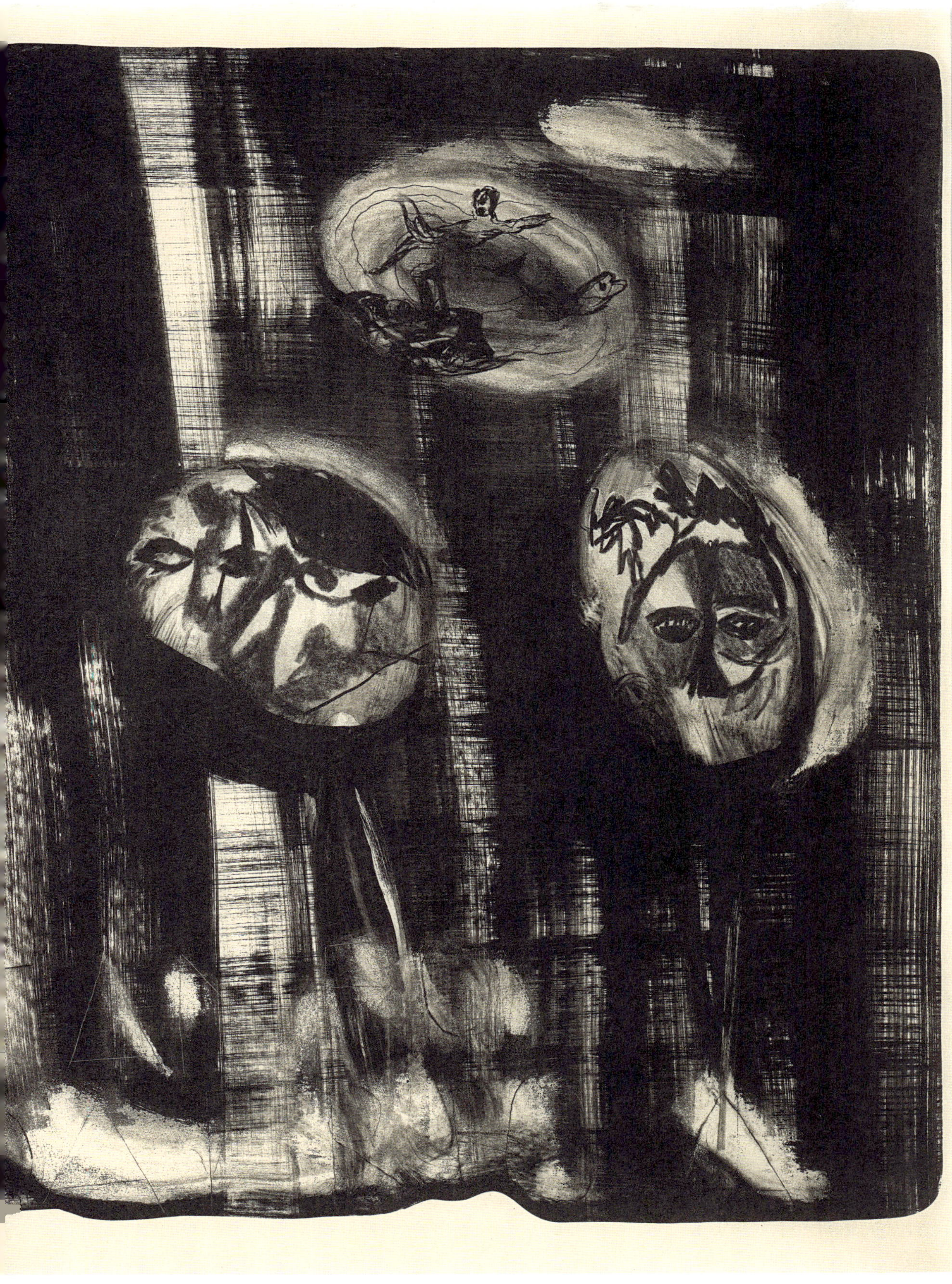

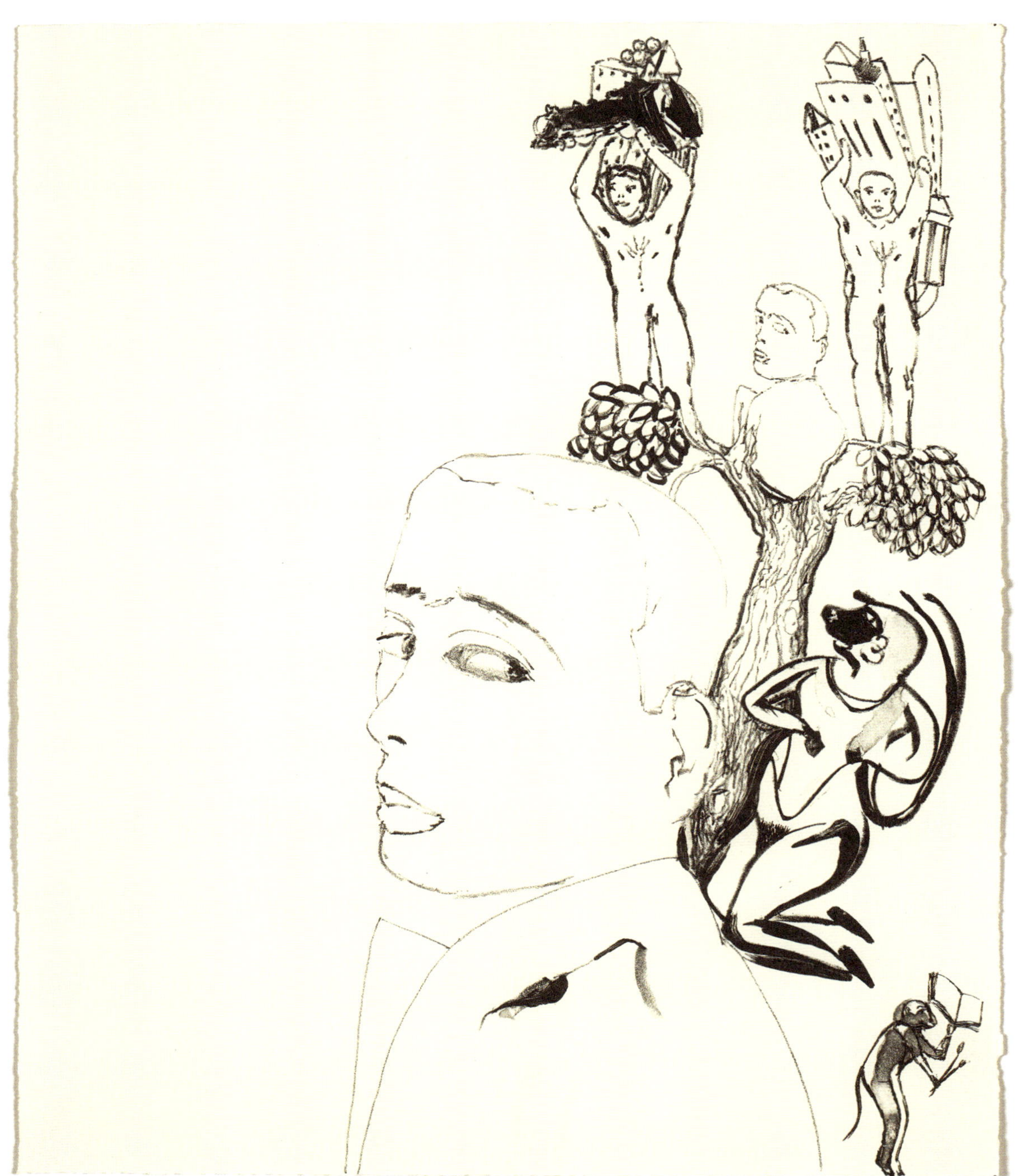

Untitled (Departure of the Argonaut)
Ohne Titel (Aufbruch des Argonauten) 1983–1986
Lithografie lithograph
Probedruck stage proof
43 × 36 cm

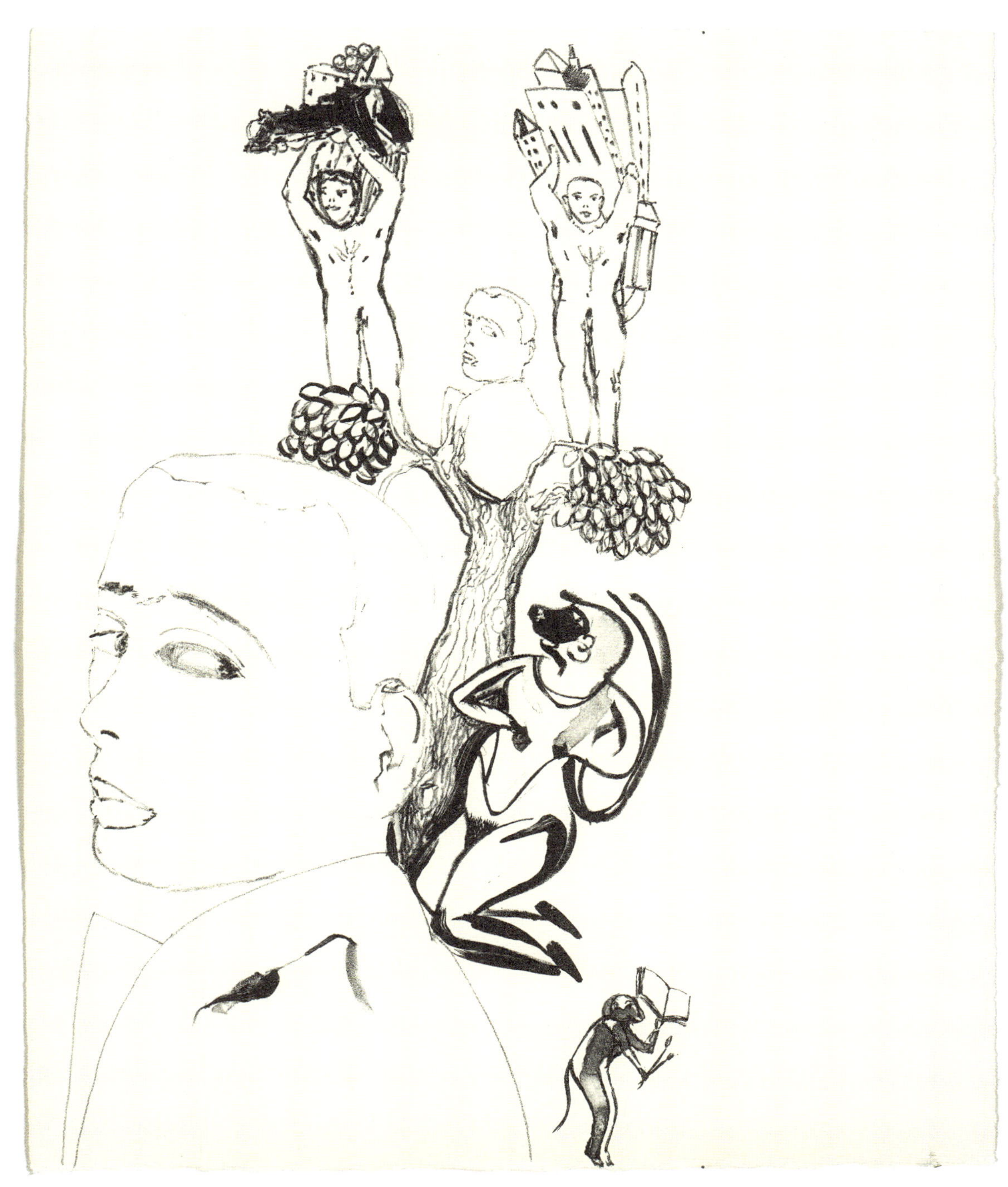

Untitled (Departure of the Argonaut)
Ohne Titel (Aufbruch des Argonauten) 1983–1986
Lithografie lithograph
Probedruck stage proof
43 × 36 cm

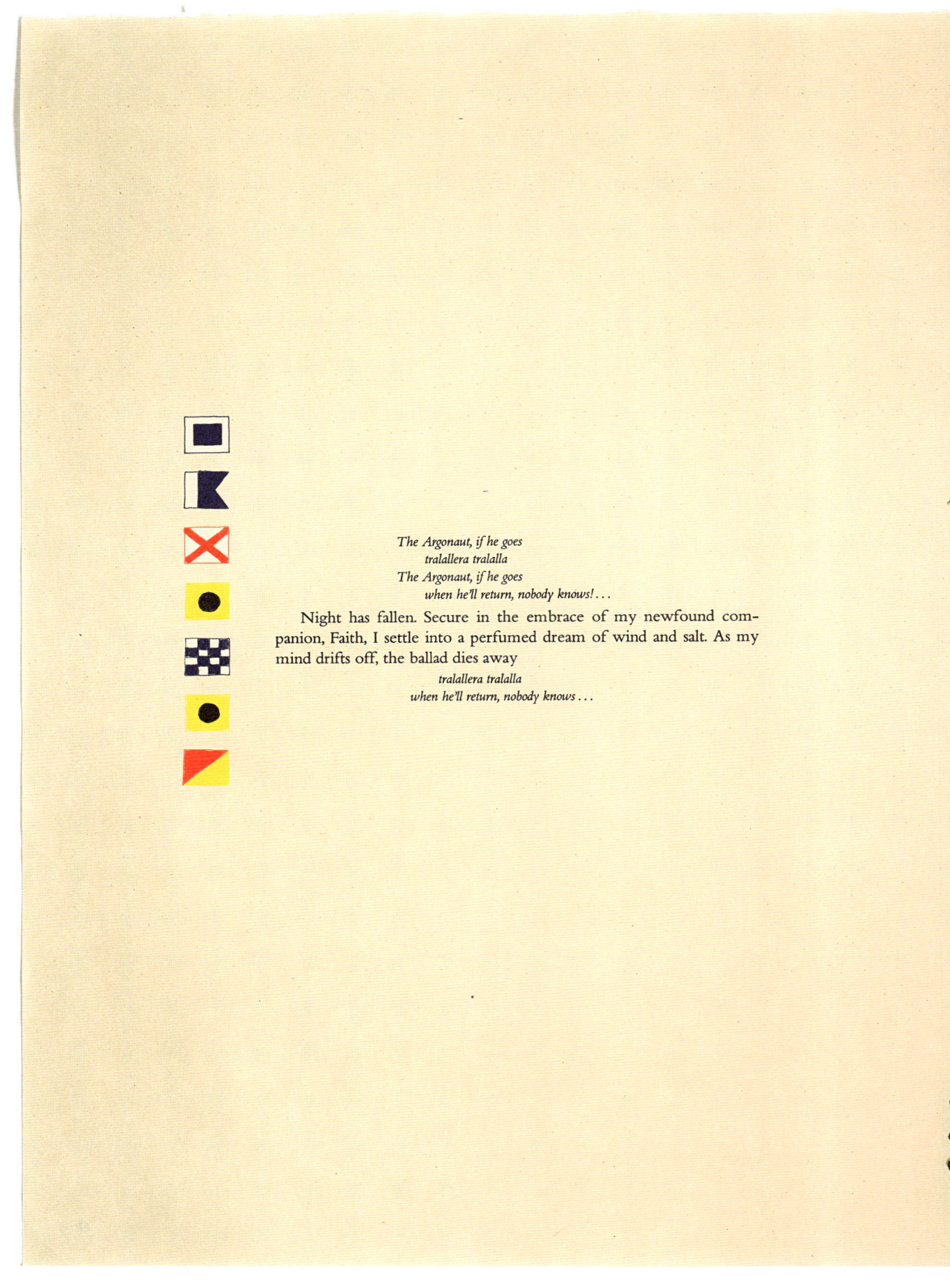

Untitled (Departure of the Argonaut)
Ohne Titel (Aufbruch des Argonauten) 1983–1986
Lithografie lithograph
Probedruck stage proof
65 × 100 cm

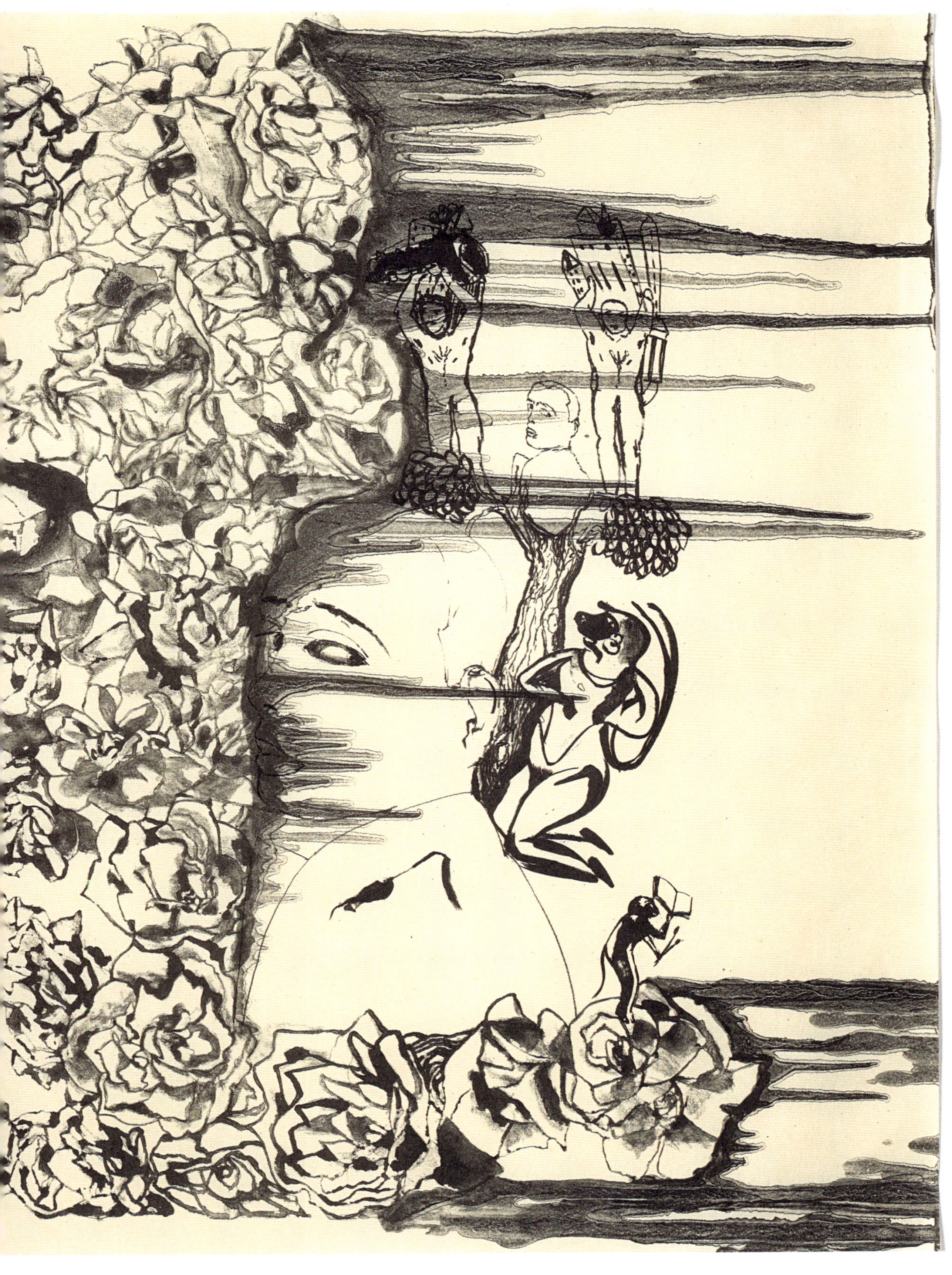

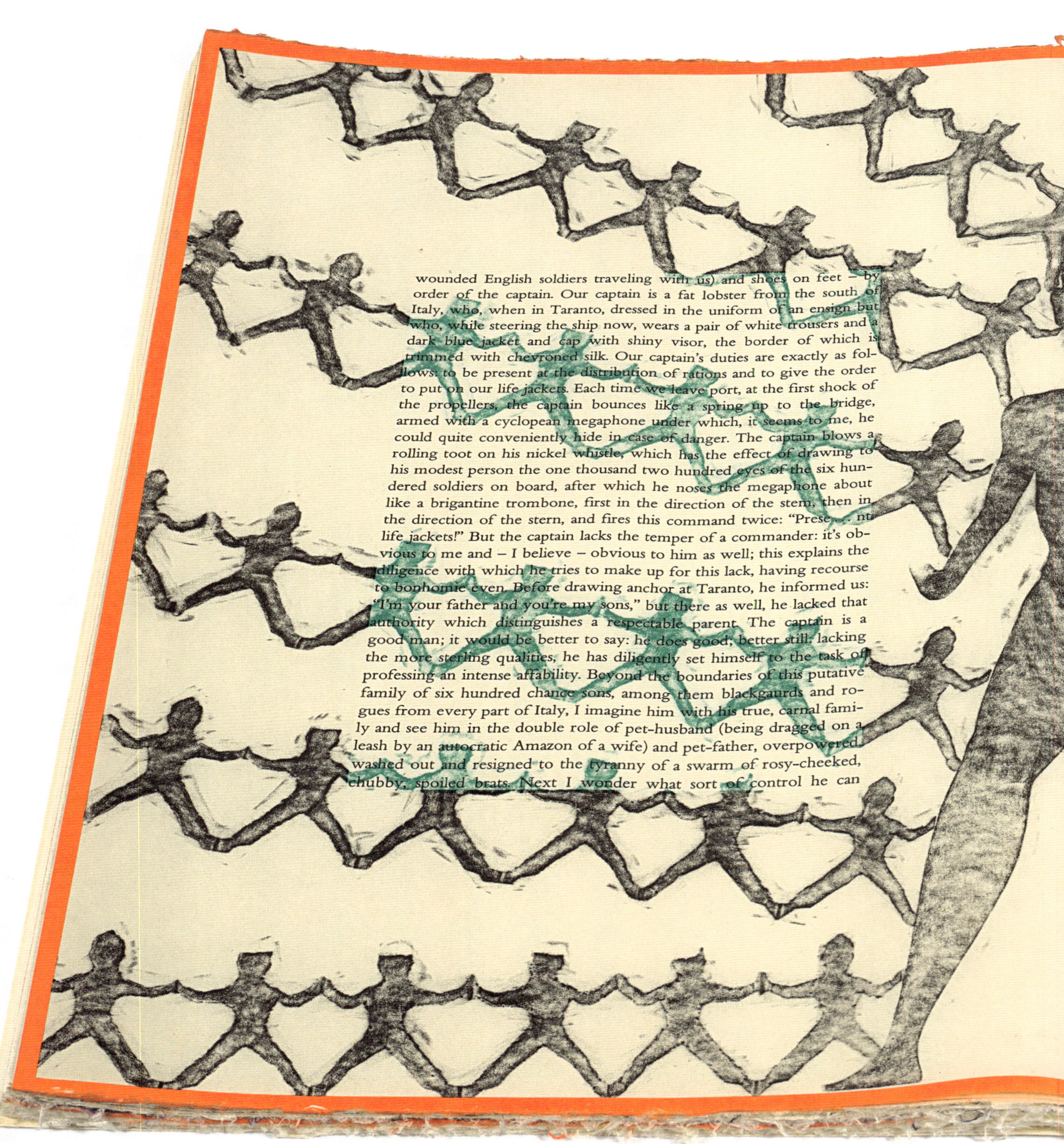

wounded English soldiers traveling with us) and shoes on feet – by order of the captain. Our captain is a fat lobster from the south of Italy, who, when in Taranto, dressed in the uniform of an ensign but who, while steering the ship now, wears a pair of white trousers and a dark blue jacket and cap with shiny visor, the border of which is trimmed with chevroned silk. Our captain's duties are exactly as follows: to be present at the distribution of rations and to give the order to put on our life jackets. Each time we leave port, at the first shock of the propellers, the captain bounces like a spring up to the bridge, armed with a cyclopean megaphone under which, it seems to me, he could quite conveniently hide in case of danger. The captain blows a rolling toot on his nickel whistle, which has the effect of drawing to his modest person the one thousand two hundred eyes of the six hundered soldiers on board, after which he noses the megaphone about like a brigantine trombone, first in the direction of the stem, then in the direction of the stern, and fires this command twice: "Prese... nt life jackets!" But the captain lacks the temper of a commander: it's obvious to me and – I believe – obvious to him as well; this explains the diligence with which he tries to make up for this lack, having recourse to bonhomie even. Before drawing anchor at Taranto, he informed us: "I'm your father and you're my sons," but there as well, he lacked that authority which distinguishes a respectable parent. The captain is a good man; it would be better to say: he does good; better still: lacking the more sterling qualities, he has diligently set himself to the task of professing an intense affability. Beyond the boundaries of this putative family of six hundred chance sons, among them blackgaurds and rogues from every part of Italy, I imagine him with his true, carnal family and see him in the double role of pet-husband (being dragged on a leash by an autocratic Amazon of a wife) and pet-father, overpowered, washed out and resigned to the tyranny of a swarm of rosy-cheeked, chubby, spoiled brats. Next I wonder what sort of control he can

Untitled (Departure of the Argonaut)
Ohne Titel (Aufbruch des Argonauten) 1983–1986
Typendruck mit Lithografie letterpress with lithography
Petersburg Press, Inc.
Probedruck stage proof
65 × 100 cm

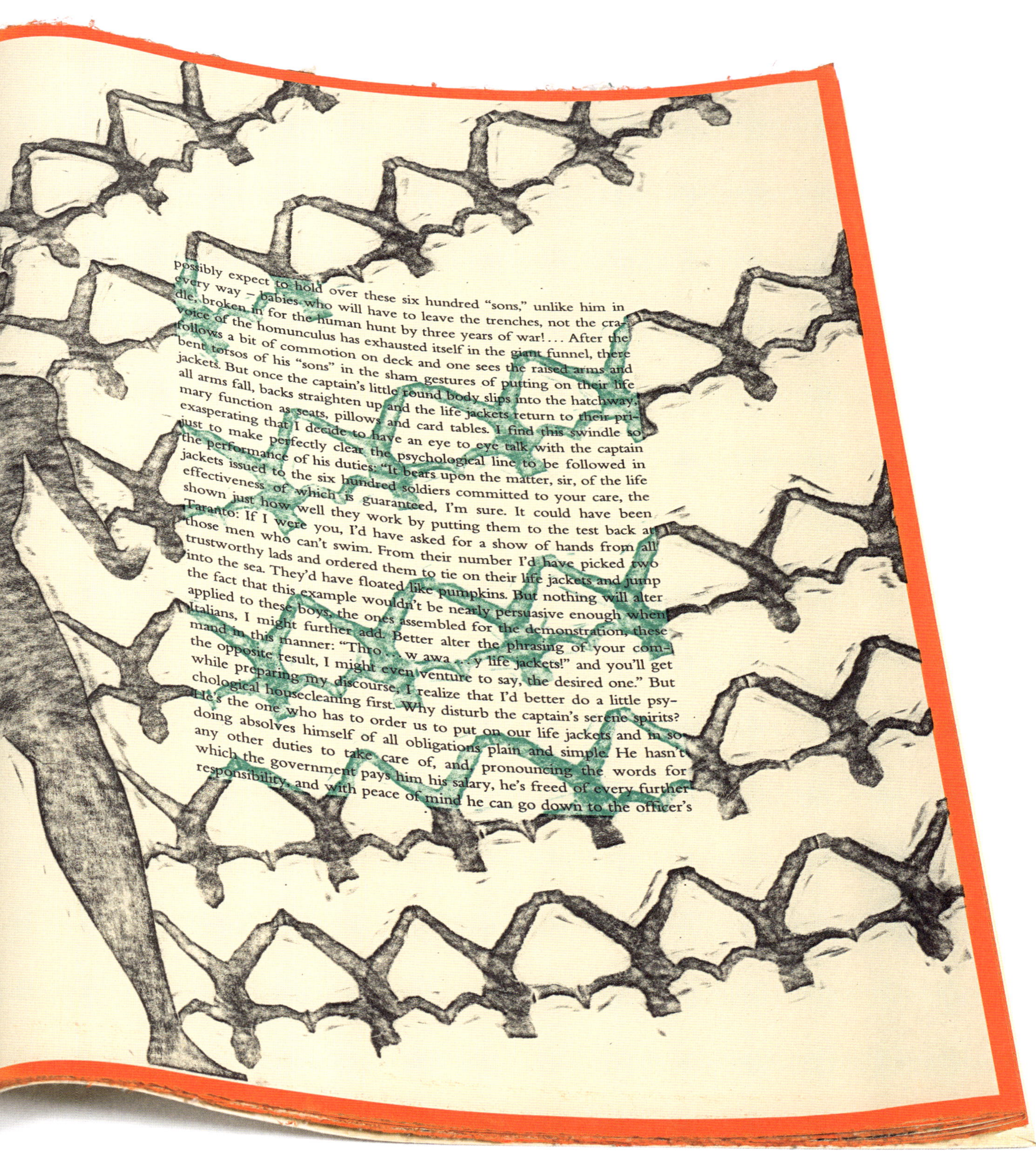
possibly expect to hold over these six hundred "sons," unlike him in
every way – babies who will have to leave the trenches, not the cra-
dle, broken in for the human hunt by three years of war! . . . After the
voice of the homunculus has exhausted itself in the giant funnel, there
follows a bit of commotion on deck and one sees the raised arms and
bent torsos of his "sons" in the sham gestures of putting on their life
jackets. But once the captain's little round body slips into the hatchway,
all arms fall, backs straighten up and the life jackets return to their primary function as seats, pillows and card tables. I find this swindle so
exasperating that I decide to have an eye to eye talk with the captain
just to make perfectly clear the psychological line to be followed in
the performance of his duties: "It bears upon the matter, sir, of the life
jackets issued to the six hundred soldiers committed to your care, the
effectiveness of which is guaranteed, I'm sure. It could have been
shown just how well they work by putting them to the test back at
Taranto: If I were you, I'd have asked for a show of hands from all
those men who can't swim. From their number I'd have picked two
trustworthy lads and ordered them to tie on their life jackets and jump
into the sea. They'd have floated like pumpkins. But nothing will alter
the fact that this example wouldn't be nearly persuasive enough when
applied to these boys, the ones assembled for the demonstration, these
Italians, I might further add. Better alter the phrasing of your command in this manner: "Thro . . . w awa . . . y life jackets!" and you'll get
the opposite result, I might even venture to say, the desired one." But
while preparing my discourse, I realize that I'd better do a little psychological housecleaning first. Why disturb the captain's serene spirits?
He's the one who has to order us to put on our life jackets and in so
doing absolves himself of all obligations plain and simple. He hasn't
any other duties to take care of, and, pronouncing the words for
which the government pays him his salary, he's freed of every further
responsibility, and with peace of mind he can go down to the officer's

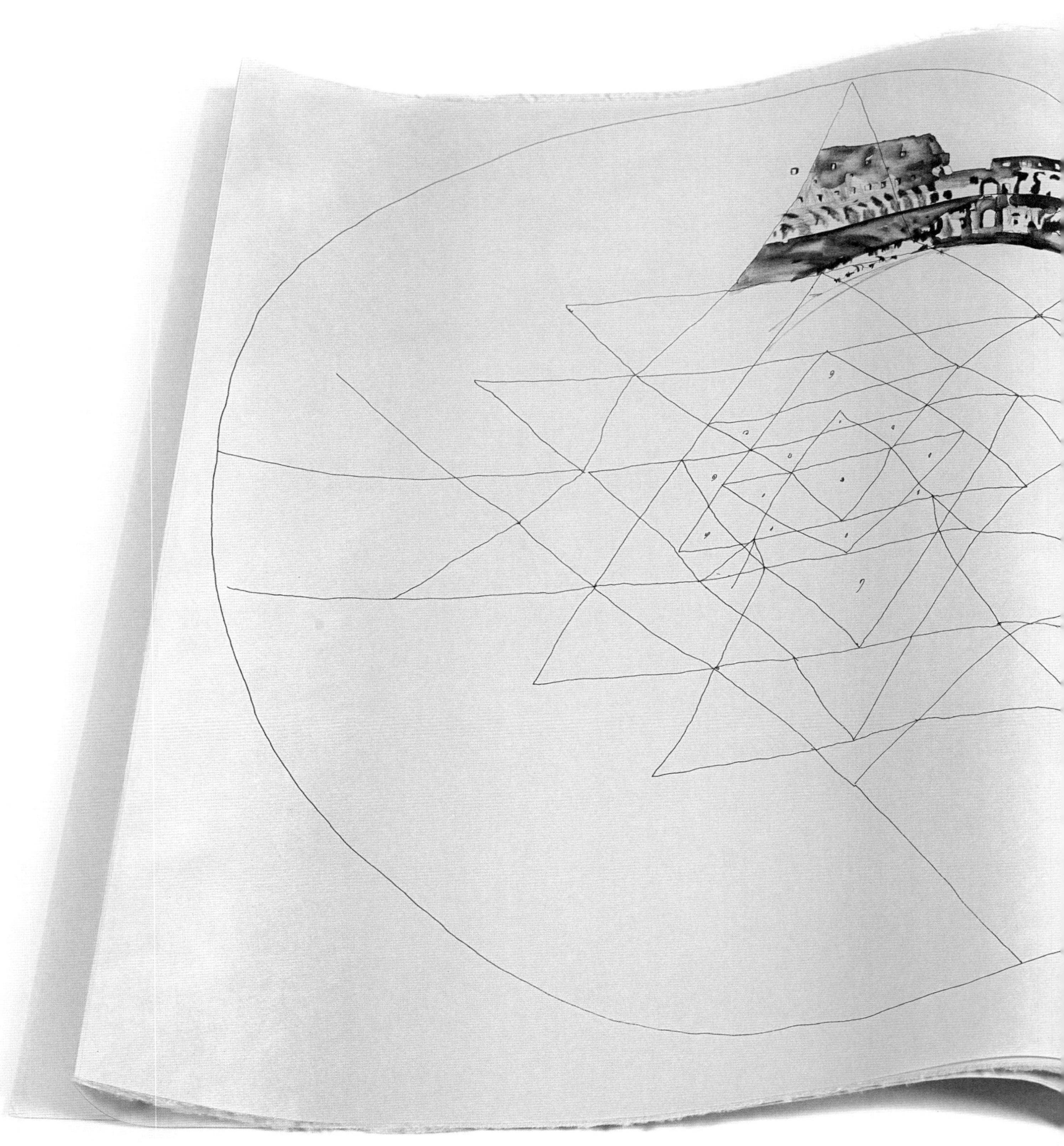

Untitled (Departure of the Argonaut)
Ohne Titel (Aufbruch des Argonauten) 1983–1986
Typendruck mit Lithografie letterpress with lithography
Petersburg Press, Inc.
Probedruck stage proof
65 × 100 cm

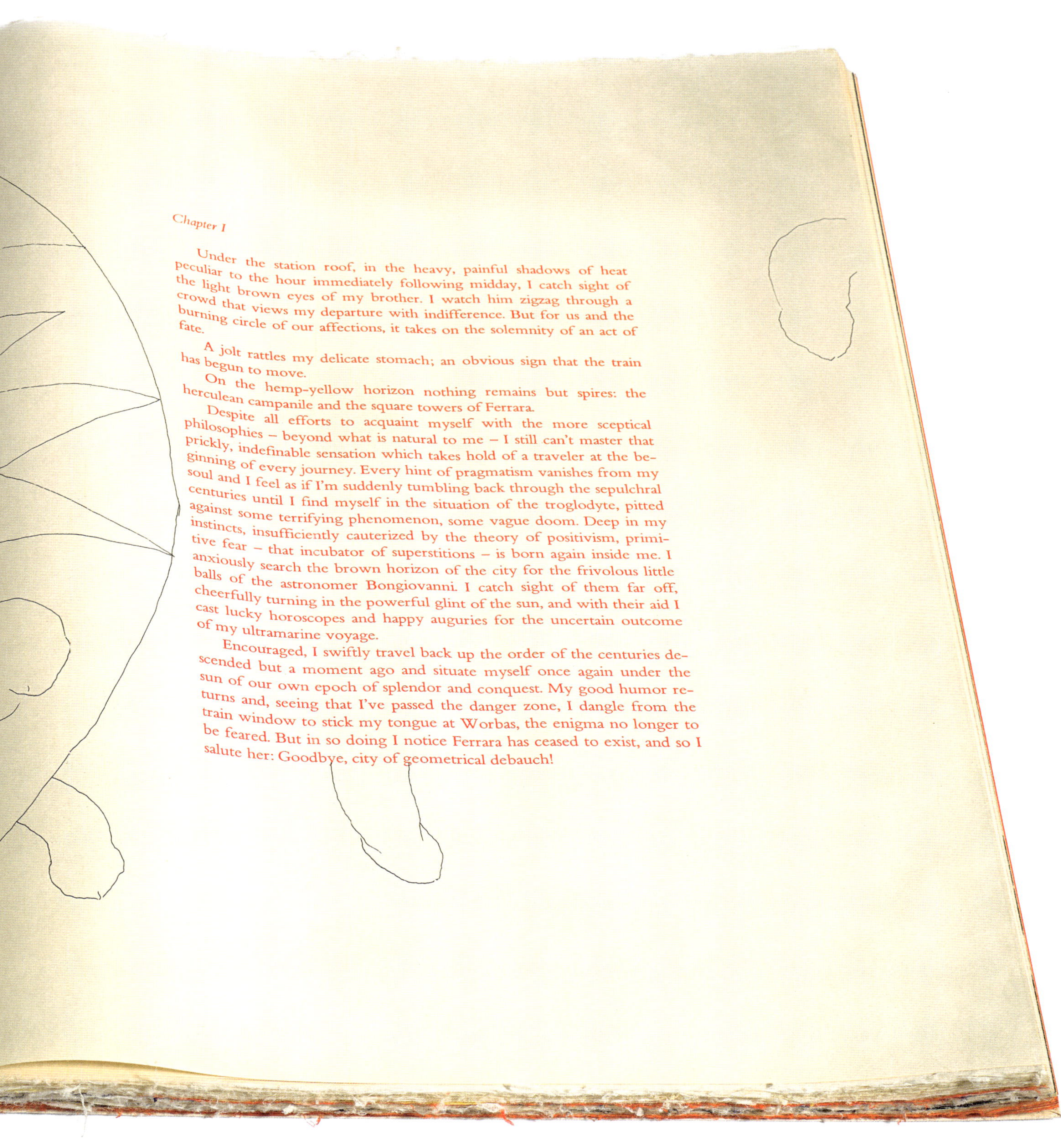
Chapter I

Under the station roof, in the heavy, painful shadows of heat peculiar to the hour immediately following midday, I catch sight of the light brown eyes of my brother. I watch him zigzag through a crowd that views my departure with indifference. But for us and the burning circle of our affections, it takes on the solemnity of an act of fate.

A jolt rattles my delicate stomach; an obvious sign that the train has begun to move.

On the hemp-yellow horizon nothing remains but spires: the herculean campanile and the square towers of Ferrara.

Despite all efforts to acquaint myself with the more sceptical philosophies – beyond what is natural to me – I still can't master that prickly, indefinable sensation which takes hold of a traveler at the beginning of every journey. Every hint of pragmatism vanishes from my soul and I feel as if I'm suddenly tumbling back through the sepulchral centuries until I find myself in the situation of the troglodyte, pitted against some terrifying phenomenon, some vague doom. Deep in my instincts, insufficiently cauterized by the theory of positivism, primitive fear – that incubator of superstitions – is born again inside me. I anxiously search the brown horizon of the city for the frivolous little balls of the astronomer Bongiovanni. I catch sight of them far off, cheerfully turning in the powerful glint of the sun, and with their aid I cast lucky horoscopes and happy auguries for the uncertain outcome of my ultramarine voyage.

Encouraged, I swiftly travel back up the order of the centuries descended but a moment ago and situate myself once again under the sun of our own epoch of splendor and conquest. My good humor returns and, seeing that I've passed the danger zone, I dangle from the train window to stick my tongue at Worbas, the enigma no longer to be feared. But in so doing I notice Ferrara has ceased to exist, and so I salute her: Goodbye, city of geometrical debauch!

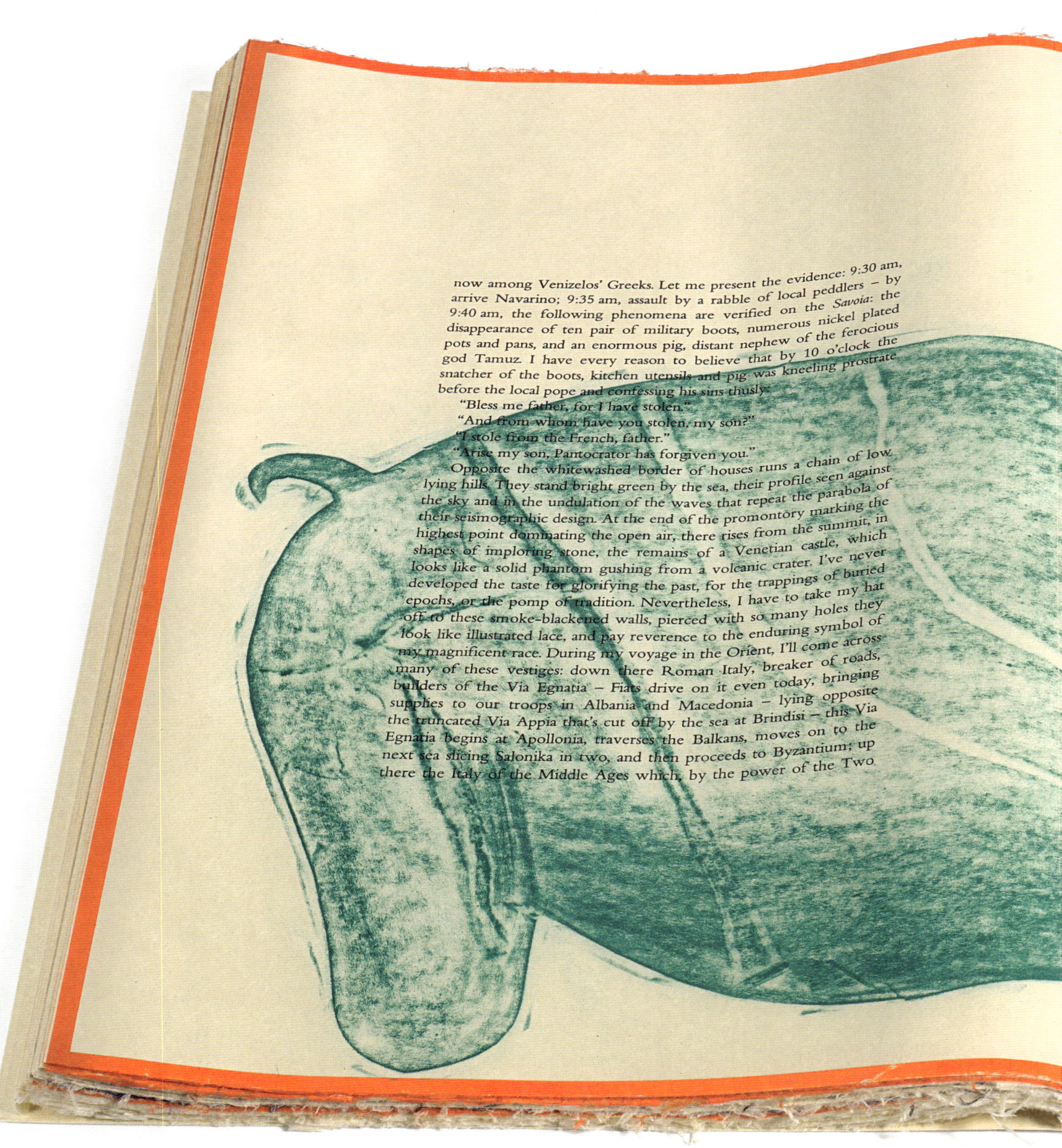
now among Venizelos' Greeks. Let me present the evidence: 9:30 am, arrive Navarino; 9:35 am, assault by a rabble of local peddlers – by 9:40 am, the following phenomena are verified on the *Savoia*: the disappearance of ten pair of military boots, numerous nickel plated pots and pans, and an enormous pig, distant nephew of the ferocious god Tamuz. I have every reason to believe that by 10 o'clock the snatcher of the boots, kitchen utensils and pig was kneeling prostrate before the local pope and confessing his sins thusly:

"Bless me father, for I have stolen."

"And from whom have you stolen, my son?"

"I stole from the French, father."

"Arise my son, Pantocrator has forgiven you."

Opposite the whitewashed border of houses runs a chain of low lying hills. They stand bright green by the sea, their profile seen against the sky and in the undulation of the waves that repeat the parabola of their seismographic design. At the end of the promontory marking the highest point dominating the open air, there rises from the summit, in shapes of imploring stone, the remains of a Venetian castle, which looks like a solid phantom gushing from a volcanic crater. I've never developed the taste for glorifying the past, for the trappings of buried epochs, or the pomp of tradition. Nevertheless, I have to take my hat off to these smoke-blackened walls, pierced with so many holes they look like illustrated lace, and pay reverence to the enduring symbol of my magnificent race. During my voyage in the Orient, I'll come across many of these vestiges: down there Roman Italy, breaker of roads, builders of the Via Egnatia – Fiats drive on it even today, bringing supplies to our troops in Albania and Macedonia – lying opposite the truncated Via Appia that's cut off by the sea at Brindisi – this Via Egnatia begins at Apollonia, traverses the Balkans, moves on to the next sea slicing Salonika in two, and then proceeds to Byzantium; up there the Italy of the Middle Ages which, by the power of the Two

Untitled (Departure of the Argonaut)
Ohne Titel (Aufbruch des Argonauten) 1983–1986
Typendruck mit Lithografie letterpress with lithography
Petersburg Press, Inc.
Probedruck stage proof
65 × 100 cm

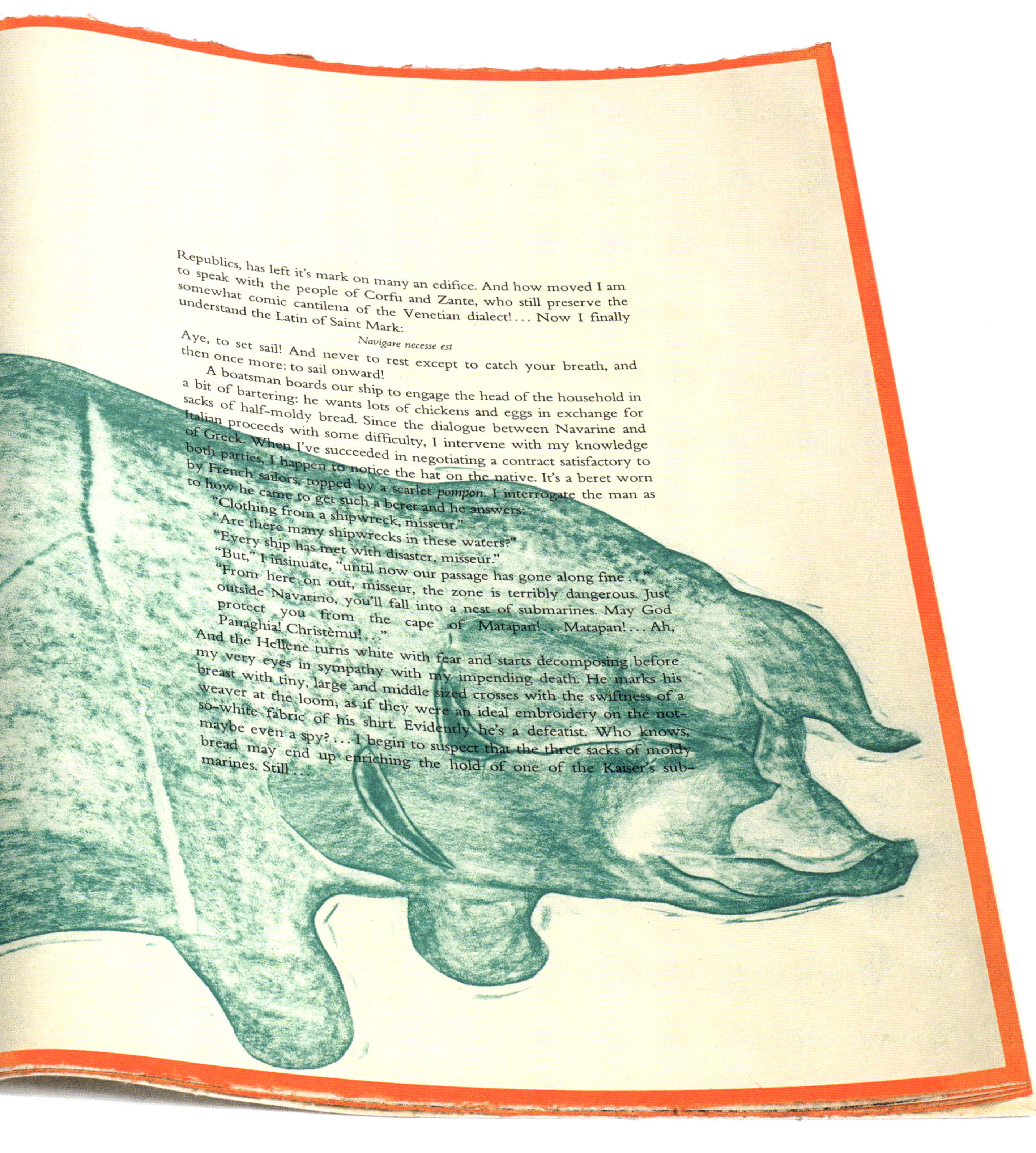

Republics, has left it's mark on many an edifice. And how moved I am to speak with the people of Corfu and Zante, who still preserve the somewhat comic cantilena of the Venetian dialect! . . . Now I finally understand the Latin of Saint Mark:

Navigare necesse est

Aye, to set sail! And never to rest except to catch your breath, and then once more: to sail onward!

A boatsman boards our ship to engage the head of the household in a bit of bartering: he wants lots of chickens and eggs in exchange for sacks of half-moldy bread. Since the dialogue between Navarine and Italian proceeds with some difficulty, I intervene with my knowledge of Greek. When I've succeeded in negotiating a contract satisfactory to both parties, I happen to notice the hat on the native. It's a beret worn by French sailors, topped by a scarlet *pompon*. I interrogate the man as to how he came to get such a beret and he answers:

"Clothing from a shipwreck, misseur."

"Are there many shipwrecks in these waters?"

"Every ship has met with disaster, misseur."

"But," I insinuate, "until now our passage has gone along fine . . ."

"From here on out, misseur, the zone is terribly dangerous. Just outside Navarino, you'll fall into a nest of submarines. May God protect you from the cape of Matapan! . . . Matapan! . . . Ah, Panaghia! Christèmu! . . ."

And the Hellene turns white with fear and starts decomposing before my very eyes in sympathy with my impending death. He marks his breast with tiny, large and middle sized crosses with the swiftness of a weaver at the loom, as if they were an ideal embroidery on the not-so-white fabric of his shirt. Evidently he's a defeatist. Who knows, maybe even a spy? . . . I begin to suspect that the three sacks of moldy bread may end up enriching the hold of one of the Kaiser's submarines. Still . . .

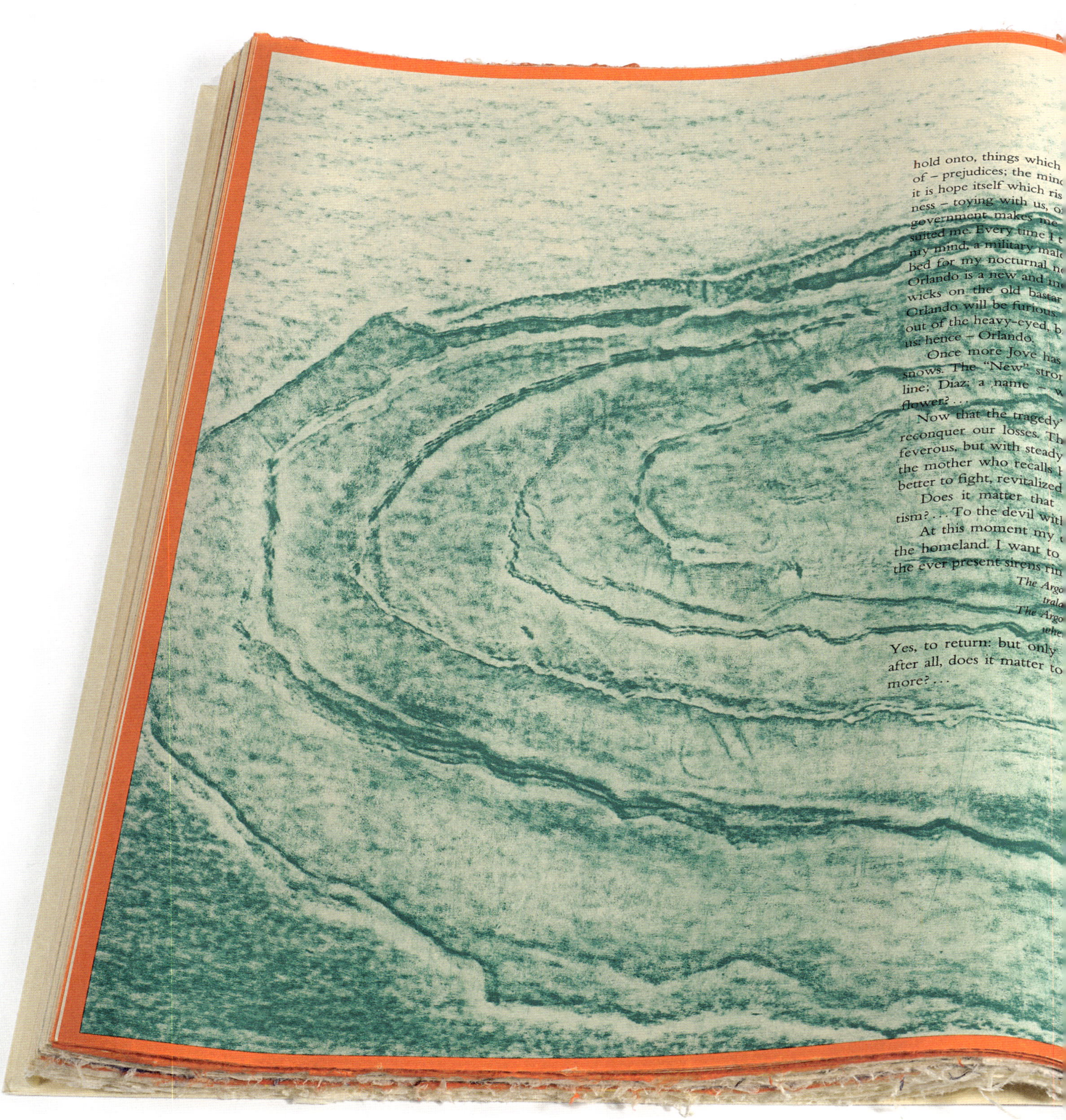

Untitled (Departure of the Argonaut)
Ohne Titel (Aufbruch des Argonauten) 1983–1986
Typendruck mit Lithografie letterpress with lithography
Petersburg Press, Inc.
Probedruck stage proof
65 × 100 cm

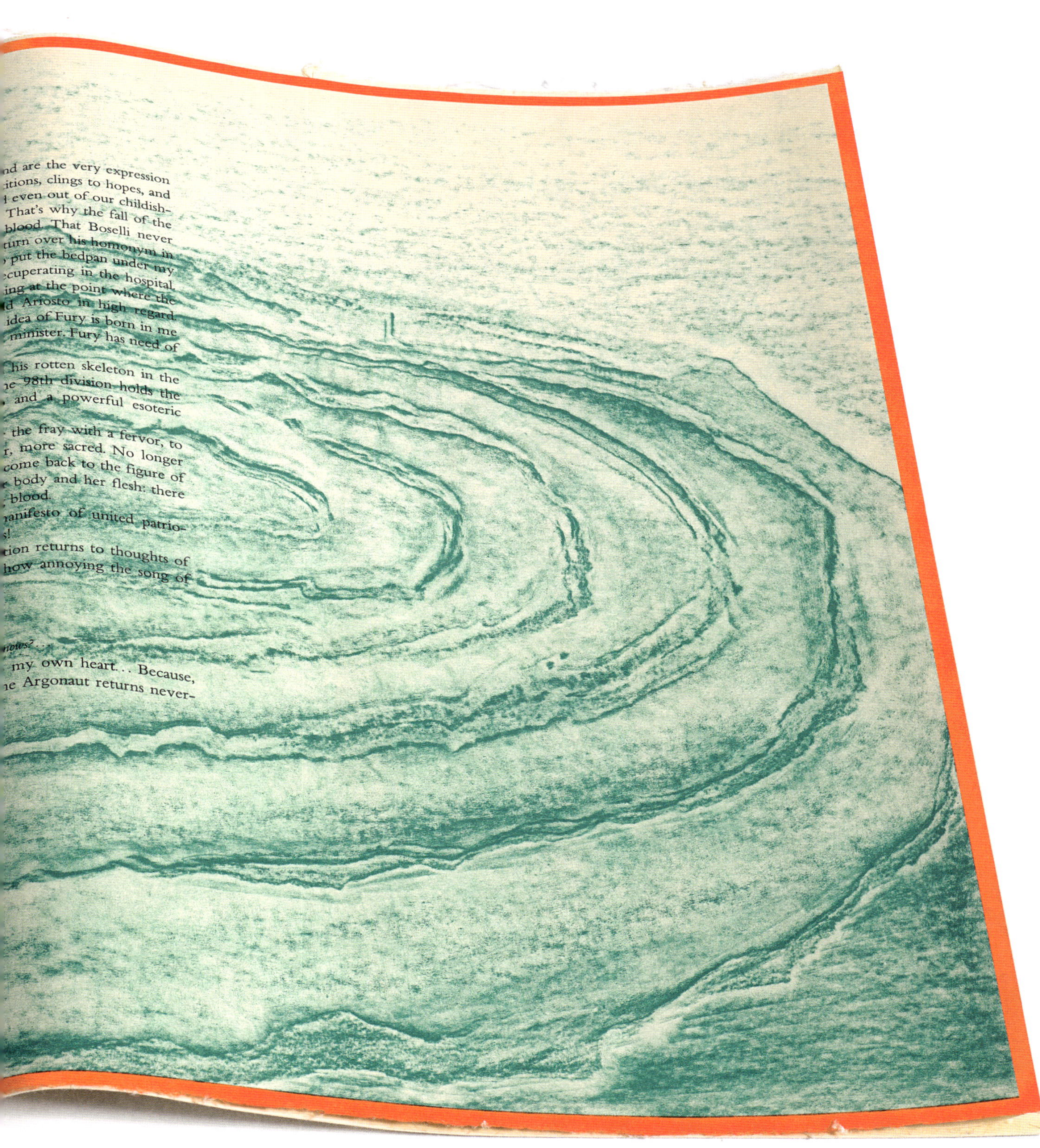
nd are the very expression
:itions, clings to hopes, and
l even out of our childish-
That's why the fall of the
blood. That Boselli never
turn over his homonym in
put the bedpan under my
ecuperating in the hospital.
ing at the point where the
d Ariosto in high regard.
idea of Fury is born in me
minister. Fury has need of

his rotten skeleton in the
e 98th division holds the
and a powerful esoteric

the fray with a fervor, to
r, more sacred. No longer
come back to the figure of
body and her flesh: there
blood.
anifesto of united patrio-
s!
tion returns to thoughts of
how annoying the song of

nows?...
my own heart... Because,
e Argonaut returns never-

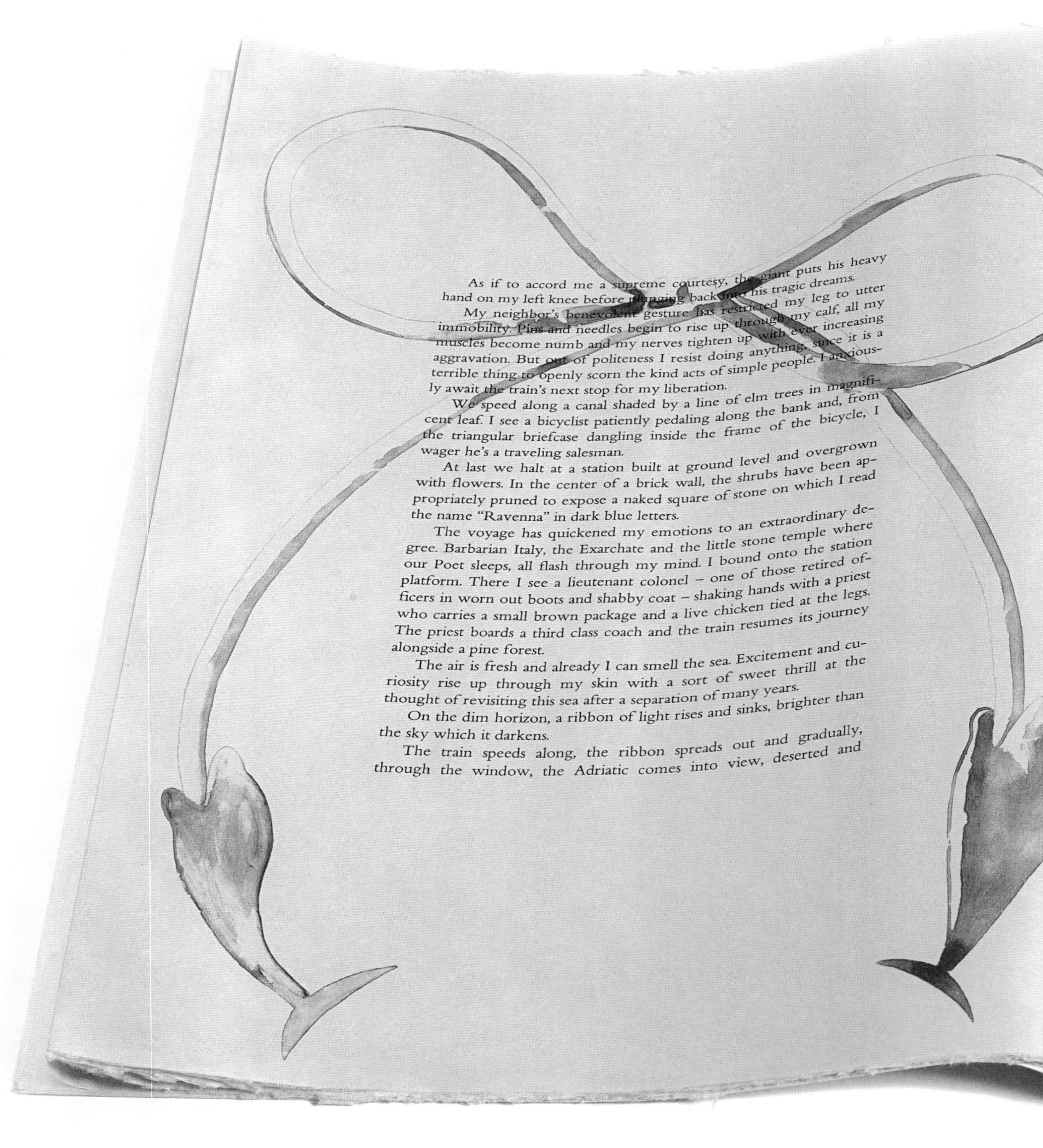
As if to accord me a supreme courtesy, the giant puts his heavy hand on my left knee before plunging back into his tragic dreams.

My neighbor's benevolent gesture has restricted my leg to utter immobility. Pins and needles begin to rise up through my calf, all my muscles become numb and my nerves tighten up with ever increasing aggravation. But out of politeness I resist doing anything, since it is a terrible thing to openly scorn the kind acts of simple people. I anxiously await the train's next stop for my liberation.

We speed along a canal shaded by a line of elm trees in magnificent leaf. I see a bicyclist patiently pedaling along the bank and, from the triangular briefcase dangling inside the frame of the bicycle, I wager he's a traveling salesman.

At last we halt at a station built at ground level and overgrown with flowers. In the center of a brick wall, the shrubs have been appropriately pruned to expose a naked square of stone on which I read the name "Ravenna" in dark blue letters.

The voyage has quickened my emotions to an extraordinary degree. Barbarian Italy, the Exarchate and the little stone temple where our Poet sleeps, all flash through my mind. I bound onto the station platform. There I see a lieutenant colonel – one of those retired officers in worn out boots and shabby coat – shaking hands with a priest who carries a small brown package and a live chicken tied at the legs. The priest boards a third class coach and the train resumes its journey alongside a pine forest.

The air is fresh and already I can smell the sea. Excitement and curiosity rise up through my skin with a sort of sweet thrill at the thought of revisiting this sea after a separation of many years.

On the dim horizon, a ribbon of light rises and sinks, brighter than the sky which it darkens.

The train speeds along, the ribbon spreads out and gradually, through the window, the Adriatic comes into view, deserted and

Untitled (Departure of the Argonaut)
Ohne Titel (Aufbruch des Argonauten) 1983–1986
Typendruck mit Lithografie letterpress with lithography
Petersburg Press, Inc.
Probedruck stage proof
65 × 100 cm

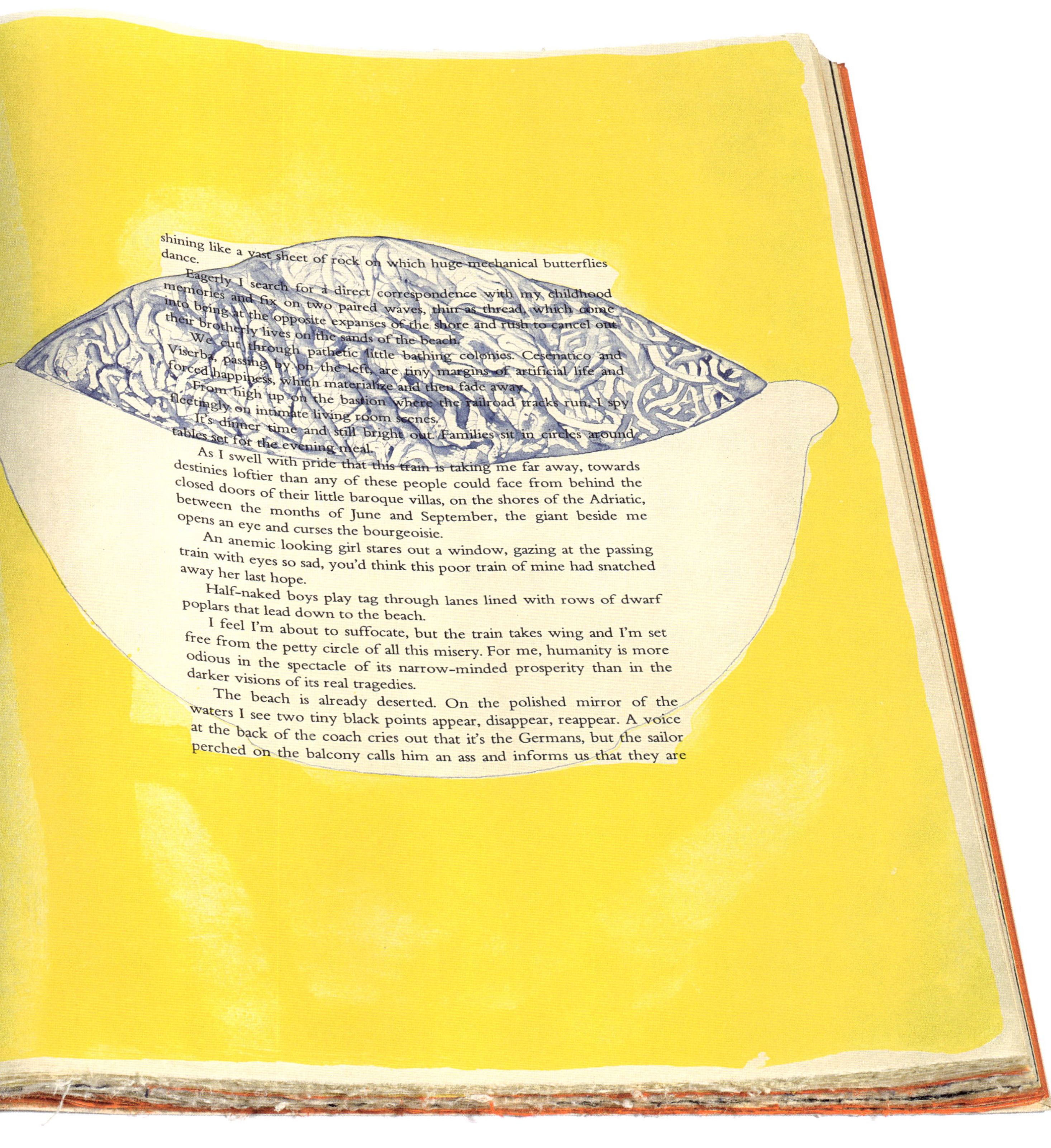

shining like a vast sheet of rock on which huge mechanical butterflies dance.

Eagerly I search for a direct correspondence with my childhood memories and fix on two paired waves, thin as thread, which come into being at the opposite expanses of the shore and rush to cancel out their brotherly lives on the sands of the beach.

We cut through pathetic little bathing colonies. Cesenatico and Viserba, passing by on the left, are tiny margins of artificial life and forced happiness, which materialize and then fade away.

From high up on the bastion where the railroad tracks run, I spy fleetingly on intimate living room scenes.

It's dinner time and still bright out. Families sit in circles around tables set for the evening meal.

As I swell with pride that this train is taking me far away, towards destinies loftier than any of these people could face from behind the closed doors of their little baroque villas, on the shores of the Adriatic, between the months of June and September, the giant beside me opens an eye and curses the bourgeoisie.

An anemic looking girl stares out a window, gazing at the passing train with eyes so sad, you'd think this poor train of mine had snatched away her last hope.

Half-naked boys play tag through lanes lined with rows of dwarf poplars that lead down to the beach.

I feel I'm about to suffocate, but the train takes wing and I'm set free from the petty circle of all this misery. For me, humanity is more odious in the spectacle of its narrow-minded prosperity than in the darker visions of its real tragedies.

The beach is already deserted. On the polished mirror of the waters I see two tiny black points appear, disappear, reappear. A voice at the back of the coach cries out that it's the Germans, but the sailor perched on the balcony calls him an ass and informs us that they are

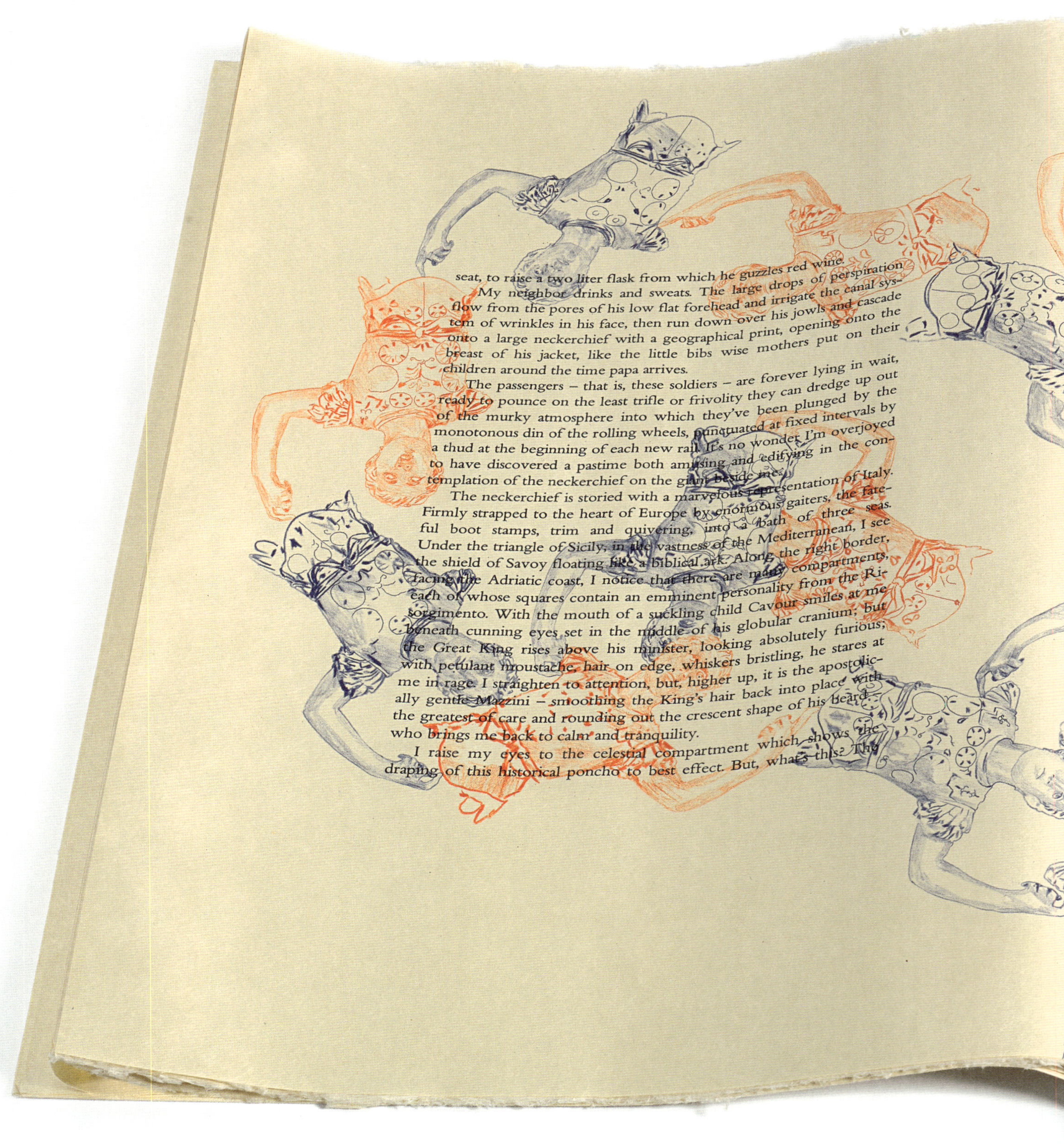

seat, to raise a two liter flask from which he guzzles red wine.

My neighbor drinks and sweats. The large drops of perspiration flow from the pores of his low flat forehead and irrigate the canal system of wrinkles in his face, then run down over his jowls and cascade onto a large neckerchief with a geographical print, opening onto the breast of his jacket, like the little bibs wise mothers put on their children around the time papa arrives.

The passengers – that is, these soldiers – are forever lying in wait, ready to pounce on the least trifle or frivolity they can dredge up out of the murky atmosphere into which they've been plunged by the monotonous din of the rolling wheels, punctuated at fixed intervals by a thud at the beginning of each new rail. It's no wonder I'm overjoyed to have discovered a pastime both amusing and edifying in the contemplation of the neckerchief on the giant beside me.

The neckerchief is storied with a marvelous representation of Italy. Firmly strapped to the heart of Europe by enormous gaiters, the fateful boot stamps, trim and quivering, into a bath of three seas. Under the triangle of Sicily, in the vastness of the Mediterranean, I see the shield of Savoy floating like a biblical ark. Along the right border, facing the Adriatic coast, I notice that there are many compartments, each of whose squares contain an emminent personality from the Risorgimento. With the mouth of a suckling child Cavour smiles at me; but beneath cunning eyes set in the middle of his globular cranium; but the Great King rises above his minister, looking absolutely furious; with petulant moustache, hair on edge, whiskers bristling, he stares at me in rage. I straighten to attention, but, higher up, it is the apostolically gentle Mazzini – smoothing the King's hair back into place with the greatest of care and rounding out the crescent shape of his beard – who brings me back to calm and tranquility.

I raise my eyes to the celestial compartment which shows the draping of this historical poncho to best effect. But, what's this? The

Untitled (Departure of the Argonaut)
Ohne Titel (Aufbruch des Argonauten) 1983–1986
Typendruck mit Lithografie letterpress with lithography
Petersburg Press, Inc.
Probedruck stage proof
65 × 100 cm

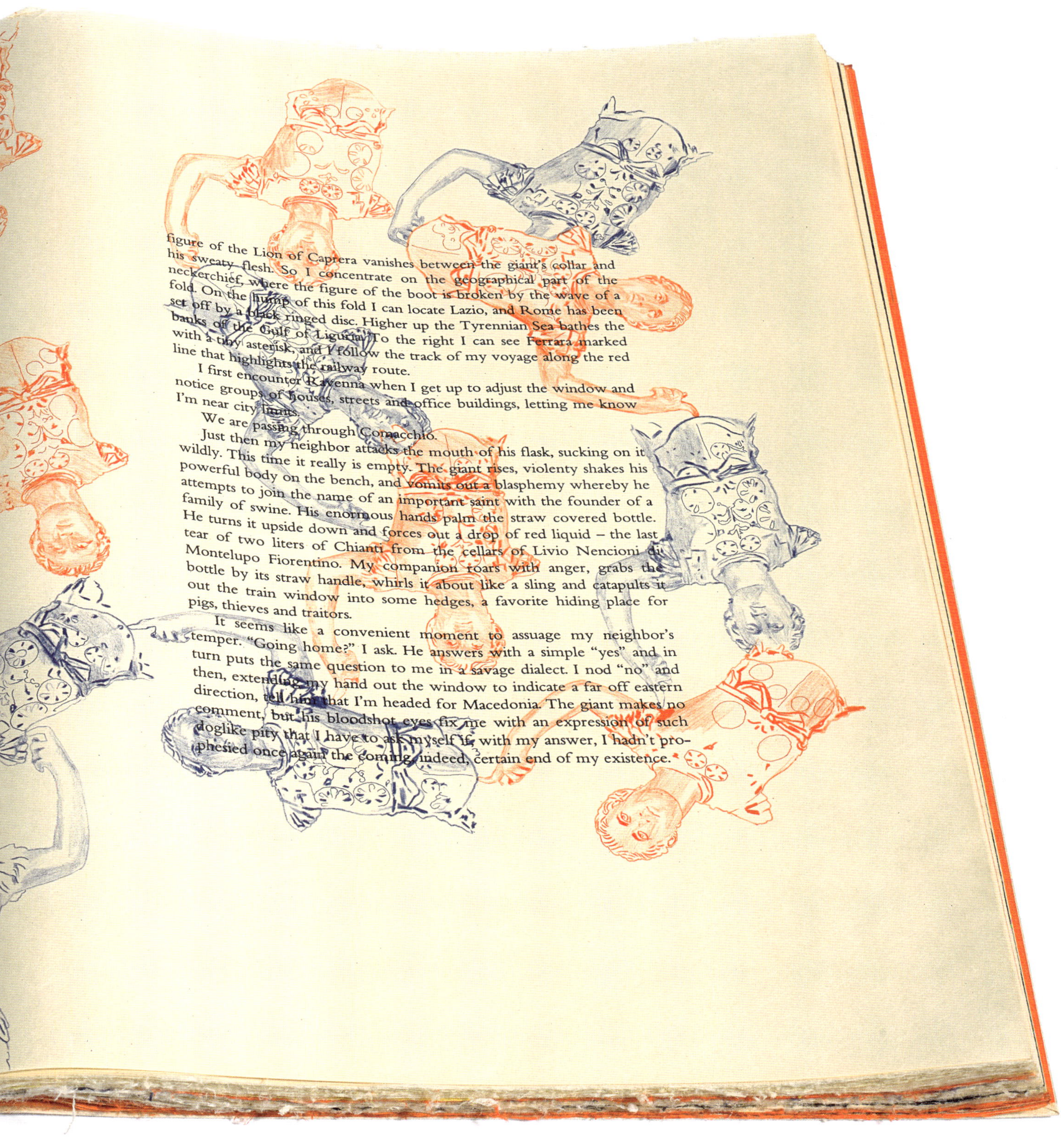

figure of the Lion of Caprera vanishes between the giant's collar and his sweaty flesh. So I concentrate on the geographical part of the neckerchief, where the figure of the boot is broken by the wave of a fold. On the hump of this fold I can locate Lazio, and Rome has been set off by a black ringed disc. Higher up the Tyrennian Sea bathes the banks of the Gulf of Liguria. To the right I can see Ferrara marked with a tiny asterisk, and I follow the track of my voyage along the red line that highlights the railway route.

I first encounter Ravenna when I get up to adjust the window and notice groups of houses, streets and office buildings, letting me know I'm near city limits.

We are passing through Comacchio.

Just then my neighbor attacks the mouth of his flask, sucking on it wildly. This time it really is empty. The giant rises, violenty shakes his powerful body on the bench, and vomits out a blasphemy whereby he attempts to join the name of an important saint with the founder of a family of swine. His enormous hands palm the straw covered bottle. He turns it upside down and forces out a drop of red liquid – the last tear of two liters of Chianti from the cellars of Livio Nencioni di Montelupo Fiorentino. My companion roars with anger, grabs the bottle by its straw handle, whirls it about like a sling and catapults it out the train window into some hedges, a favorite hiding place for pigs, thieves and traitors.

It seems like a convenient moment to assuage my neighbor's temper. "Going home?" I ask. He answers with a simple "yes" and in turn puts the same question to me in a savage dialect. I nod "no" and then, extending my hand out the window to indicate a far off eastern direction, tell him that I'm headed for Macedonia. The giant makes no comment, but his bloodshot eyes fix me with an expression of such doglike pity that I have to ask myself if, with my answer, I hadn't prophesied once again the coming, indeed, certain end of my existence.

Candomblé

Diese Werkgruppe umfasst ein großformatiges Gemälde, *Southern Cross* (Kreuz des Südens), und zwölf Pastelle, *Pastels from the Terreiro* (Pastelle aus dem Terreiro). Das Gemälde verdankt seinen Titel dem Sternbild der südlichen Hemisphäre aus fünf Sternen, die ein Kreuz bilden. Dieses Sternbild ist in vielen Ländern bedeutsam, darunter auch in Brasilien. Das Werk zeigt in Nahaufnahme zwei Paar Hände, die sich an Zeigefingern und Daumen berühren und so zu einer Sternform verbunden sind. Clemente malte das Bild im Anschluss an eine Reise nach Brasilien, während der er in die Rituale des Candomblé eingeführt wurde. Candomblé ist eine afrobrasilianische religiöse Tradition mit mündlicher Überlieferung und verfügt nicht über heilige Schriften. Sie entstand in Salvador de Bahía im nördlichen Teil des Landes. Heute hat sie auch in anderen Ländern Lateinamerikas Anhänger. Der Kult entwickelte sich aus afrikanischen animistischen Traditionen, die von den Sklaven der portugiesischen Kolonialisten schon im 16. Jahrhundert nach Brasilien mitgebracht wurden. Er besteht aus einer Reihe synkretistischer Glaubensinhalte, die auch christliche und indianische Leitgedanken umfassen. Die Praktizierenden glauben an Olorun, den Höchsten Schöpfer, dem eine Gruppe weniger bedeutender Gottheiten, die sogenannten Orishas, dienen. *Terreiro* werden die Tempel des Candomblé genannt, in denen die Rituale stattfinden und die jeweils aus zwei Teilen bestehen: In dem ersten halten sich nur die Priester und die Initiierten auf, die die Kostüme anfertigen und den Raum mit Papierwimpeln und Girlanden schmücken und dabei die Lieblingsfarben der Orishas auswählen. Der zweite Teil ist für die Öffentlichkeit zugänglich, es wird getanzt und ein Festmahl mit Tieropfern findet statt. Musik und Tanz sind wichtig, denn sie machen es möglich, dass die Tänzer von den Orishas besessen werden. Die *Pastels from the Terreiro* sind in einem Rotbraun gehalten, das vermutlich in der Zeremonie bevorzugt wurde, der Clemente beiwohnte. Die Bilderfolge ist eher abstrakt, sie zeigt Gesichter ohne Augen, verzierte Krüge, ein Chamäleon, einen Tänzer, der von Lichtkreisen bedeckt ist, ein Netz, ein volles Glas und eine schwarze Hand, die eine weiße hält.

Candomblé

This group of works includes a large painting, *Southern Cross*, and twelve pastels, *Pastels from the Terreiro*. The painting takes its title from the better-known constellation from the skies of the Southern Hemisphere, made up of five stars which form the shape of a cross. This constellation holds significance in many countries, including Brazil. The painting shows a close-up of two pairs of hands joined by the index fingers and the thumbs, creating a star-like shape. It was painted following a trip to Brazil, during which Clemente was initiated in the Candomblé rituals. Candomblé is an Afro-Brazilian religious oral tradition without sacred texts. It originated in Salvador de Bahía, in the northern part of the country. Nowadays, it is also followed in other Latin American countries. The cult developed from African animist traditions brought to Brazil by slaves of the Portuguese colonizers as early as the sixteenth century. It is a syncretic set of beliefs which also incorporates Christian and Native American tenets. Practitioners of Candomblé believe in Olorun, the Supreme Creator, who is served by a group of lesser deities called Orishas. *Terreiro* is the name given to the Candomblé temples where rituals take place. These have two parts. The first is attended only by priests and initiates, who prepare the costumes and decorate the room with paper flags and festoons, choosing colors favored by the Orishas. The second part is open to the public and involves dance and a banquet with animal sacrifices. Music and dance are important, as they enable the dancers to be possessed by the Orishas. The *Pastels from the Terreiro* are made in a reddish brown, this presumably being the color favored in the ceremony that Clemente attended. The sequence made by the images is rather abstract, presenting faces without eyes, decorated jars, a chameleon, a dancer covered by circles of light, a net, a filled glass, and a black hand holding a white one.

Southern Cross
Kreuz des Südens 2006
Öl auf Leinwand oil on canvas
190 × 200 cm

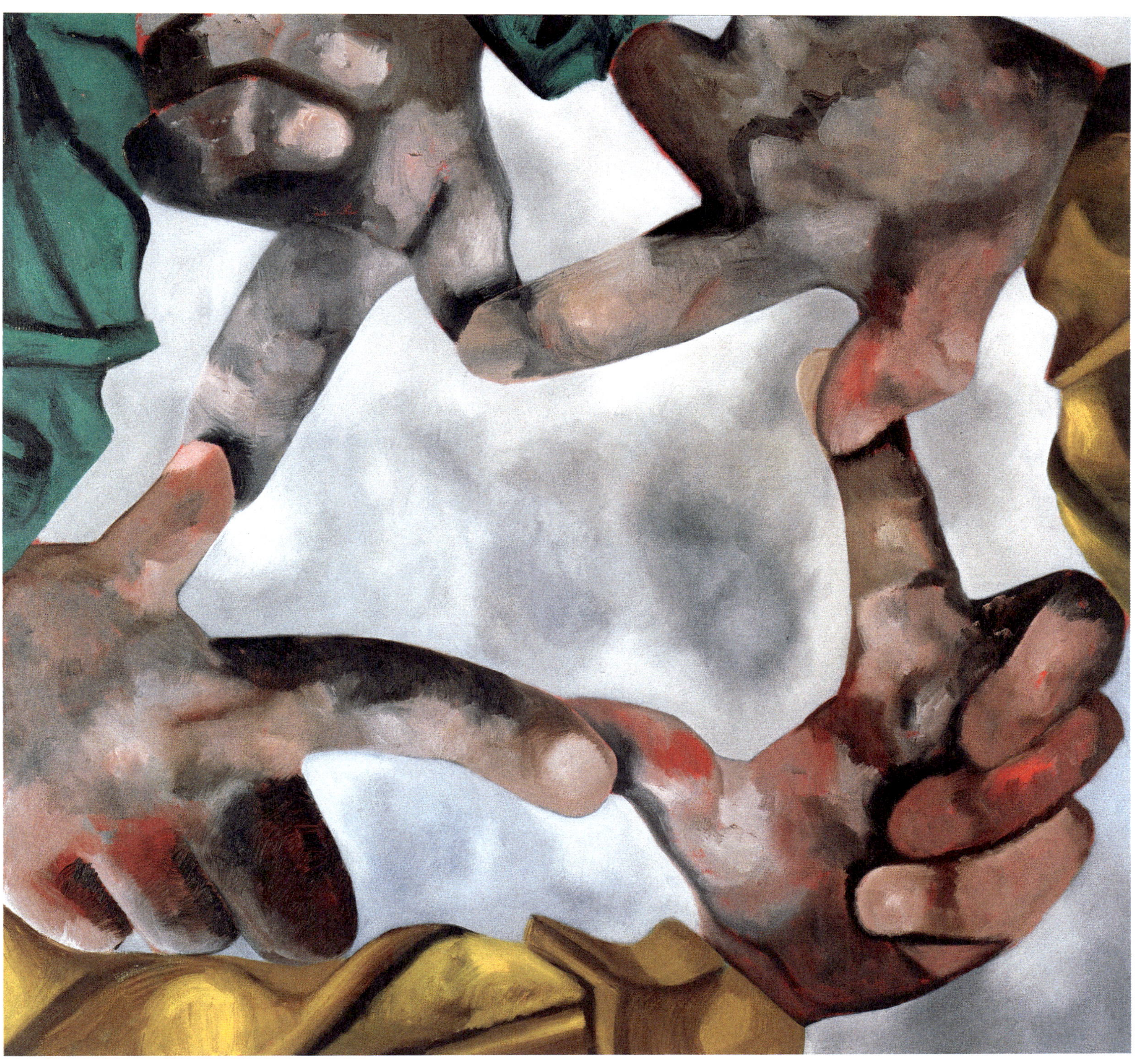

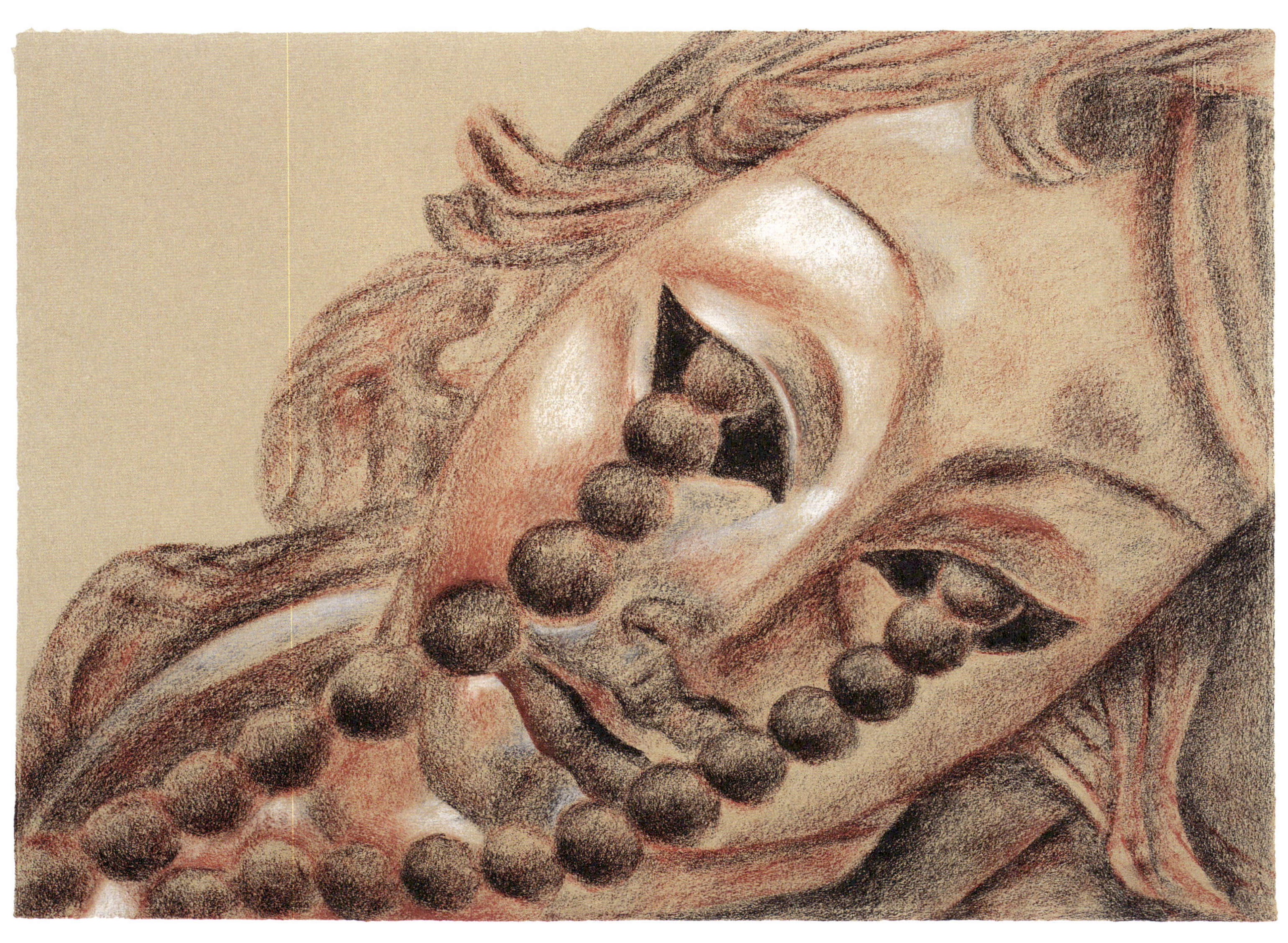

Terreiro II 2007
Kohle und Pastell auf Papier
charcoal and pastel on paper
50 × 70 cm

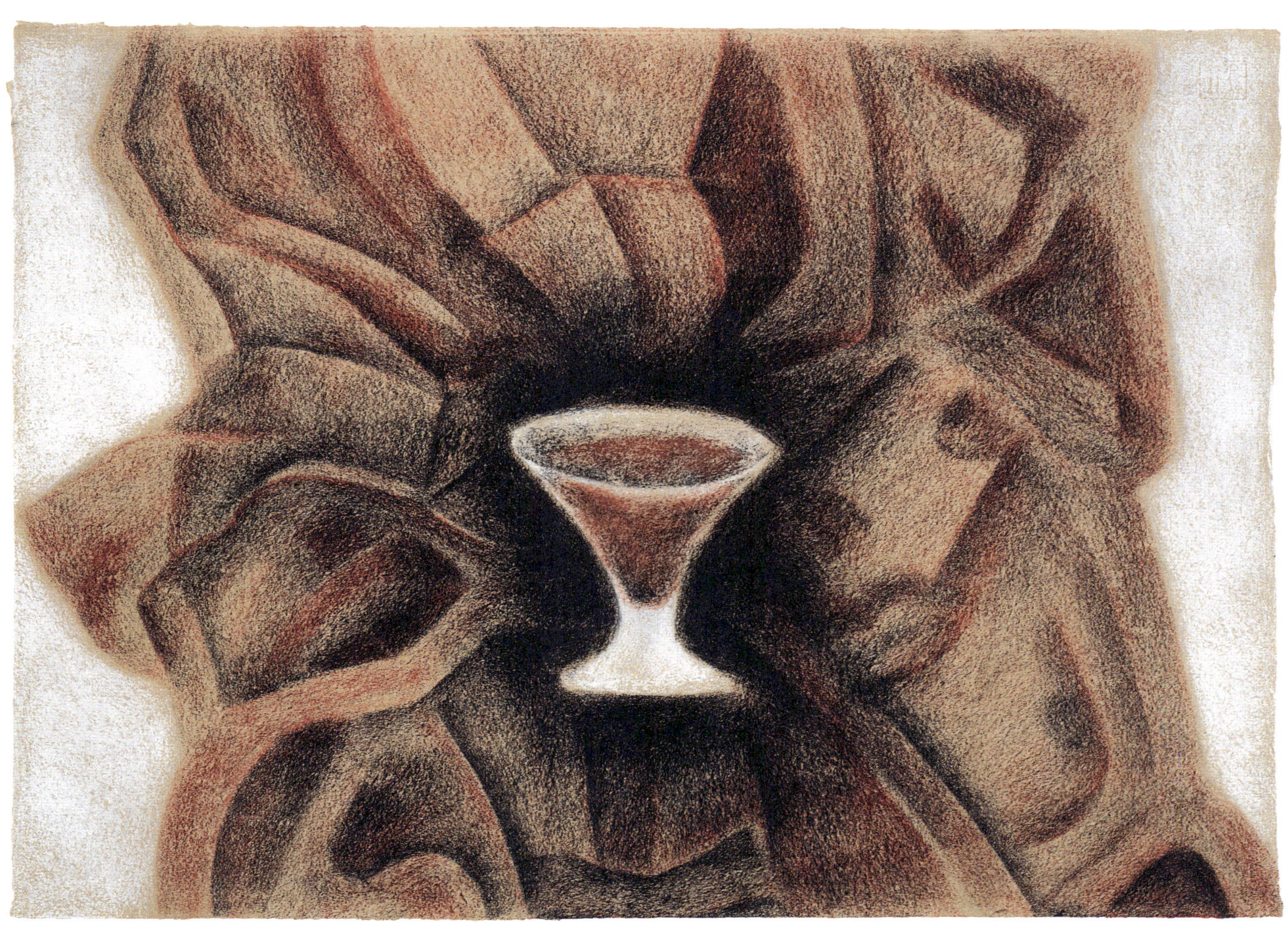

Terreiro VII 2007
Kohle und Pastell auf Papier
charcoal and pastel on paper
50 × 70 cm

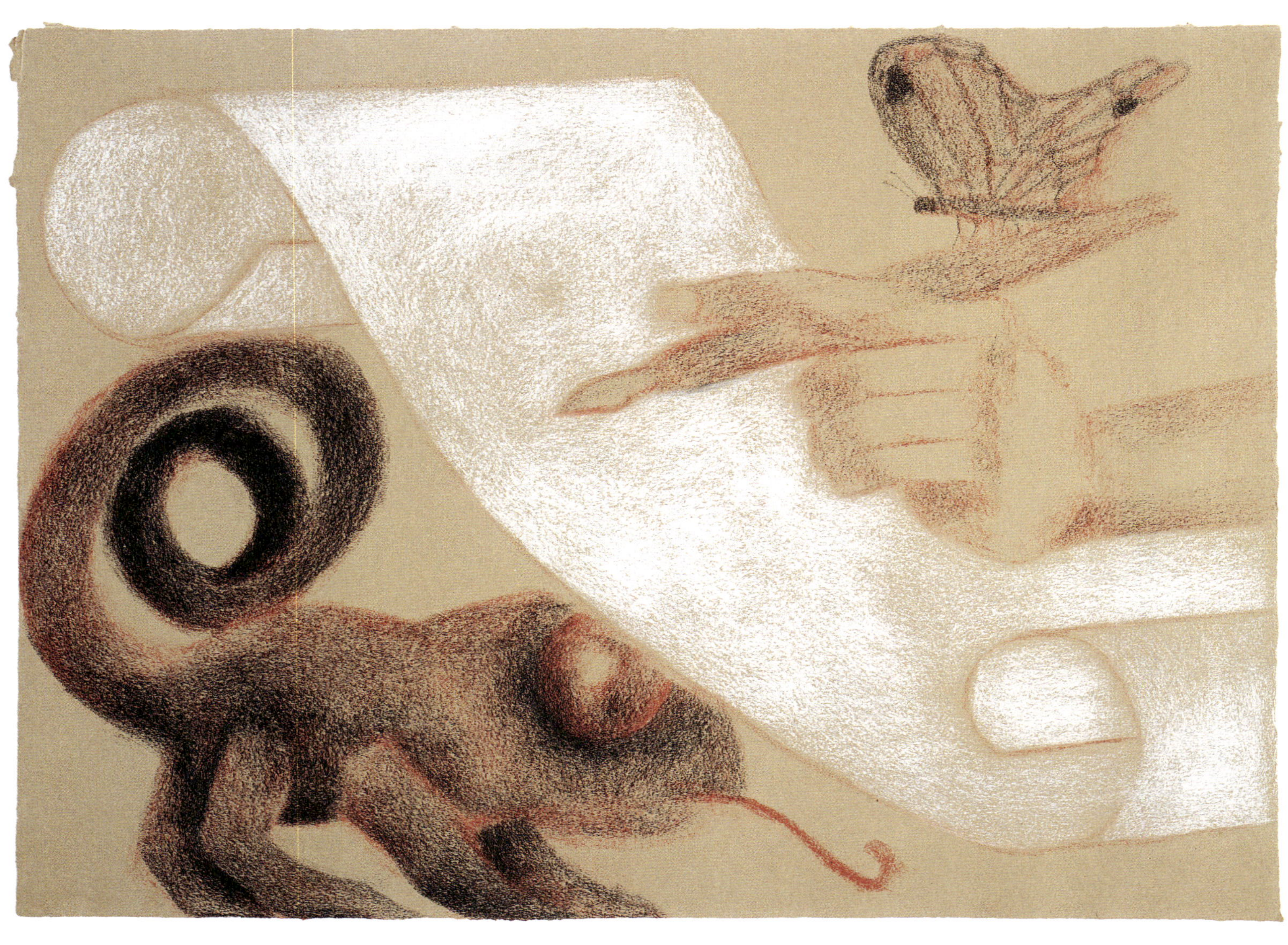

Terreiro III 2007
Kohle und Pastell auf Papier
charcoal and pastel on paper
50 × 70 cm

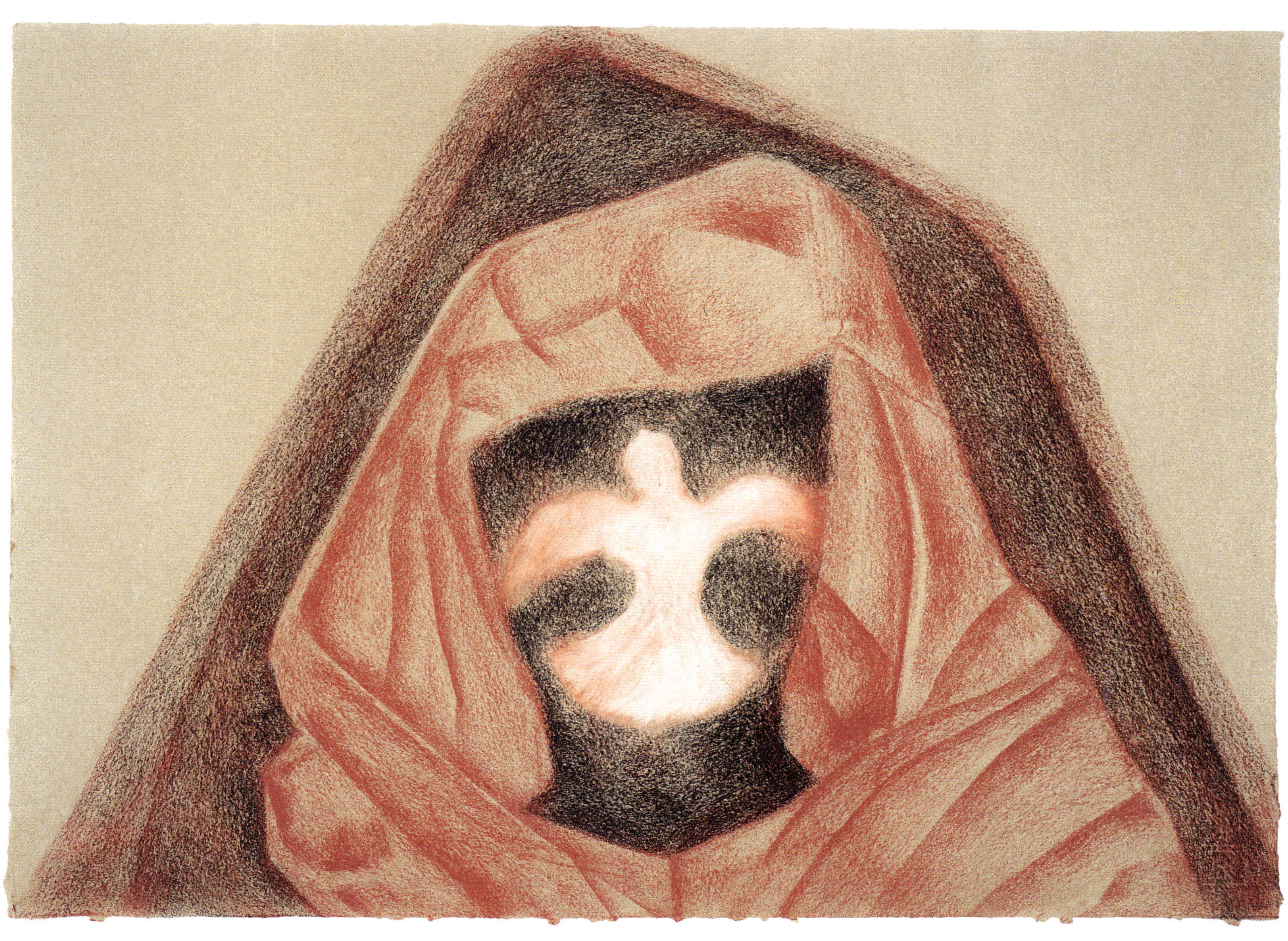

Terreiro I 2007
Kohle und Pastell auf Papier
charcoal and pastel on paper
50 × 70 cm

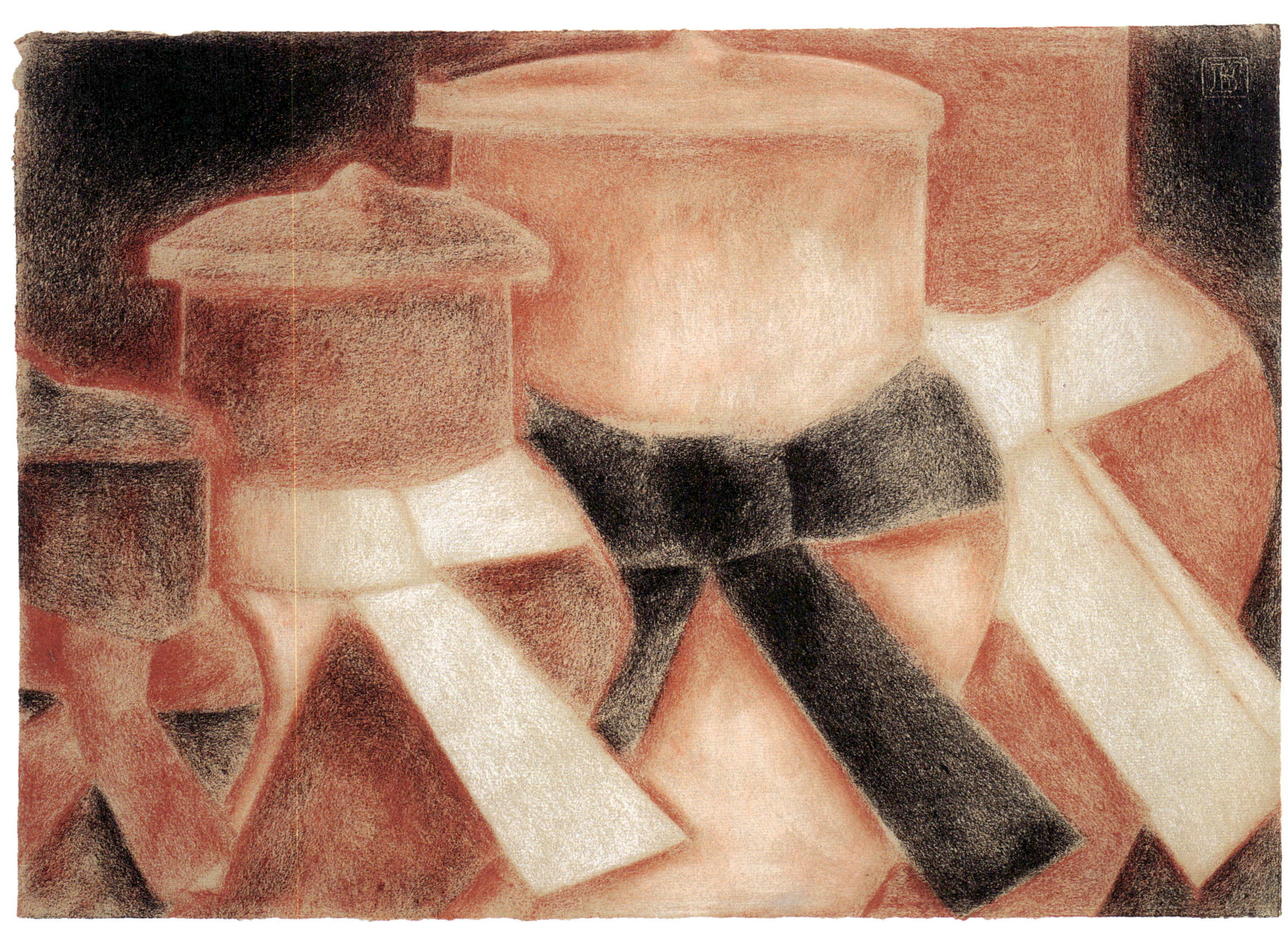

Terreiro V 2007
Kohle und Pastell auf Papier
charcoal and pastel on paper
50 × 70 cm

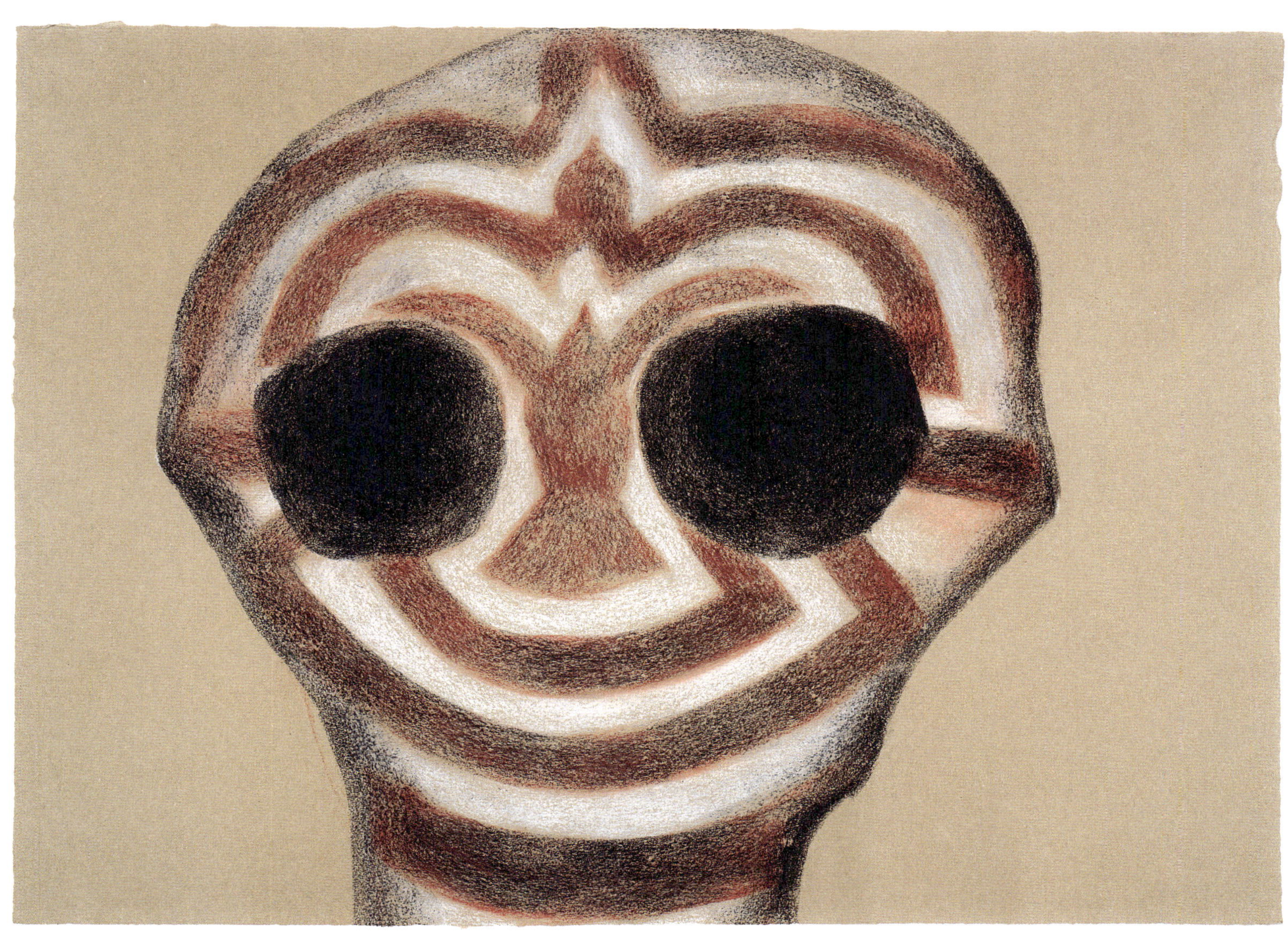

Terreiro IV 2007
Kohle und Pastell auf Papier
charcoal and pastel on paper
50 × 70 cm

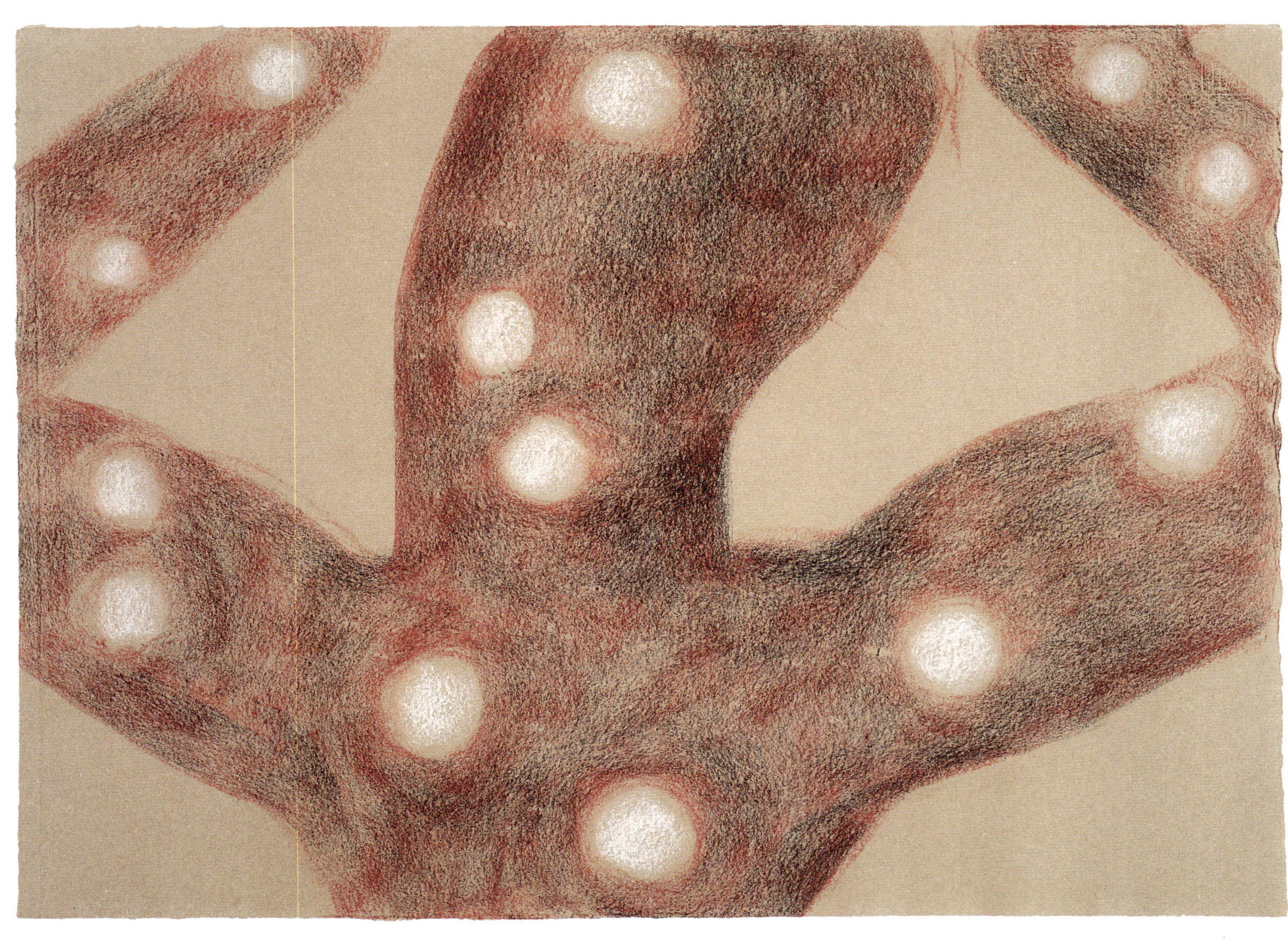

Terreiro VI 2007
Kohle und Pastell auf Papier
charcoal and pastel on paper
50 × 70 cm

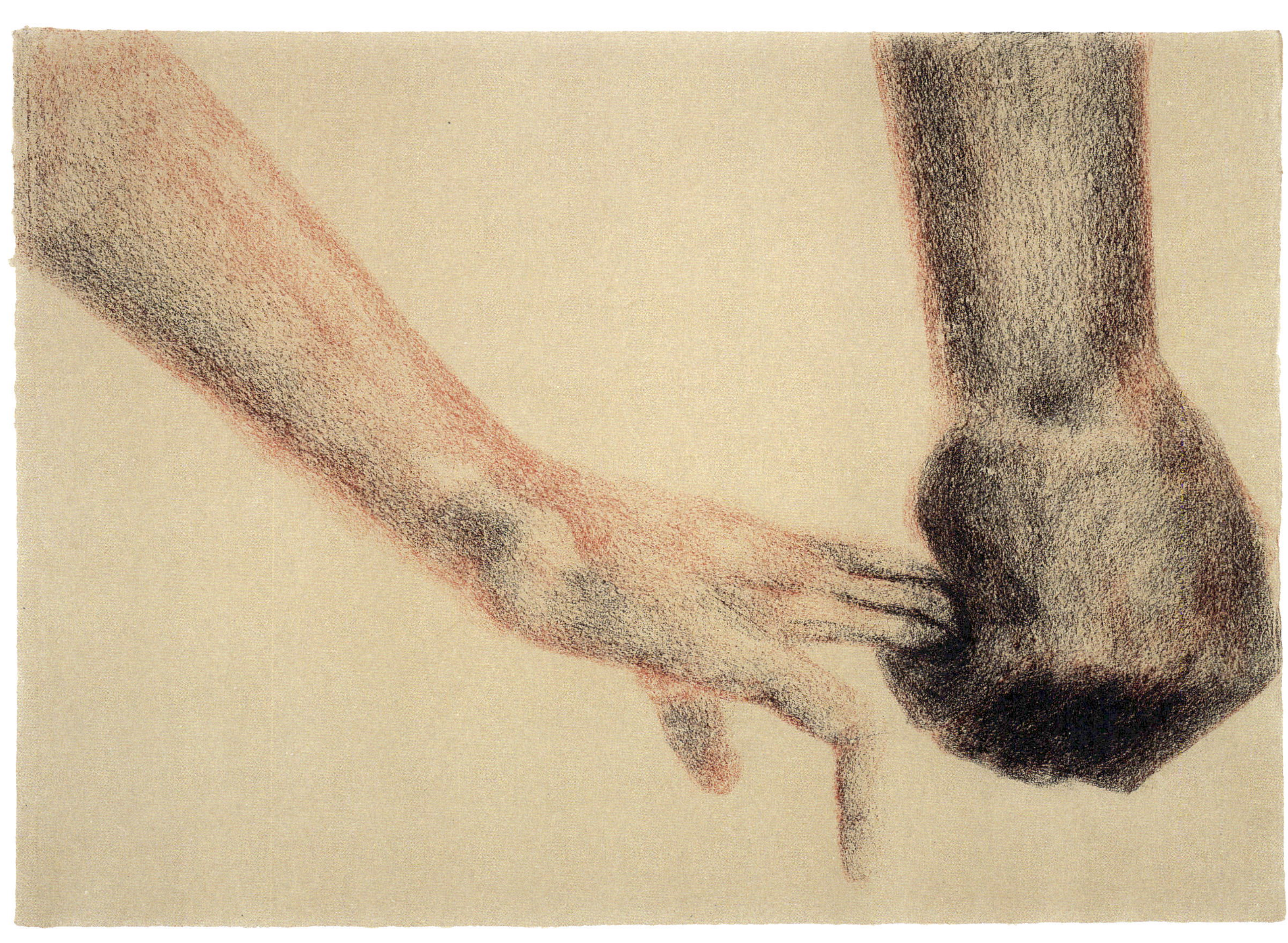

Terreiro X 2007
Kohle und Pastell auf Papier
charcoal and pastel on paper
50 × 70 cm

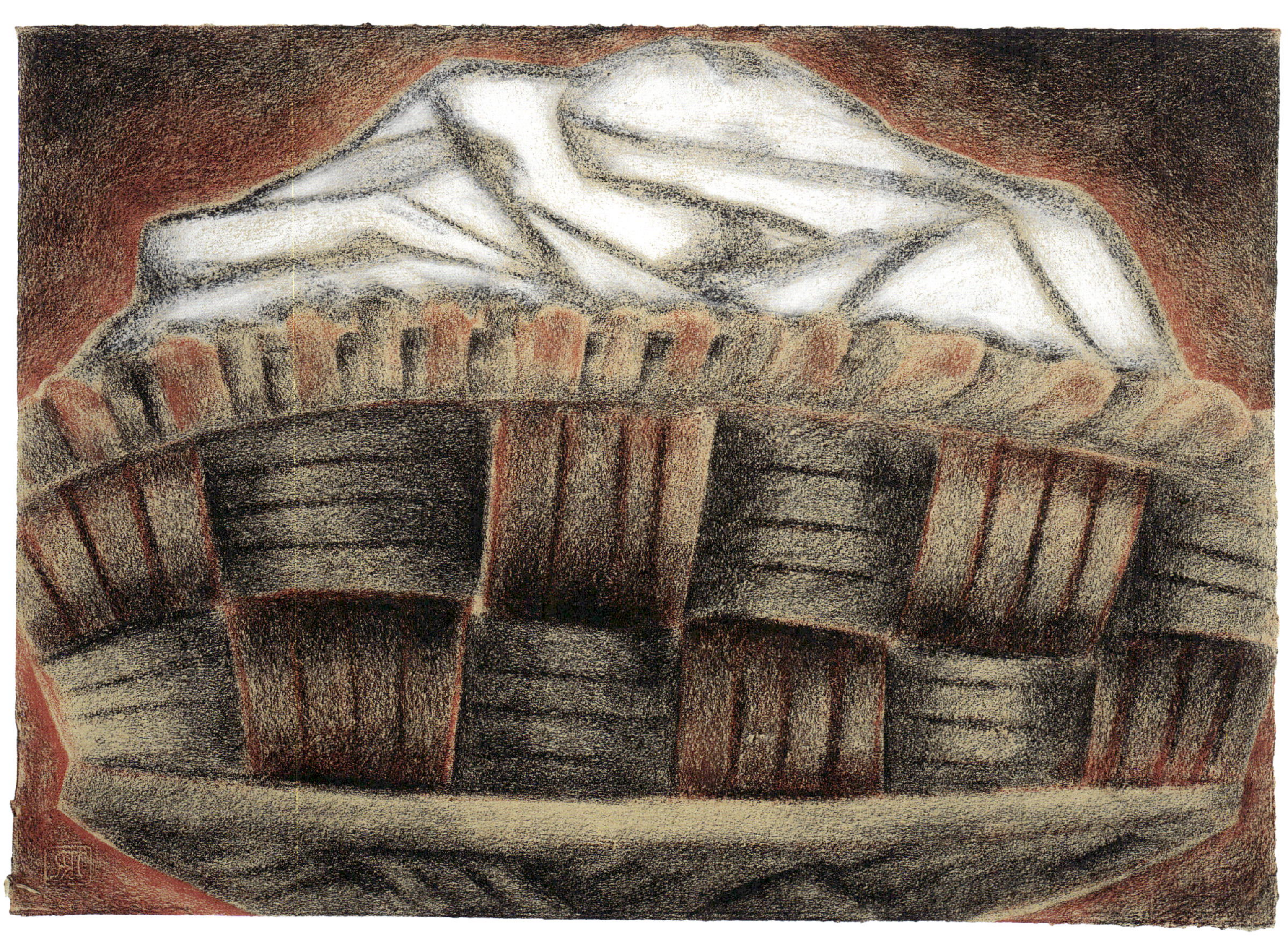

Terreiro IX 2007
Kohle und Pastell auf Papier
charcoal and pastel on paper
50 × 70 cm

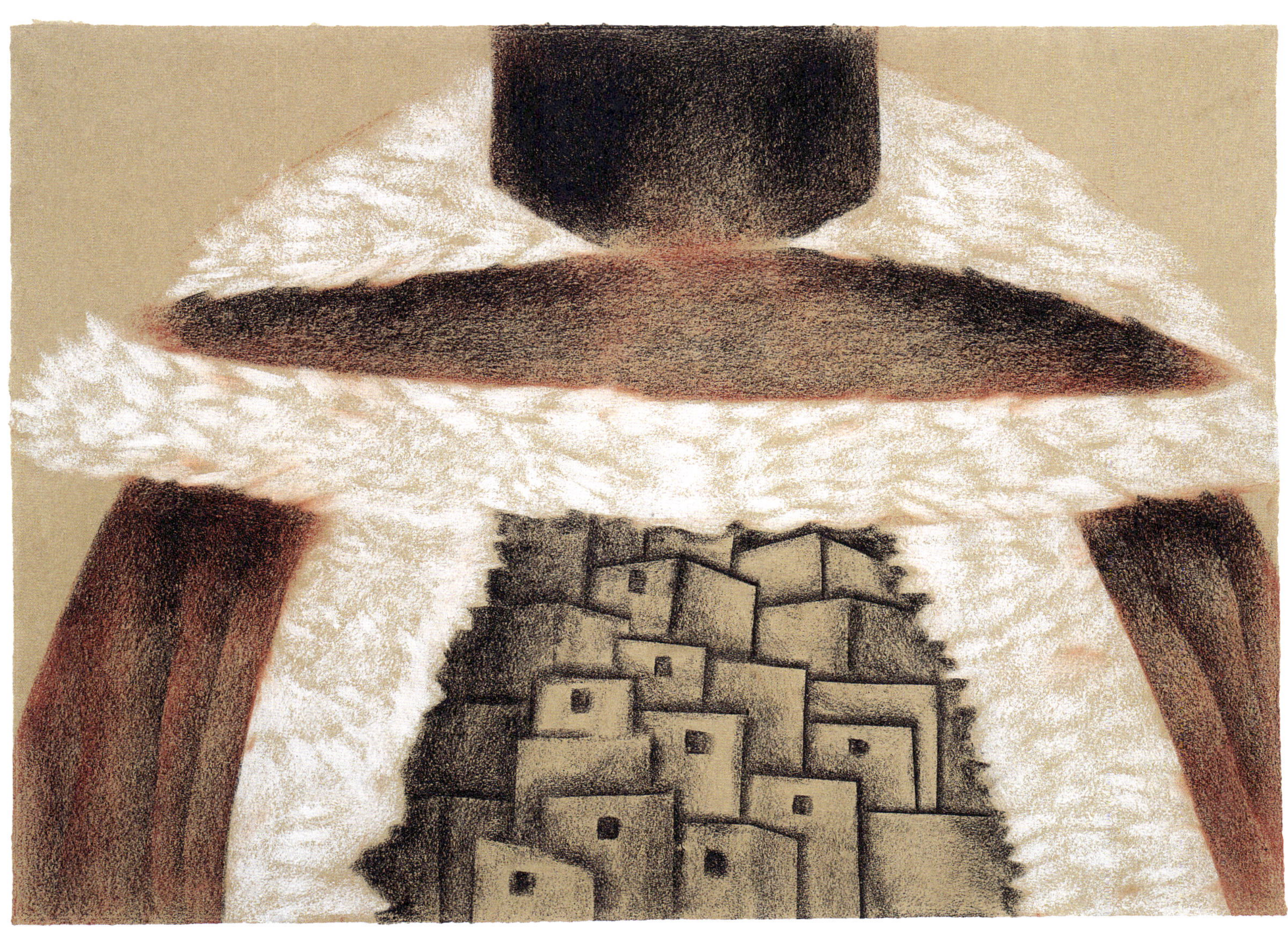

Terreiro XI 2007
Kohle und Pastell auf Papier
charcoal and pastel on paper
50 × 70 cm

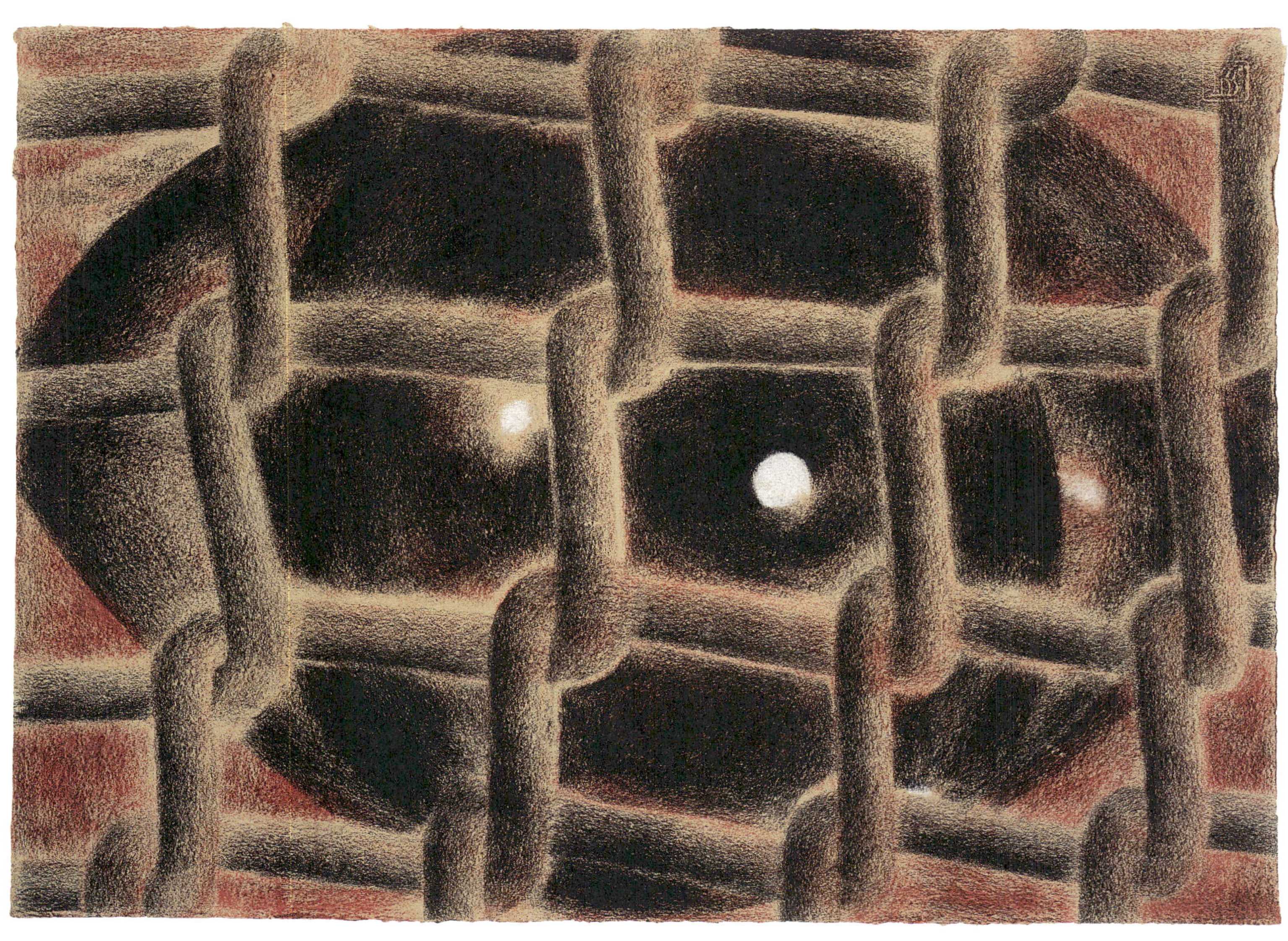

Terreiro VIII 2007
Kohle und Pastell auf Papier
charcoal and pastel on paper
50 × 70 cm

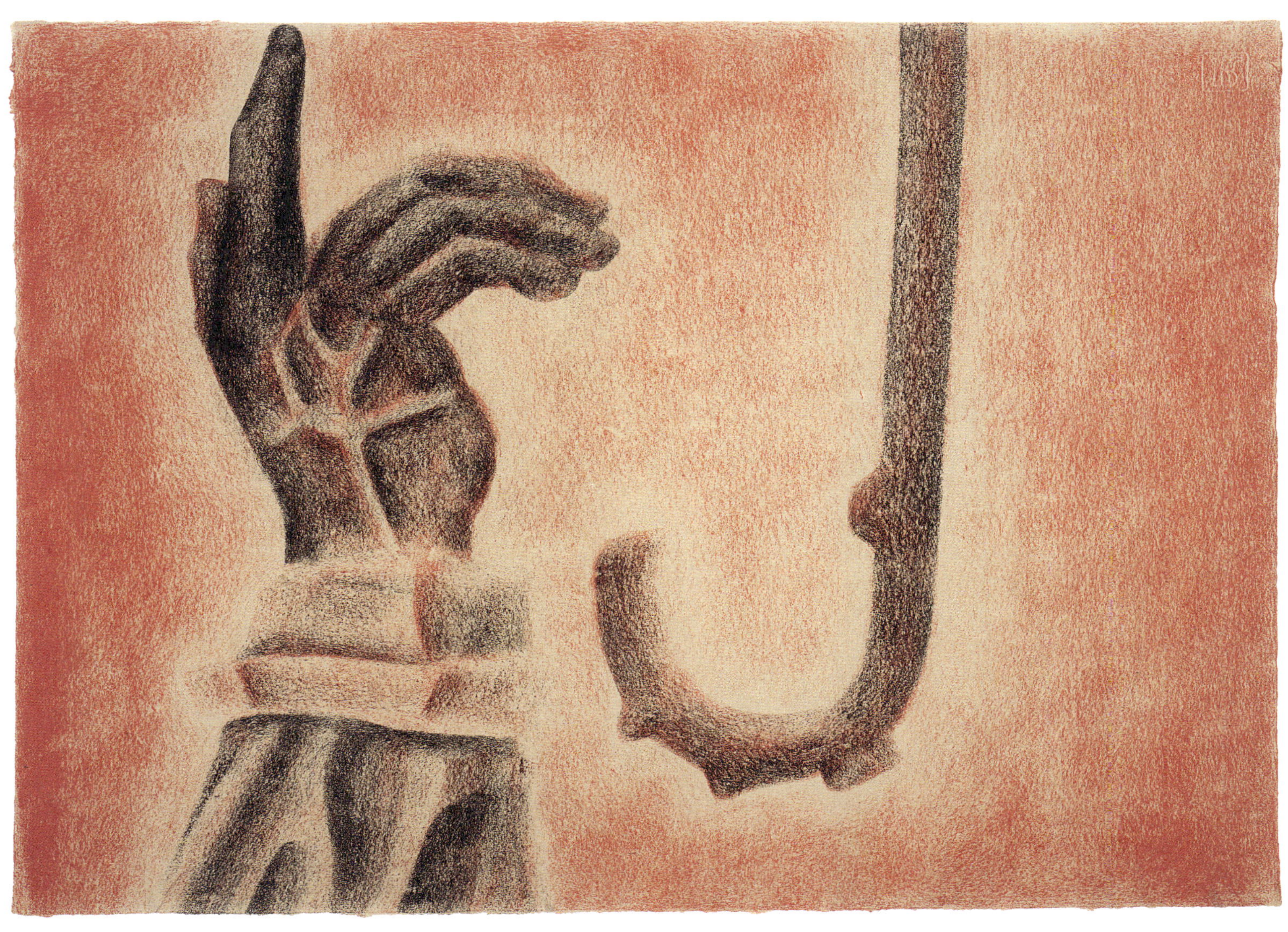

Terreiro XII 2007
Kohle und Pastell auf Papier
charcoal and pastel on paper
50 × 70 cm

Selbstporträts in Weiß, Rot und Schwarz

Das Selbstporträt spielt für Francesco Clemente eine große Rolle. Er hat sich selbst in allen erdenklichen Positionen, Haltungen und Verkleidungen und bei allen möglichen Tätigkeiten gemalt und gezeichnet. Es geht ihm allerdings dabei nicht nur um die Darstellung; es geht zugleich um das Bewusstsein, die Seele und das Körperliche. Seine Augen zum Beispiel sind immer größer, als sie sein sollten, sie wirken wie der Eingang in und Ausgang aus seinem Körper. Unter den hier gezeigten Arbeiten findet sich ein großformatiges Gemälde, *Self-Portrait with Eyes* (Selbstporträt mit Augen), außerdem fünf kleinere Arbeiten auf Papier aus der Bildserie *Self-Portraits in White, Red and Black* (Selbstporträts in Weiß, Rot und Schwarz). Das Gemälde zeigt den Künstler als entspannt liegenden Akt. Sein Körper ähnelt einer hügeligen Landschaft vor dunklem Hintergrund. Seine Sexualorgane sind deutlich zu sehen, ebenso eine behaarte Achsel, seine Brustwarzen und der Bauchnabel, aber es ist eher eine intime denn eine erotische Arbeit. Die Augen sind weit geöffnet, sie sind nach außen gerichtet, während er in seiner rechten Hand etwas hält, das aussieht wie eine Karte, auf der ein drittes Auge abgebildet ist. Augen sind ein Symbol der Intelligenz und das dritte Auge symbolisiert das Göttliche. Heterotope Augen, die sich nicht am gewohnten Platz befinden, gelten üblicherweise als ein Verweis auf Hellsichtigkeit. Drei weitere Zettel, auf denen kein Bild beziehungsweise deren Rückseite zu sehen ist, liegen verstreut auf Skrotum und Beinen des Künstlers, und ein letzter scheint von einem Arm gehalten zu werden, der über den Bildrand hinausragt.

Letztlich sind Weiß, Rot und Schwarz für Clemente Primärfarben. Sie sind mit Symbolik aufgeladen und stellen Licht, Schatten und Blut oder Leben dar. Die Selbstporträts zeigen den Künstler in merkwürdigen Situationen, immer in einem Zustand der Verwandlung. Es sind keine Spiegelbilder, sondern eher der Beweis für einen permanenten Zustand von Bewusstheit und Wiedergeburt. In Blatt I der Serie wächst ein Dorf aus seinem Kopf heraus und aus den Häusern ragen Angelruten, an denen Fische hängen. In Blatt IV atmet der Künstler durch einen Schnorchel, während über seinem Kopf Diamanten an Angelhaken baumeln. In Blatt X blickt er mit riesengroßen Augen erwartungsvoll auf den Mond.

Self-Portraits in White, Red and Black

Self-portraiture is a major subject for Francesco Clemente, who has painted and drawn himself in all sorts of positions, attitudes, and disguises, and engaged in all sorts of activities. His aim, however, is not merely representational; it deals with conscience, the soul, and the physical at the same time. His eyes, for example, are always bigger than they should be, suggesting the entrance to, or the exit from, his body. The works presented here include a large painting, *Self-Portrait with Eyes*, plus five smaller works on paper belonging to the series *Self-Portraits in White, Red and Black*. The painting shows the artist lying naked and relaxed. His body resembles a hilly landscape against a dark background. His sexual organs are on clear view, as are one of his hairy armpits, his nipples and navel, but the work is intimate rather than erotic. His eyes are wide open and looking outward, while he holds in his right hand something like a card depicting a third eye. Eyes are a symbol of intelligence and the third eye of divinity. Heterotopic eyes, those not in their usual place, are considered to relate to clairvoyance. Three other pieces of paper, without images or in reverse, are scattered over the artist's scrotum and legs, and a last one seems to be held by an arm that extends outside the picture frame.

Finally, Clemente considers white, red, and black as primary colors. They are loaded with symbolism, representing light, shadow, and blood or life. These self-portraits present the artist in strange situations, always in a state of transformation. They are not mirrors, but are rather proof of a permanent state of consciousness and rebirth. In number I of the series, a village grows out of his head, and fishing rods coming out of the houses of the village are catching fish. In number IV, the artist breathes through a snorkel while diamonds dangle from fishhooks above his head. In number X, the artist, with very big eyes, looks at the moon expectantly.

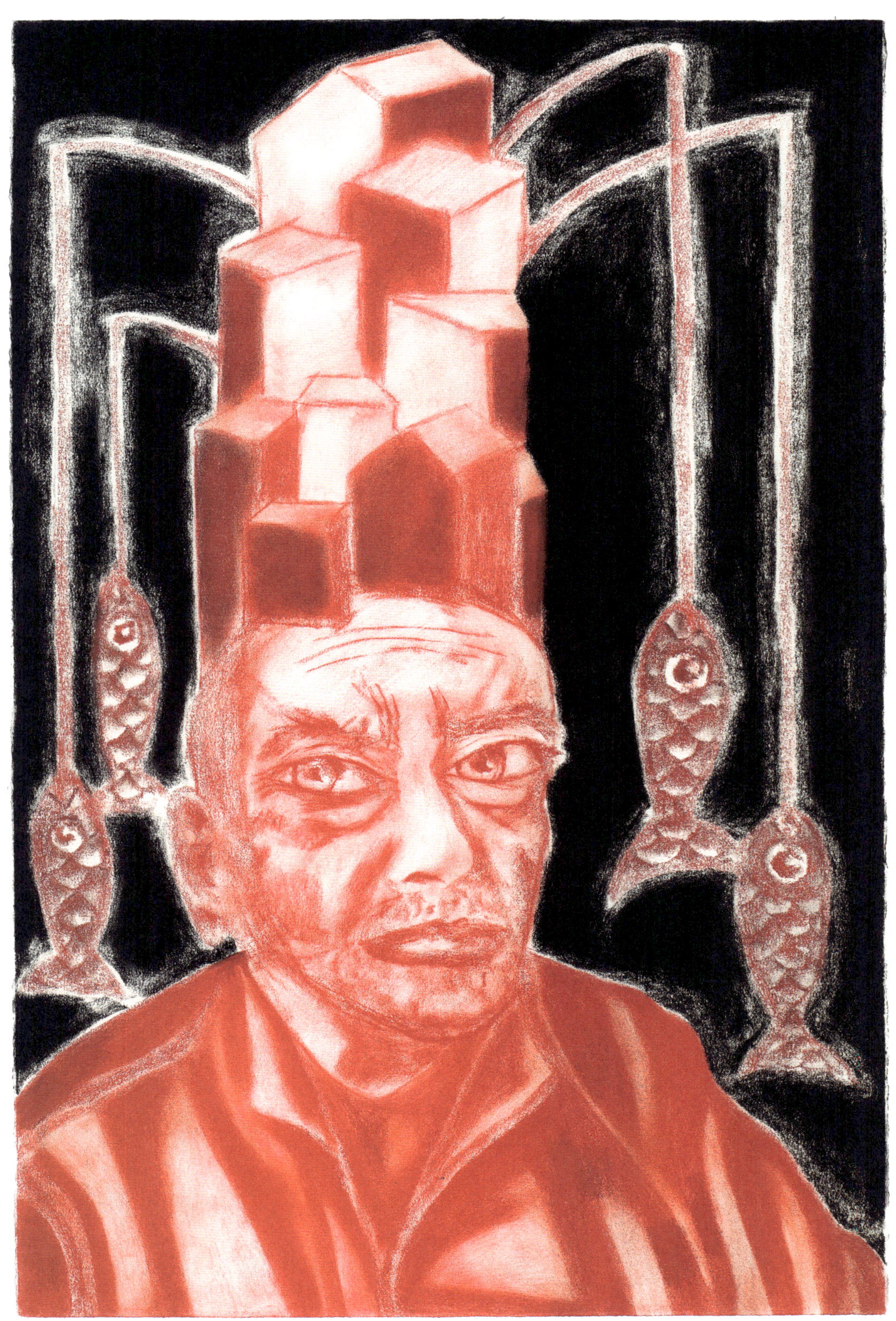

Self-Portrait in White, Red and Black I
Selbstporträt in Weiß, Rot und Schwarz I 2008
Pastell auf Papier pastel on paper
102 × 66,5 cm

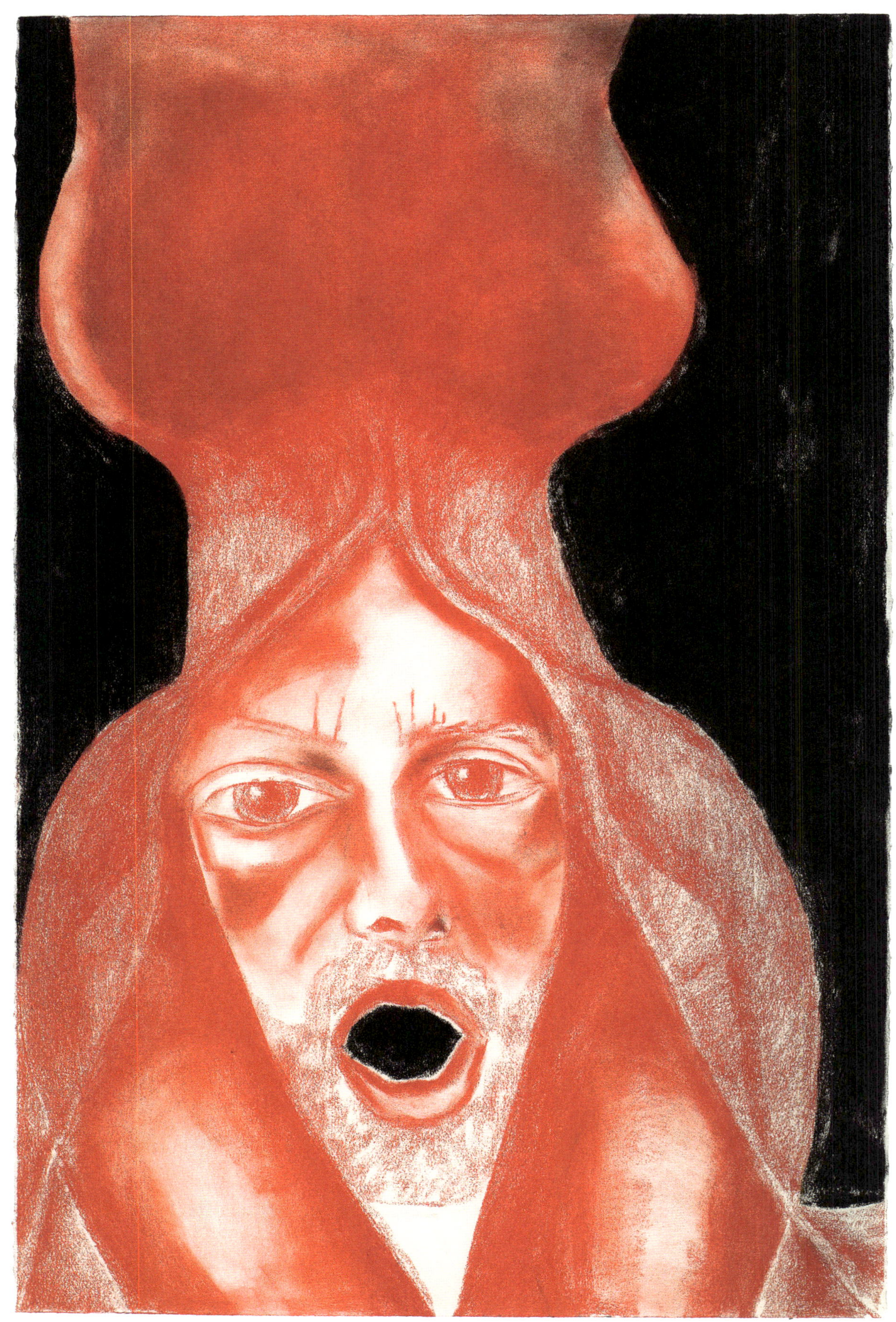

Self-Portrait in White, Red and Black III
Selbstporträt in Weiß, Rot und Schwarz III 2008
Pastell auf Papier pastel on paper
102 × 66,5 cm

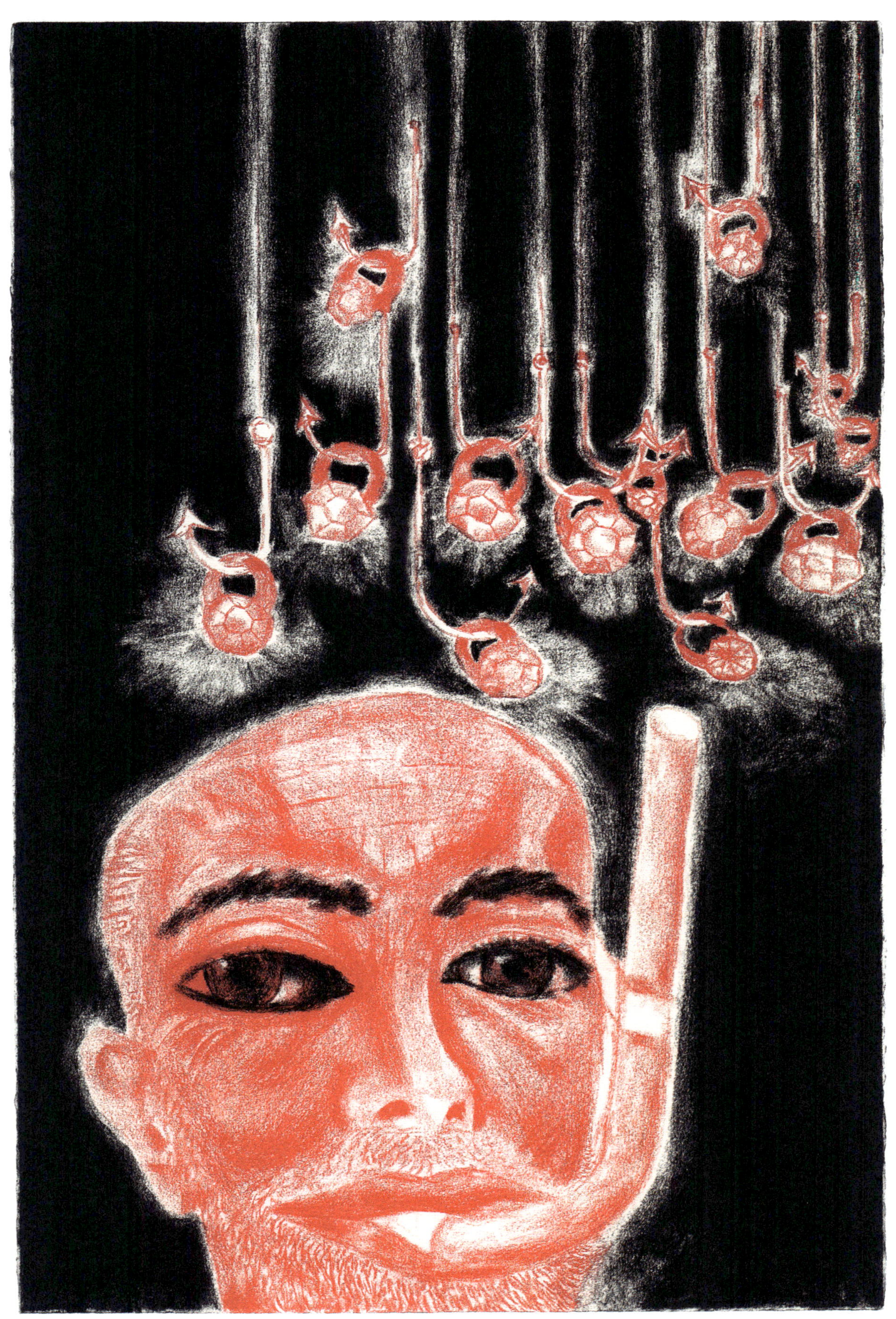

Self-Portrait in White, Red and Black IV
Selbstporträt in Weiß, Rot und Schwarz IV 2008
Pastell auf Papier pastel on paper
102 × 66,5 cm

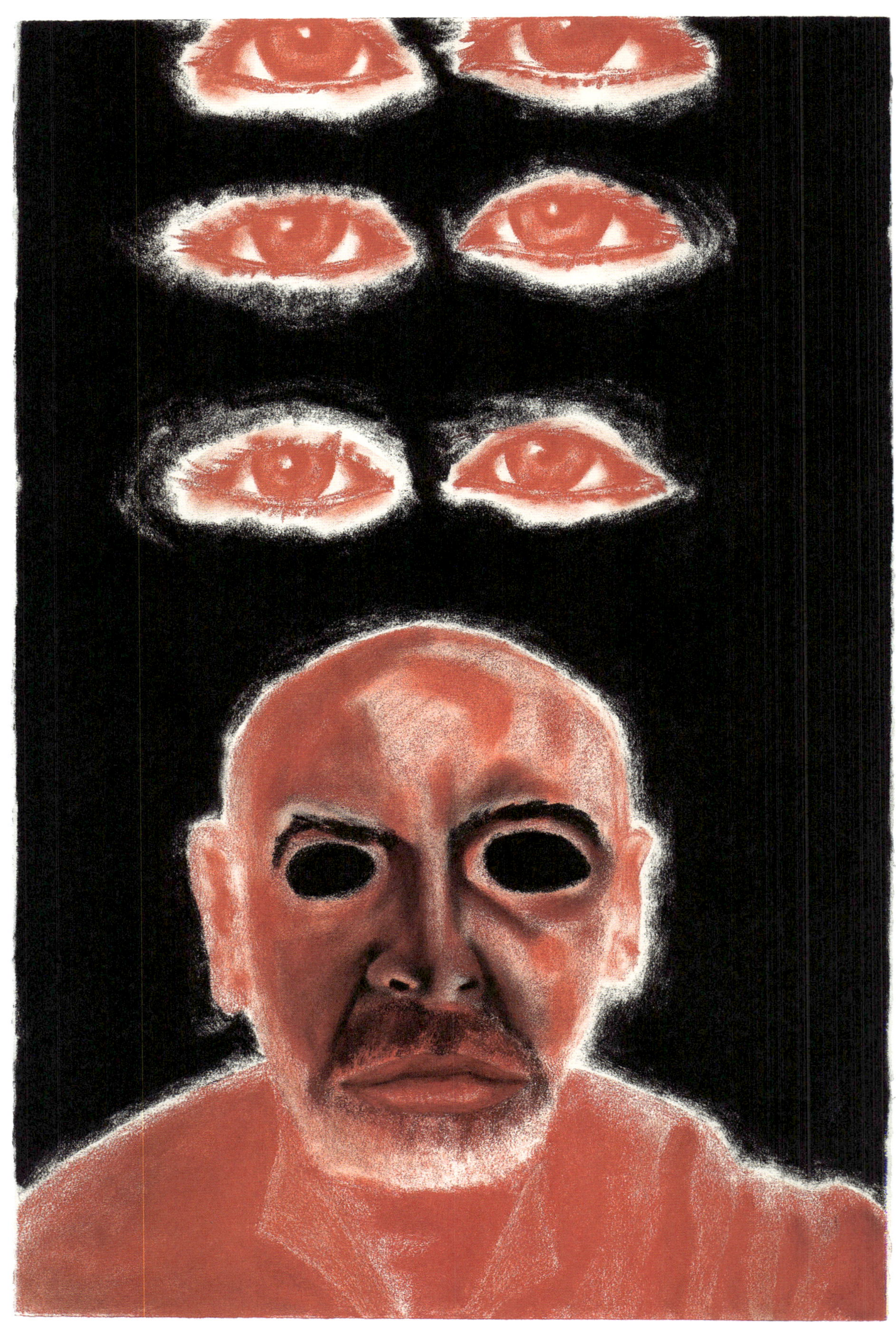

Self-Portrait in White, Red and Black VI
Selbstporträt in Weiß, Rot und Schwarz VI 2008
Pastell auf Papier pastel on paper
102 × 66,5 cm

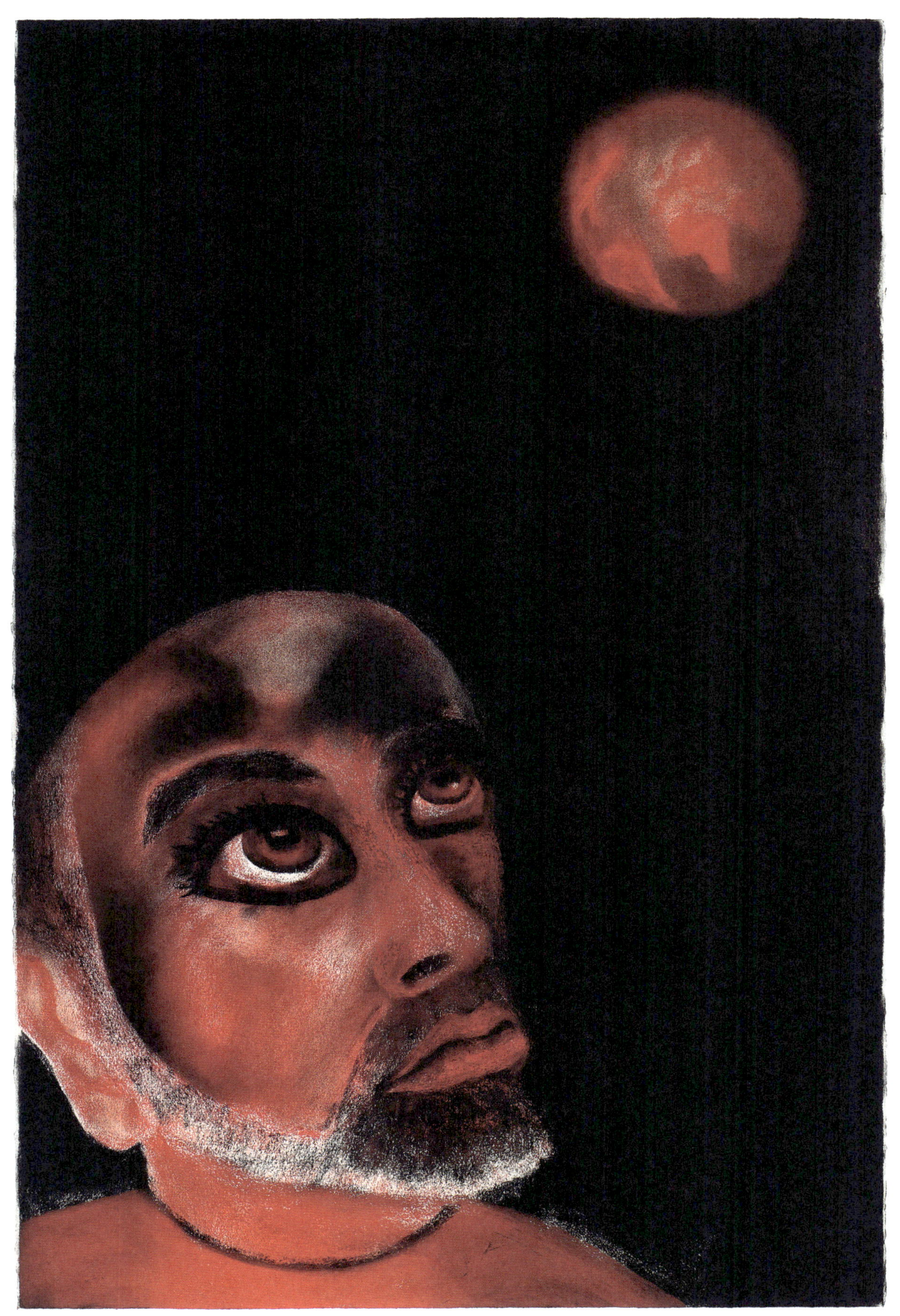

Self-Portrait in White, Red and Black X
Selbstporträt in Weiß, Rot und Schwarz X 2008
Pastell auf Papier pastel on paper
102 × 66,5 cm

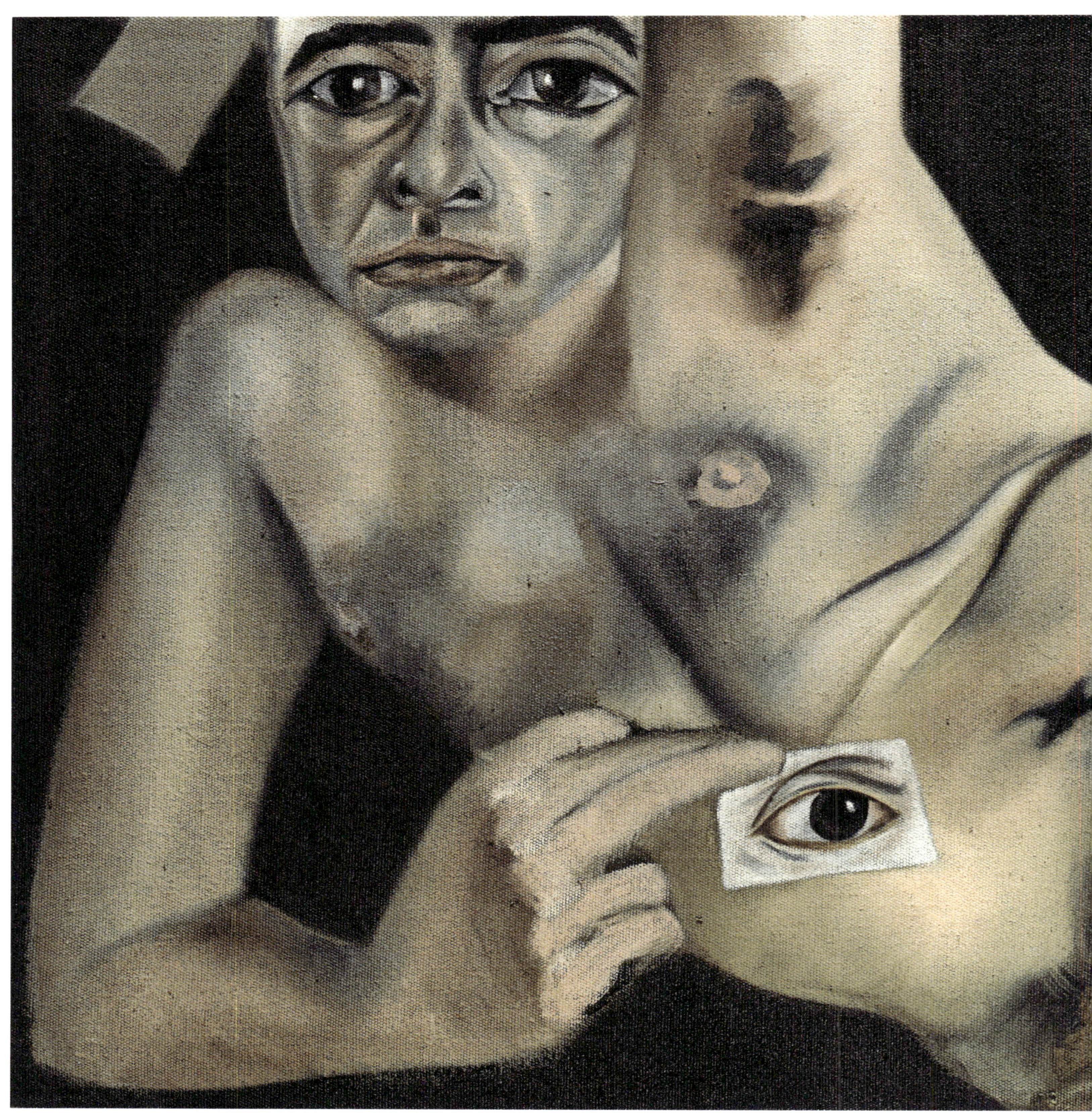

Self-Portrait with Eyes
Selbstporträt mit Augen 2002
Öl auf Leinwand oil on canvas
76,5 × 153 cm

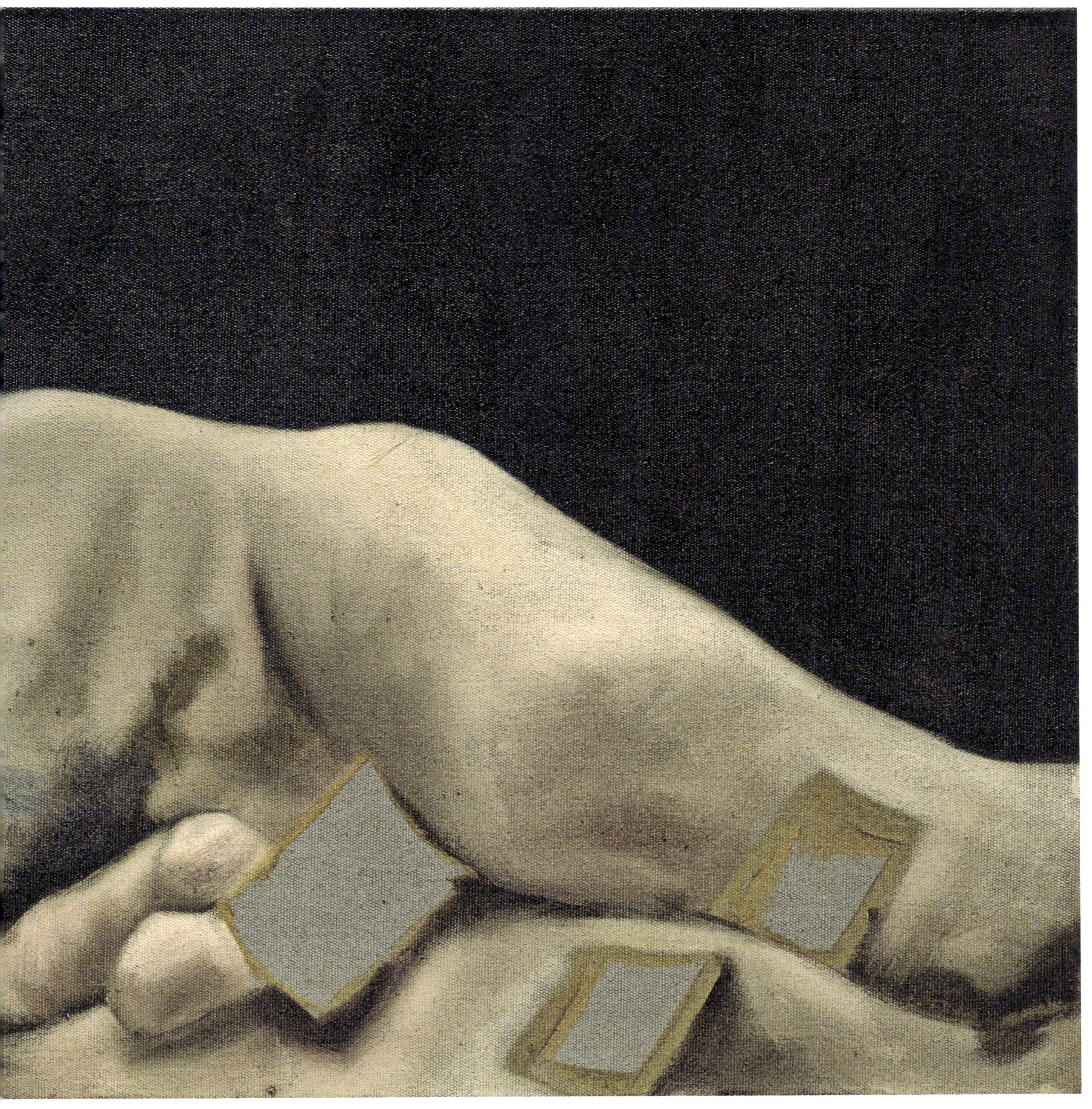

Self-Portrait as an Androgynae
Selbstporträt als Androgynae 2005
Öl auf Leinwand oil on canvas
234 × 117 cm

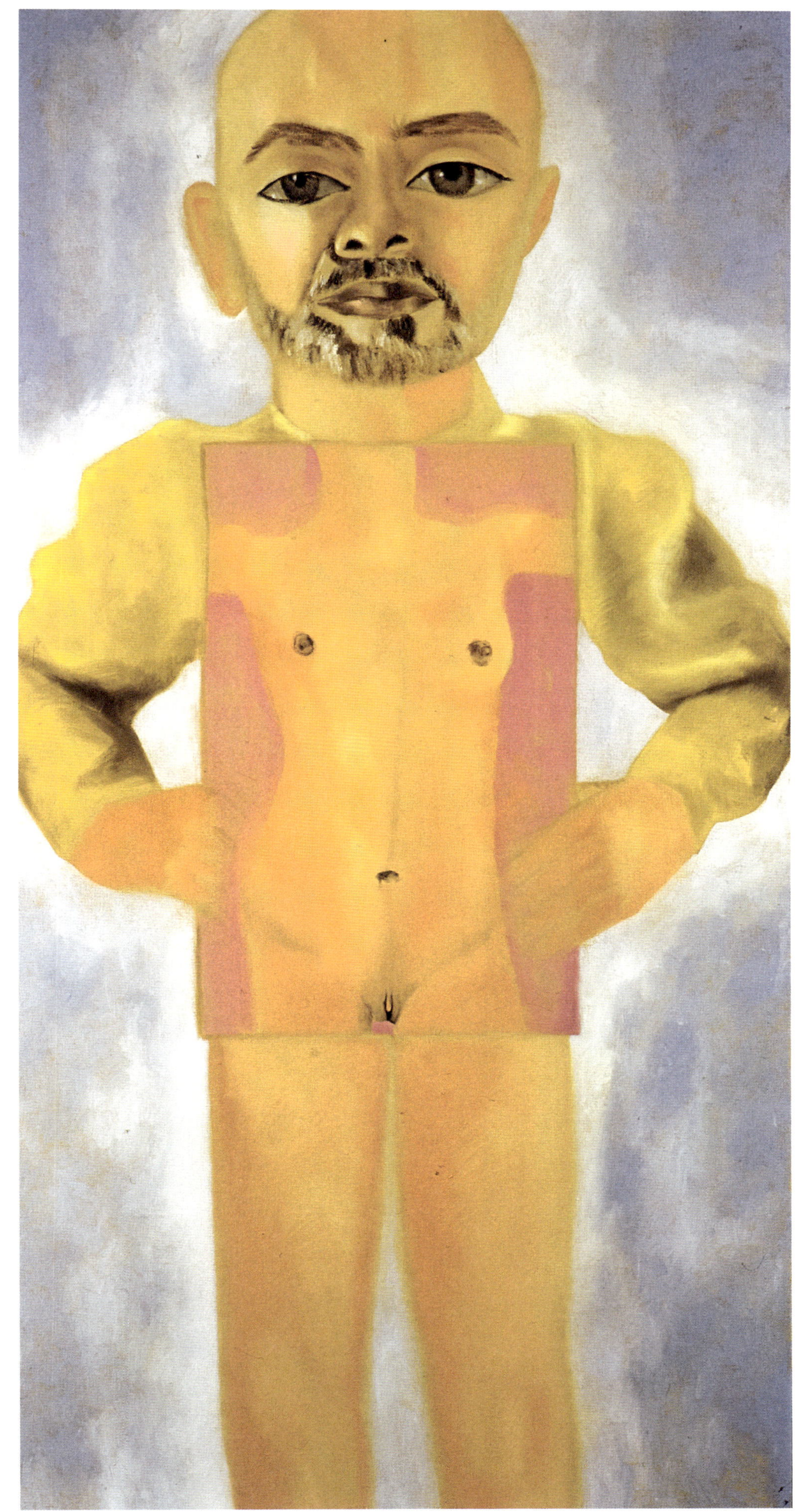

Italien, am Meer

Self-Portrait as an Androgynae (Selbstporträt als Androgynae) zeigt den stehenden Künstler, der das Gemälde eines nackten Frauentorsos vor seinen Körper hält. Das Bild stellt Dualismus und Wandel dar, es lässt an die transzendente Perfektion einer Einheit von Gegensätzen denken. Neben diesem Gemälde gibt es eine Gruppe von Aquarellen aus der Bildserie *Alba's Amalfi* von 2007, benannt nach der berühmten Stadt in Italien. Amalfi, die der gesamten Gegend, der Costiera Alamalfitana, ihren Namen gegeben hat, ist berühmt für ihre Schönheit. Sie liegt am Meer, nicht weit von Pompeji und Capri, im Golf von Salerno, und ist spektakulär von hohen Klippen umgeben. Clemente, der seit 1981 in New York lebt, wurde im 75 Kilometer von Amalfi entfernten Neapel geboren. Italien spielt als sein Geburtsland in Fragen der Identität für ihn eine wichtige Rolle. Er studierte in Rom Architektur und gilt als Mitglied der Transavanguardia, einer Gruppe italienischer Maler, die in den 1980er-Jahren internationale Bekanntheit erlangten. Neapel ist eine Stadt, die aus zahlreichen kulturellen Schichten hervorgegangen ist, sie steckt voller Geschichte und es ist verführerisch, dies mit der für Clementes Arbeit so charakteristischen Ästhetik der Fragmentierung in Verbindung zu bringen. In der Bildwelt der Aquarelle aus der Amalfi-Serie kommen insbesondere Meereswesen wie Delphine und Oktopusse vor, die ganz klassisch abgebildet werden, wie auch die gleichermaßen stilisierte Gestalt eines Tauchers. Die Arbeiten zeigen auch mythologische Szenen mit Zentauren und Kriegern. Einige Bilder sind offener für Interpretationen, etwa eines mit einer Figur, die eine Leiter hochsteigt und dabei an den riesigen Kopf einer klassischen Statue gebunden ist, der das immense Gewicht der Tradition suggeriert. Ein anderes zeigt ein Spinnennetz mit Buchstaben, ein weiteres eine Gestalt, die von einem mageren Pferd stürzt, das zugleich einen Bogen bildet. Andere Bilder sind humorvoll, etwa jenes, das Segelyachten zeigt, die auf den Kapitellen klassischer Säulen festsitzen, die in Schieflage geraten sind und einen Wald aus Diagonalen bilden. Die Farben Blau – in juwelengleicher Intensität – und Braun sind in allen Bildern vorherrschend, verweisen auf das Meer und das Land und vielleicht auch dessen tellurische Kräfte.

Italy, by the Sea

Self-Portrait as Androgynae shows the artist standing and holding a painting of the torso of a naked woman, with which he covers his body. The image portrays dualism and change, suggesting the transcendent perfection of the union of opposites. Besides this painting, there is a group of watercolors from 2007 from the series titled *Alba's Amalfi*, like the famous city in Italy. Amalfi, which lends its name to a whole area, Costiera Amalfitana, celebrated for its beauty, is located in a spectacular setting by the sea, surrounded by high cliffs, in the Gulf of Salerno, not far from Pompeii and Capri. Clemente, who has lived in New York since 1981, was born in Naples, which is 75 kilometers from Amalfi. Italy, as his place of birth, plays a major role for him in terms of identity. He studied architecture in Rome and is considered part of the Transavanguardia group of Italian painters which became known internationally in the 1980s. Naples is a city grown out of many cultural layers, dense in history, and it is tempting to relate this to the aesthetic of fragmentation which characterizes Clemente's work. The imagery of the watercolors of the Amalfi series in particular includes sea creatures, such as dolphins and octopuses, depicted in a classical style, and the equally stylized silhouette of a diver. The works also present mythological scenes with centaurs and warriors. Some images are more open to interpretation, such as one showing a figure climbing a ladder while tied to a huge classical head, suggesting the immense weight of tradition, a spiderweb with letters, or a figure falling below a skinny horse that is also an arch. Other images are humorous, such as one in which we see yachts resting on the capitals of classical columns, inclined and forming a forest of diagonals. The colors blue, of jewel-like intensity, and brown dominate all these images, referring to sea and land and perhaps its telluric forces.

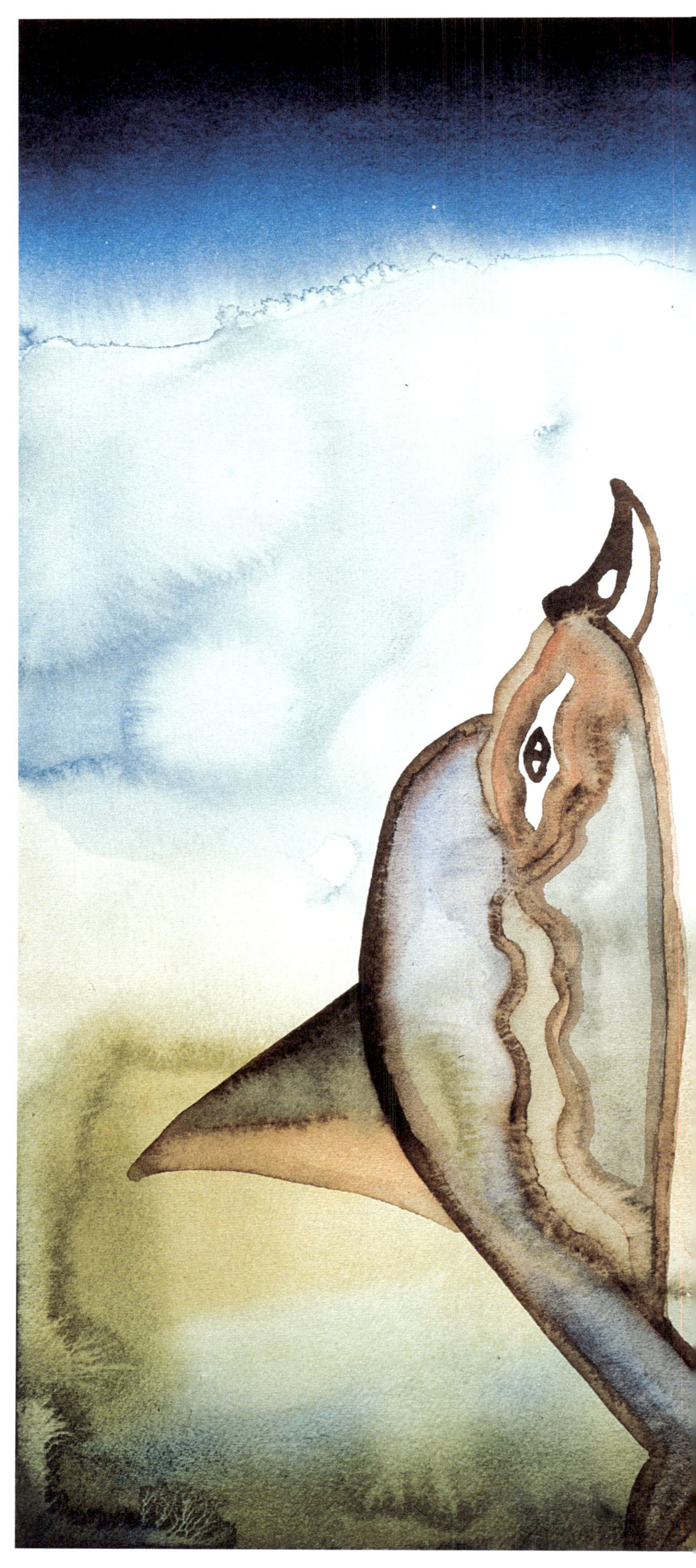

Alba's Amalfi
Albas Amalfi 2007
Aquarell auf Papier watercolor on paper
46 × 61 cm

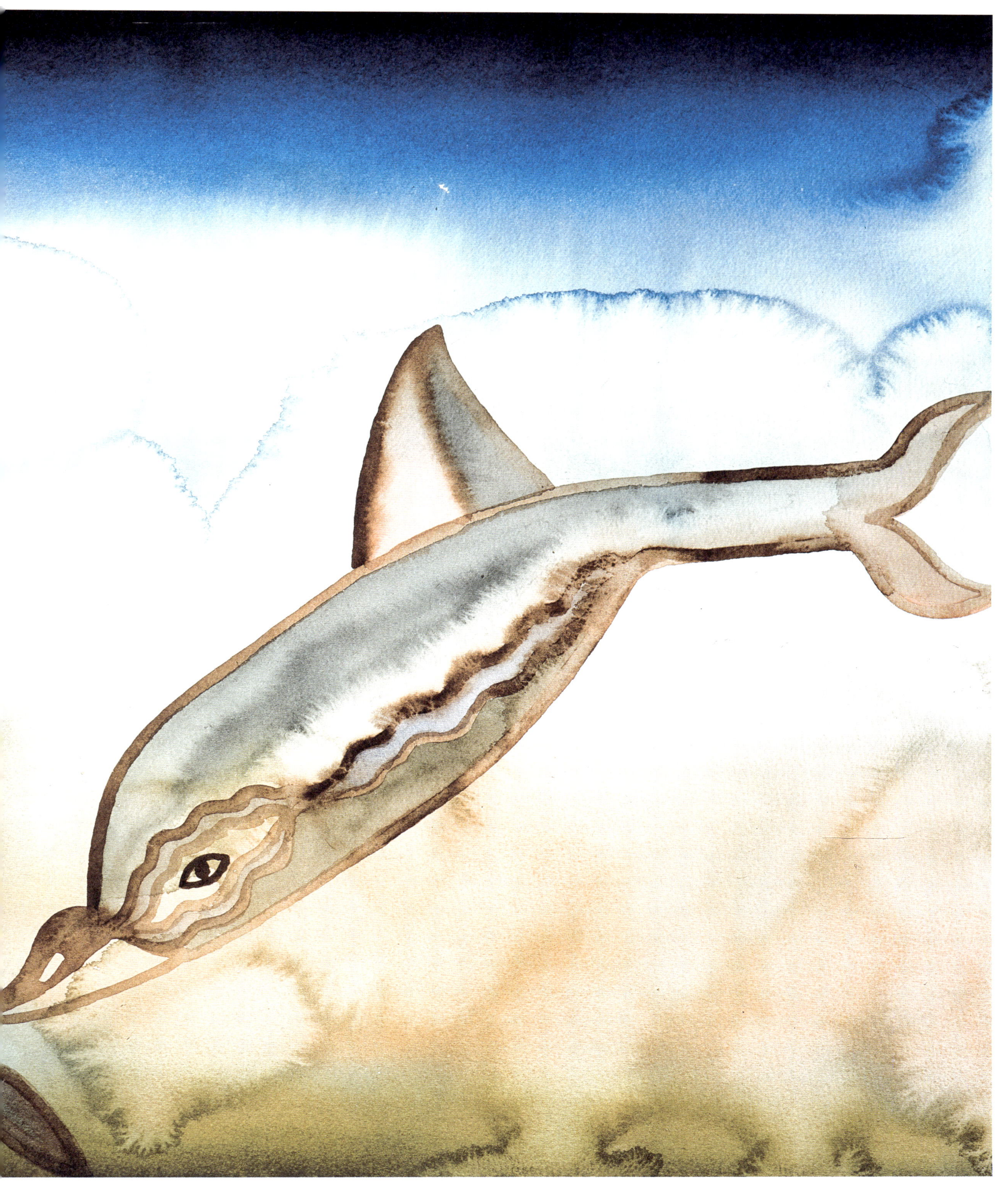

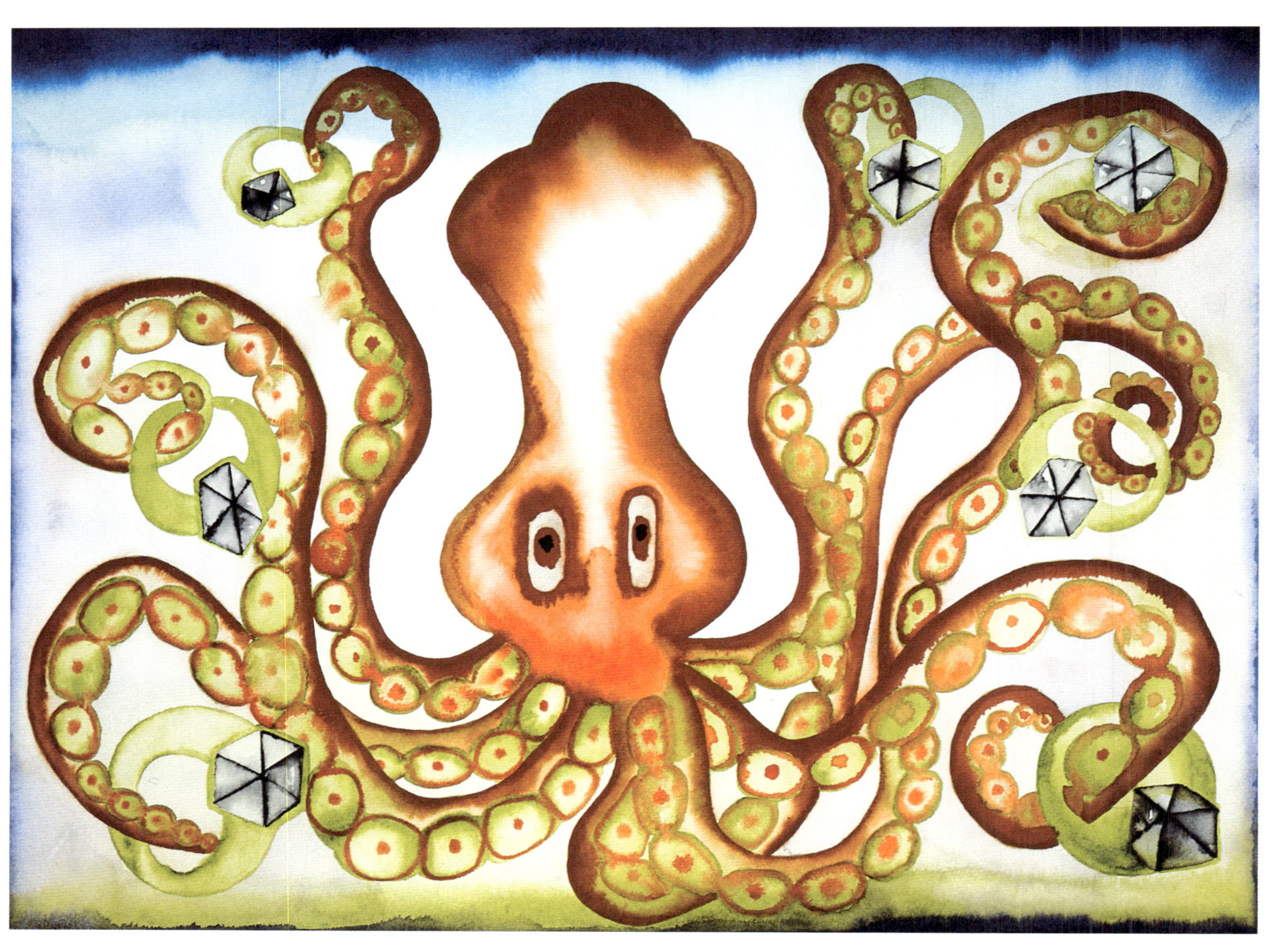

Alba's Amalfi
Albas Amalfi 2007
Aquarell auf Papier watercolor on paper
46 × 61 cm

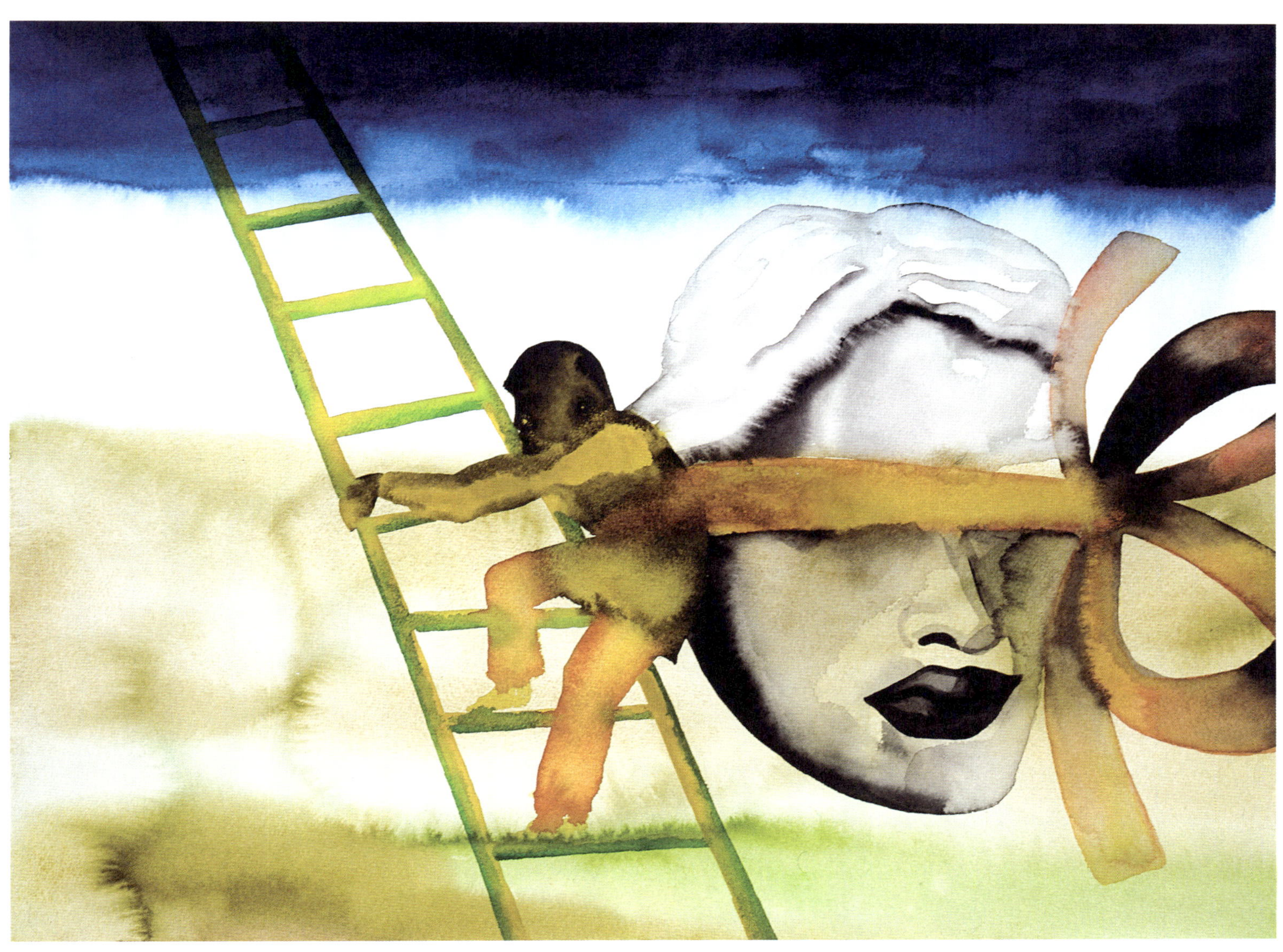

Alba's Amalfi
Albas Amalfi 2007
Aquarell auf Papier watercolor on paper
46 × 61 cm

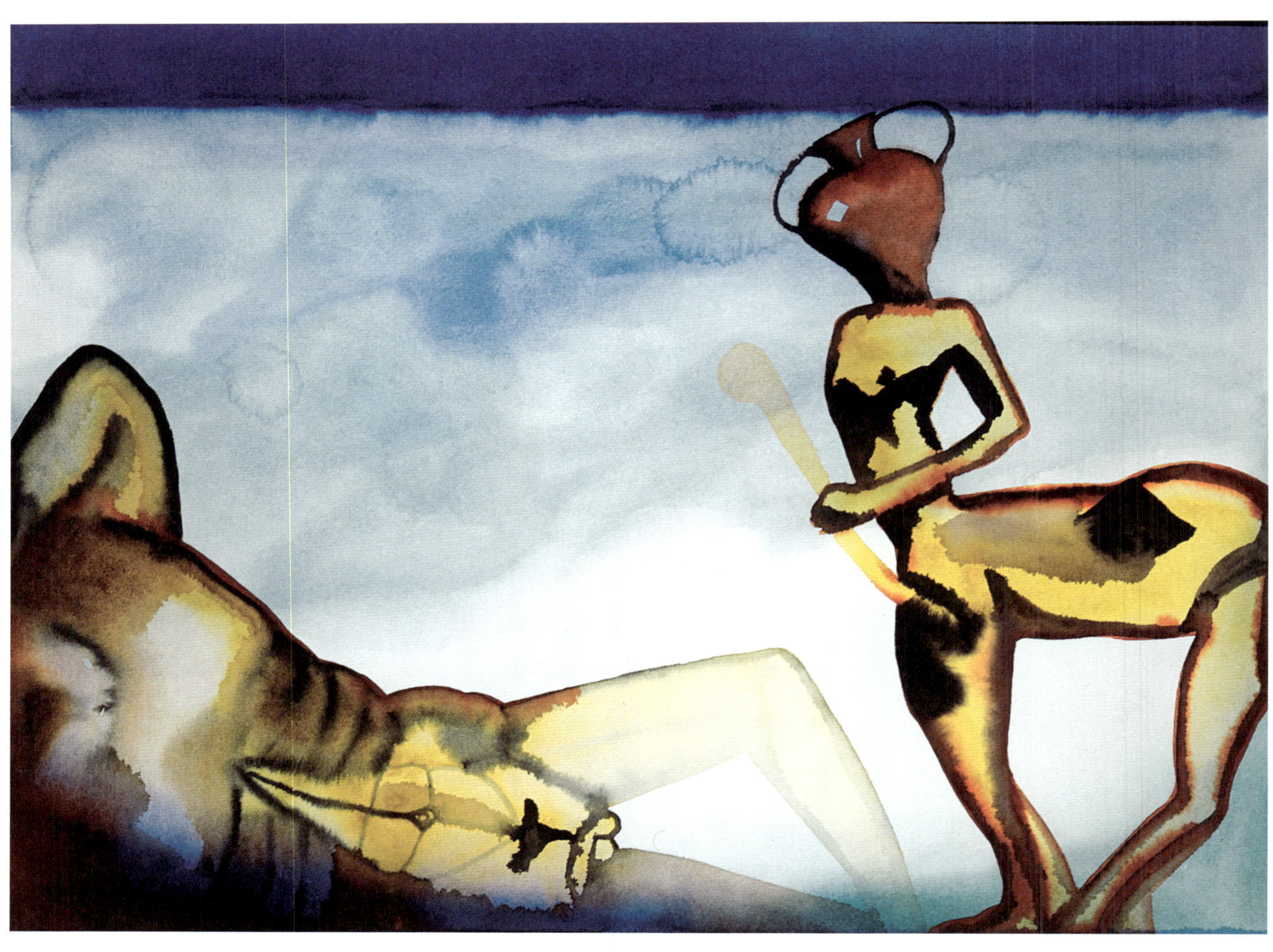

Alba's Amalfi
Albas Amalfi 2007
Aquarell auf Papier watercolor on paper
46 × 61 cm

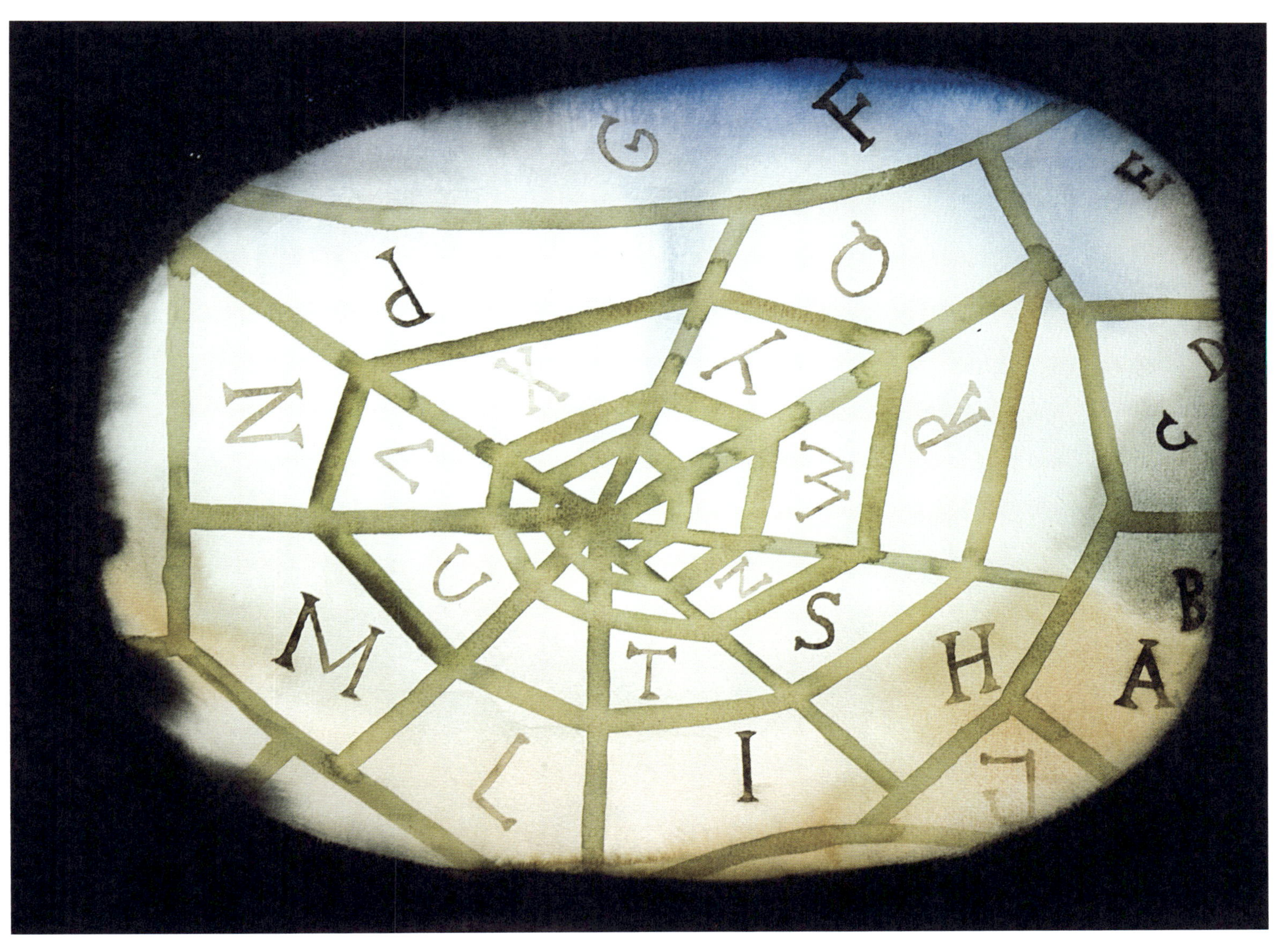

Alba's Amalfi
Albas Amalfi 2007
Aquarell auf Papier watercolor on paper
46 × 61 cm

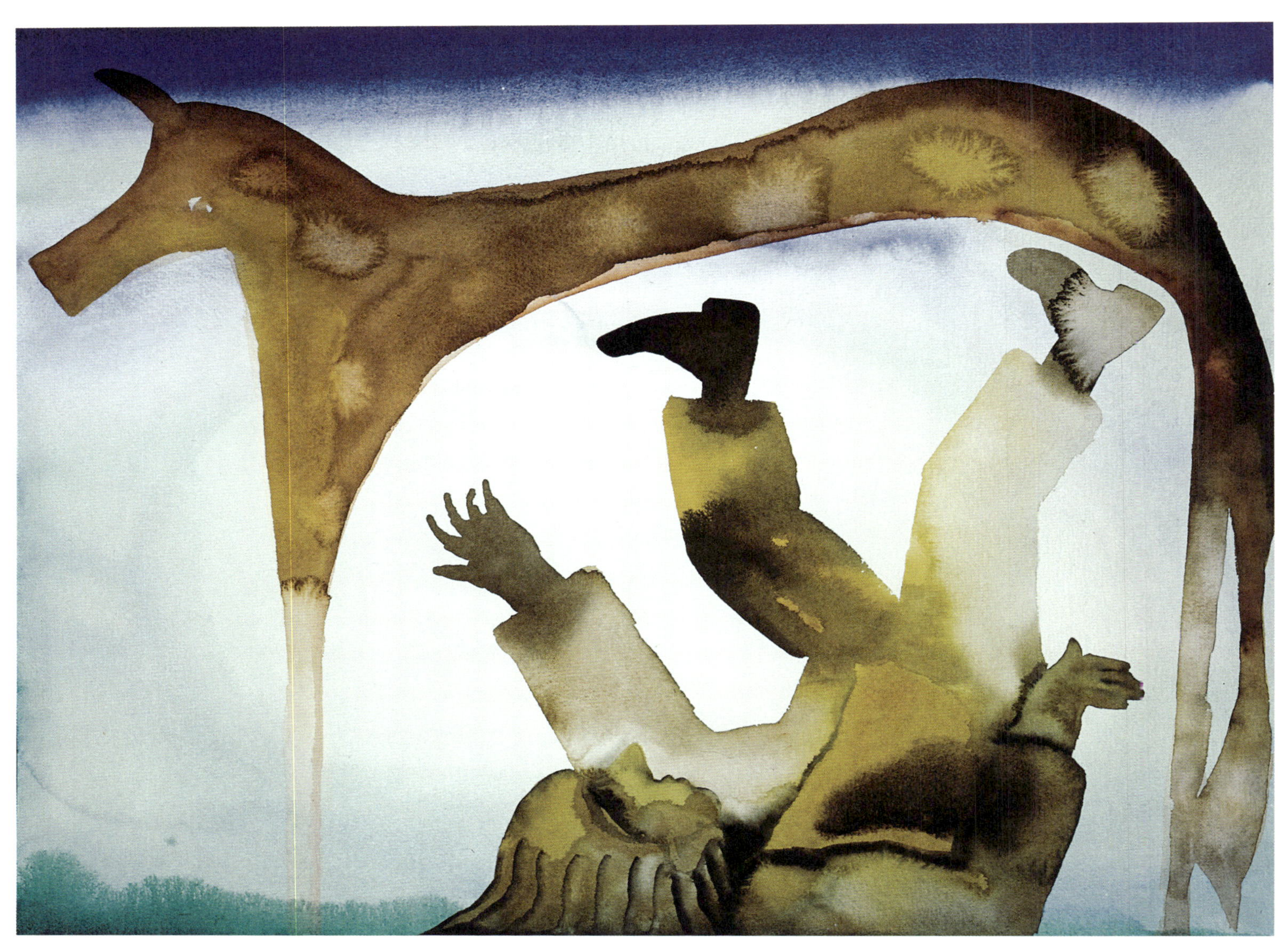

Alba's Amalfi
Albas Amalfi 2007
Aquarell auf Papier watercolor on paper
46 × 61 cm

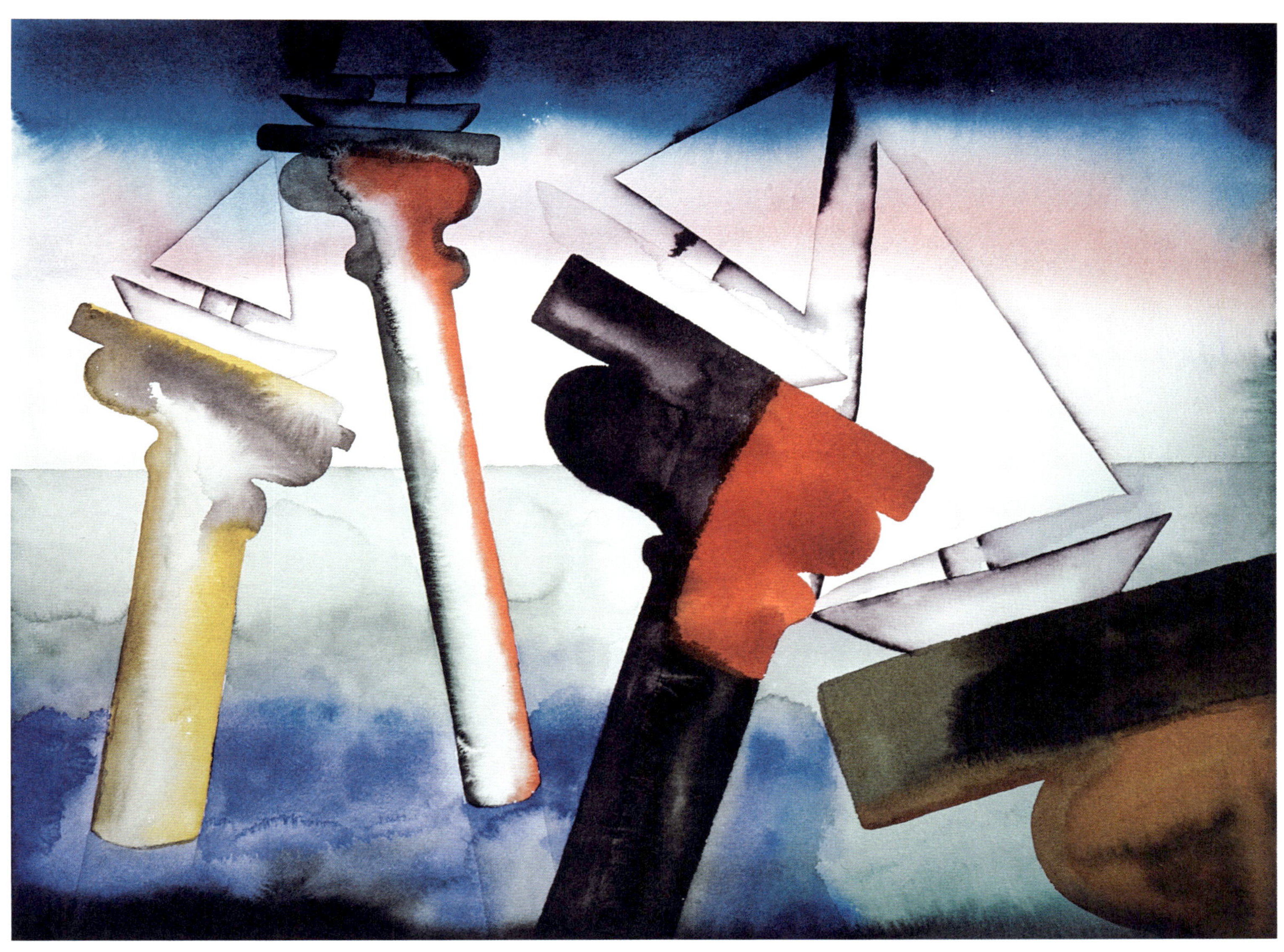

Alba's Amalfi
Albas Amalfi 2007
Aquarell auf Papier watercolor on paper
46 × 61 cm

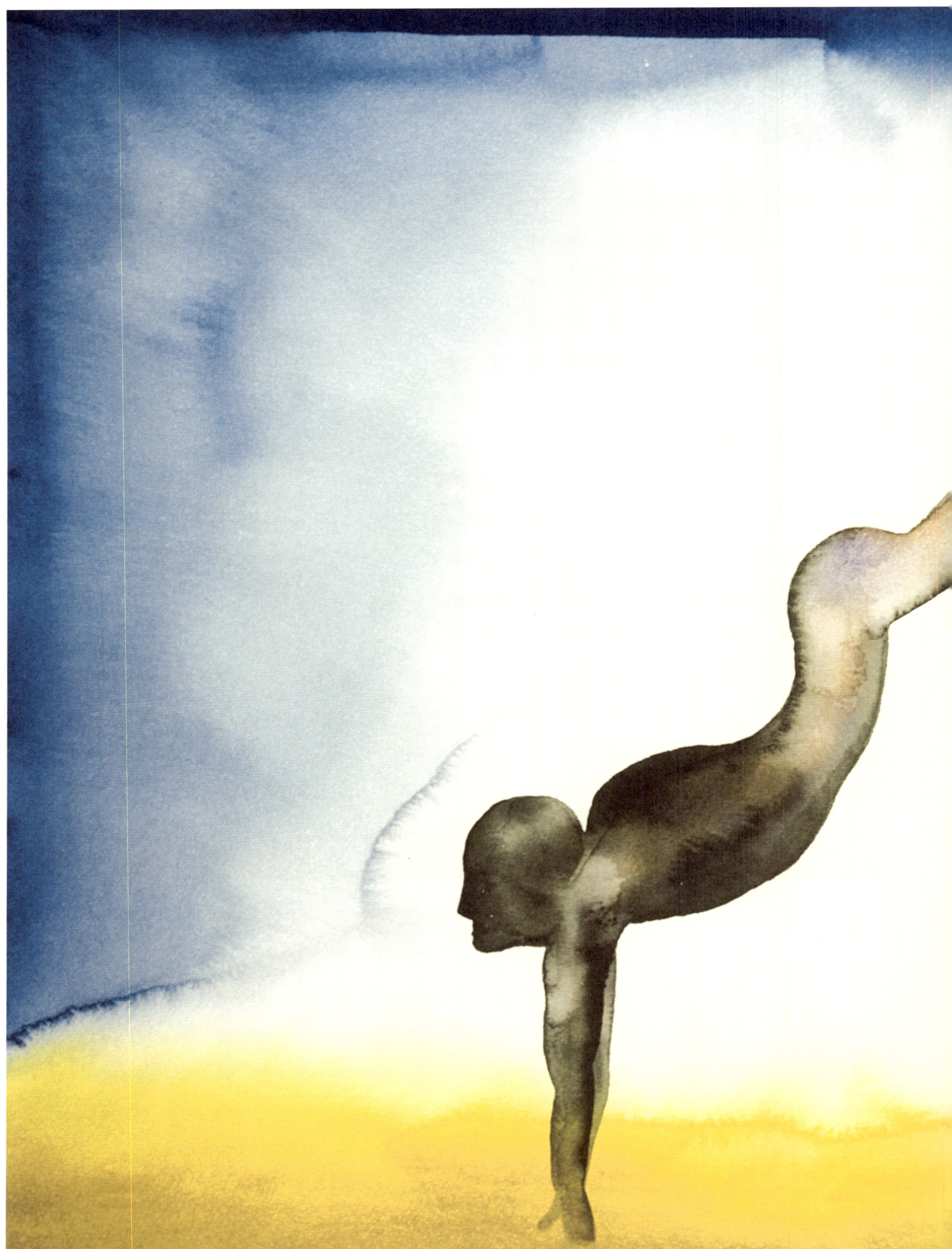

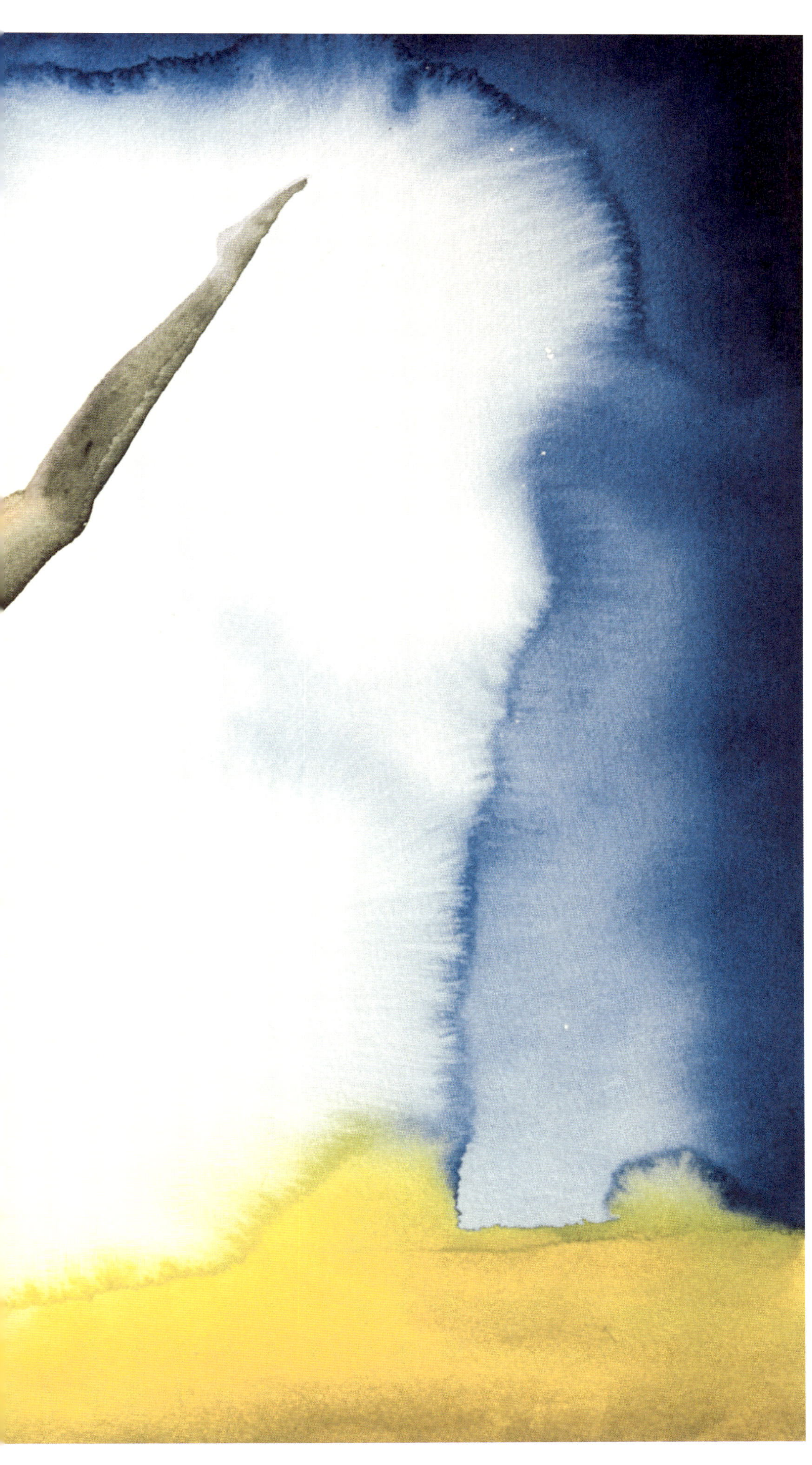

Alba's Amalfi
Albas Amalfi 2007
Aquarell auf Papier watercolor on paper
46 × 61 cm

Die Tarots

Clementes *Tarots* wurden zum ersten Mal im Jahr 2011 im Gabinetto Disegni e Stampe degli Uffizi, der grafischen Sammlungen der Uffizien in Florenz gezeigt, ein außergewöhnliches Ereignis für die Galleria degli Uffizi. Max Seidel kuratierte die Ausstellung und es erschien ein begleitender Katalog bei Hirmer in München, mit Texten des Anthropologen und Kurators Francesco Pellizzi. Das Tarot wurde vermutlich um 1430 als höfisches Spiel am Hof von Filippo Maria Visconti in Mailand erfunden. Unter den 78 Karten des Tarots sind 22 »Trumpfkarten« oder »Große Arkana«. Die Karten werden in unserer Zeit auch zur Wahrsagerei eingesetzt und erfreuen sich großer Beliebtheit. Es gibt Leute, die behaupten, das Spiel habe seine Wurzeln in antiken Zivilisationen wie Ägypten, als Quelle verborgenen, alten Wissens – was allerdings wohl nicht zu beweisen ist. Clementes Tarot ist jedenfalls sowohl in seiner farblichen Gestaltung als auch in der Motivwahl opulent, es nutzt die Leuchtkraft von Aquarell- und die Wärme der Gouachefarben. Als Figuren der großen Arkana setzt er Familienmitglieder und Freunde, darunter Jasper Johns, Brice Marden, Philip Glass, Diane von Fürstenberg, Colm Tóibín, Ron Arad und Marisa Monte ein. Sich selbst porträtiert Clemente als den Narren. Vielleicht ist das ironisch und humorvoll gemeint, aber es stimmt auch, dass Freunde und Familie Einfluss auf unser Leben und unsere Zukunft haben. Als Max Seidel Clemente danach fragte, ob er die Esoterik wirklich ernst nehme, gab er die folgende Antwort: »Ich bin gegen alles, was dogmatisch, unverrückbar, statisch ist; auch wegen der Zeitgebundenheit der Sprache. Mir war immer bewusst, dass es eine unverzichtbare Notwendigkeit dafür gibt, jede Art von Offenbarung in ein Heilbad der Ironie, der Distanznahme und der Fragmentierung einzutauchen. Ich habe auf eine ganze Reihe von Strategien zurückgegriffen, um das Bild zu relativieren. Ich bin nicht an einem Bild interessiert, das hypnotisch, unverrückbar und ein für alle Mal festgelegt ist; ich möchte es dynamisch machen ... das Bild ist so, wie es ist, aber es könnte auch anders sein.« Dies ist eine hervorragende Beschreibung der Art und Weise, wie Clemente mit Bildern und Symbolen arbeitet.

The Tarots

Clemente's *Tarots* were shown for the first time, being an exceptional event for the Galleria degli Uffizi in Florence, at the Gabinetto Disegni e Stampe degli Uffizi in 2011. The exhibition was curated by Max Seidel and was accompanied by a book published by Hirmer, Munich, with texts by curator and anthropologist Francesco Pellizzi. The tarot was probably invented around 1430 as a courtly game at the court of Filippo Maria Visconti in Milan. The pack of seventy-eight cards includes twenty-two "trump cards" or "Major Arcana." The cards are now used for divination purposes with great popularity, and some people claim, although it would seem without proof, that the game has roots in early civilizations such as Egypt, being the repository of some ancient hidden knowledge. Clemente's tarot, in any case, is sumptuous in color and motifs, taking advantage of the luminosity of watercolor and the warmth of gouache. He uses the members of his family and his friends, including Jasper Johns, Brice Marden, Philip Glass, Diane von Fürstenberg, Colm Tóibín, Ron Arad, and Marisa Monte, as the characters of the Major Arcana. He portrays himself as The Fool. This is perhaps ironic and humorous, but it is also true that friends and family influence our lives and future. When Max Seidel asked Clemente if he was a serious esotericist, he replied: "*I am against everything that is dogmatic, fixed, static: also for reasons of contemporaneity of language. I have always been conscious of the vital necessity of immersing any kind of revelation in a healthy bath of irony, of distance, of fragmentation. I have resorted to an entire series of strategies in order to relativise the image. I am not interested in an image that is hypnotic, fixed and defined once and for all; I want to make it dynamic ... the image is at it is, but it could be different*." This is an excellent description of Clemente's use of images and symbols.

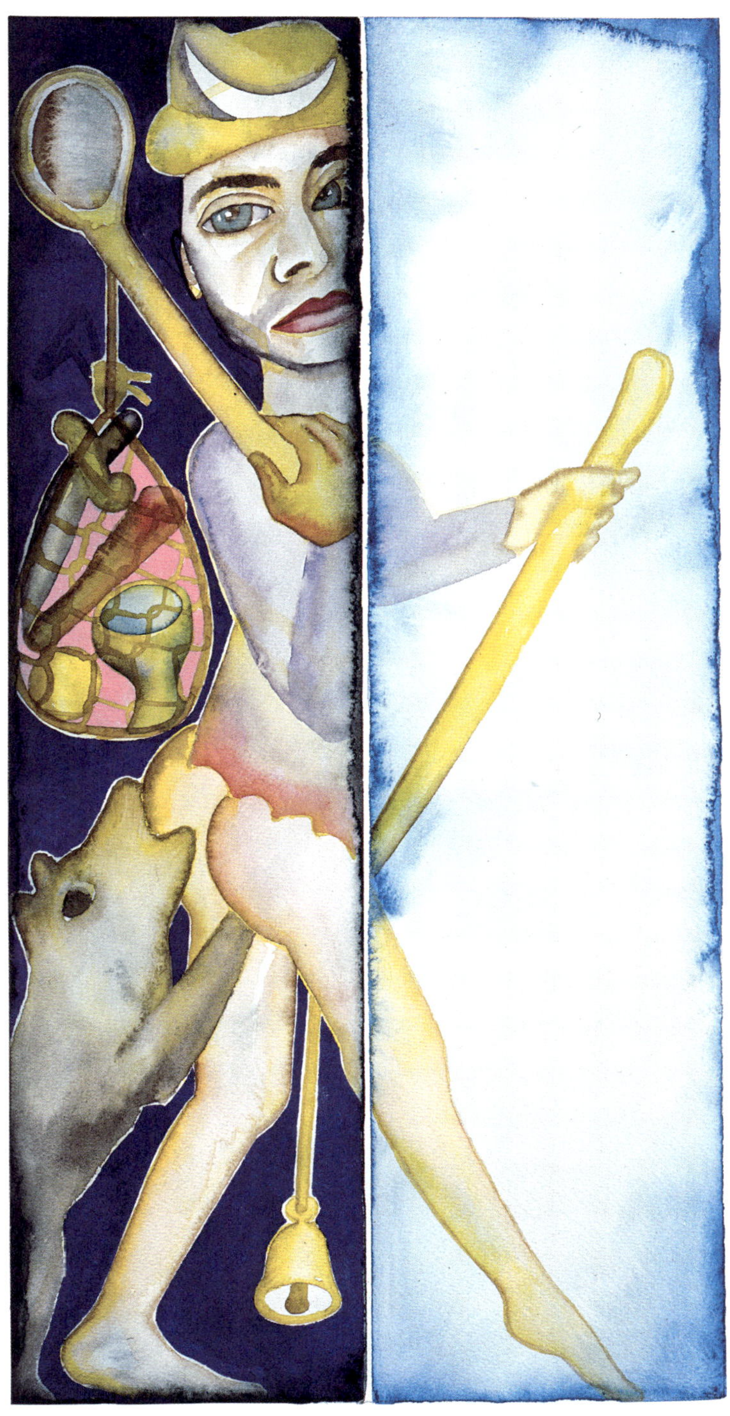

The Fool (Self-Portrait)
Der Narr (Selbstporträt) 2009–2011
Aquarell und Gouache auf Papier
watercolor and gouache on paper
48 × 24 cm

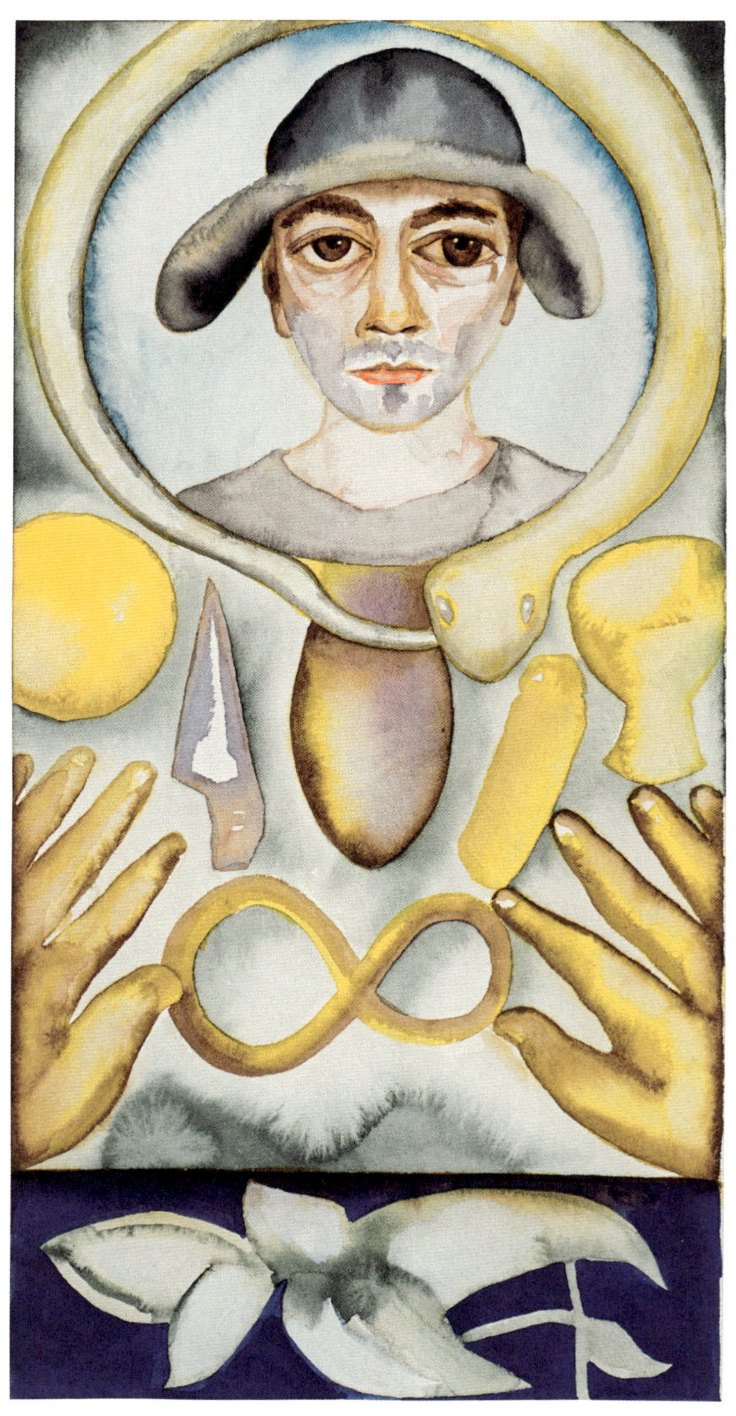

I The Magician
Der Magier (Ron Arad) 2009–2011
Aquarell und Gouache auf Papier
watercolor and gouache on paper
48 × 24 cm

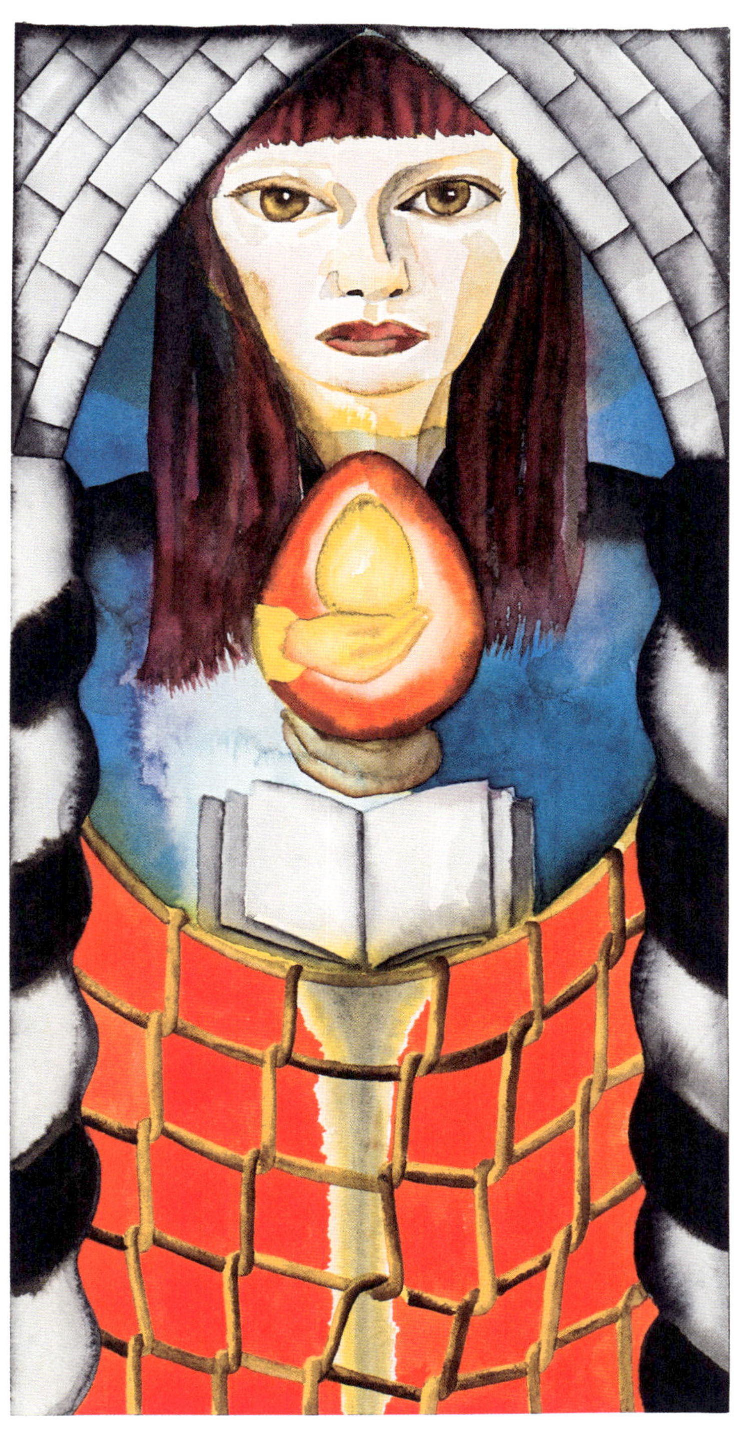

II The High Priestess
Die Hohepriesterin (Betony Vernon) 2009–2011
Aquarell und Gouache auf Papier
watercolor and gouache on paper
48 × 24 cm

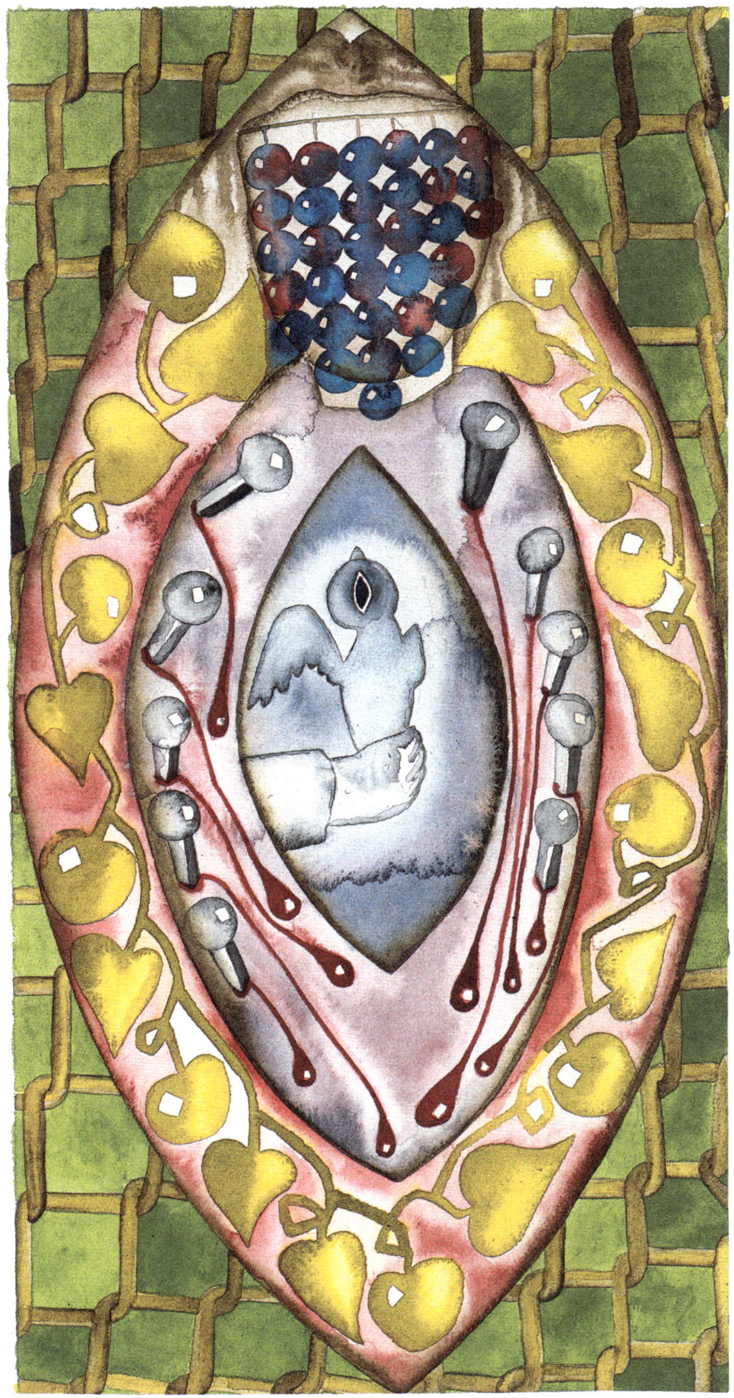

III The Empress
Die Herrscherin 2009–2011
Aquarell und Gouache auf Papier
watercolor and gouache on paper
48 × 24 cm

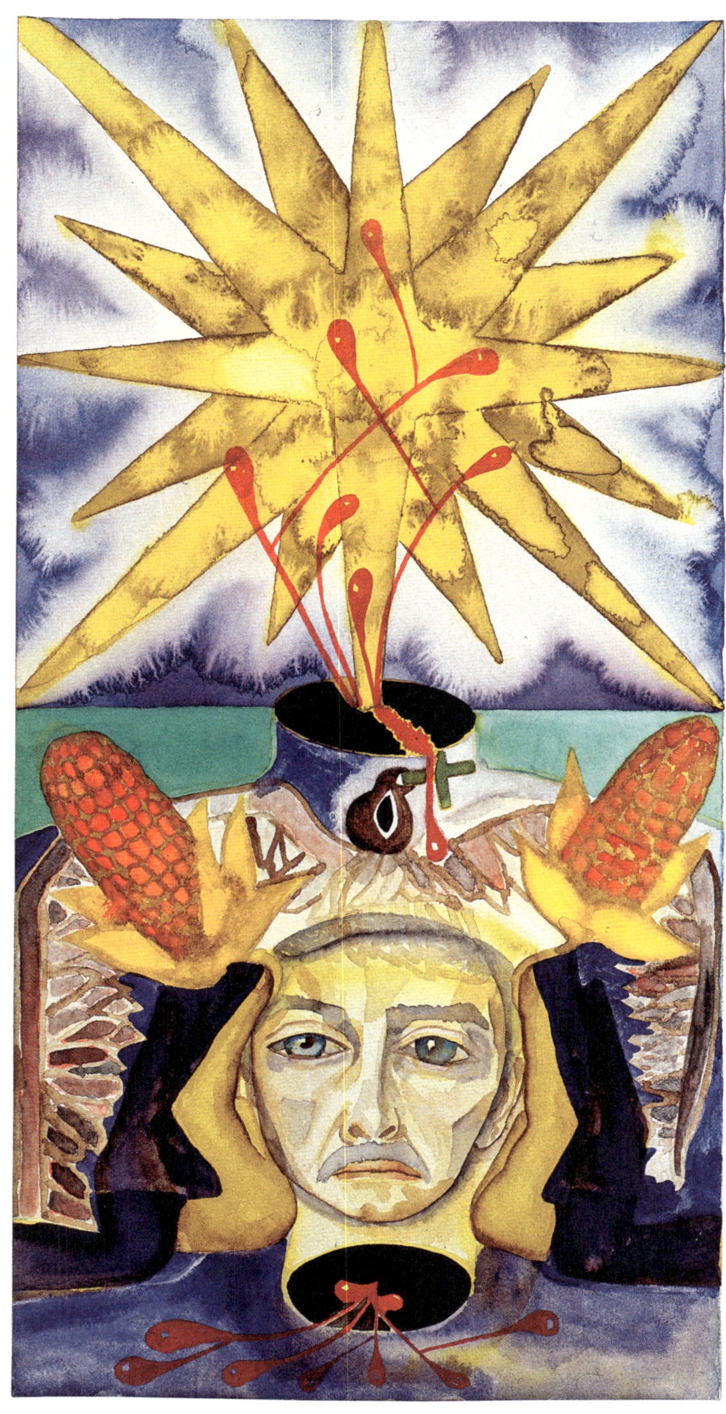

IV The Emperor
Der Herrscher (Edward Albee) 2009–2011
Aquarell und Gouache auf Papier
watercolor and gouache on paper
48 × 24 cm

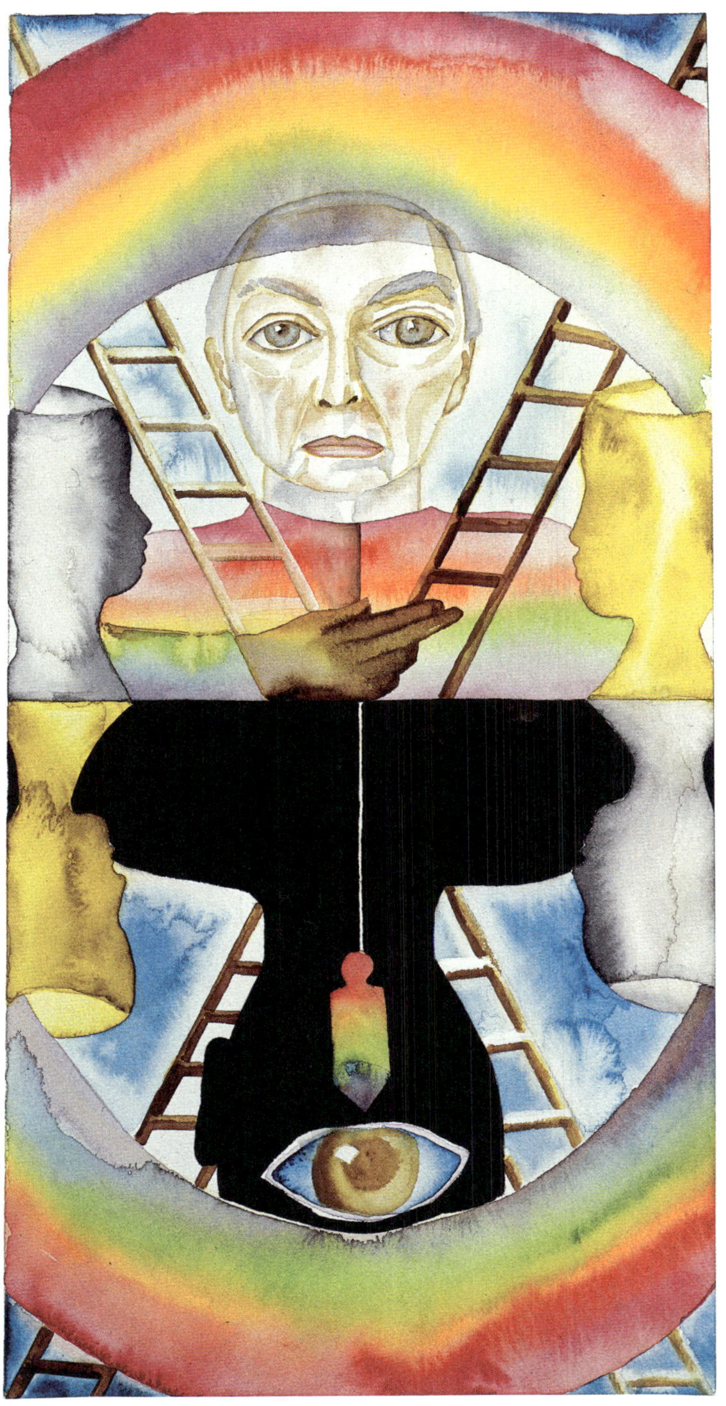

V The Hierophant / The Pope
Der Hierophant / Der Papst (Jasper Johns) 2009–2011
Aquarell und Gouache auf Papier
watercolor and gouache on paper
48 × 24 cm

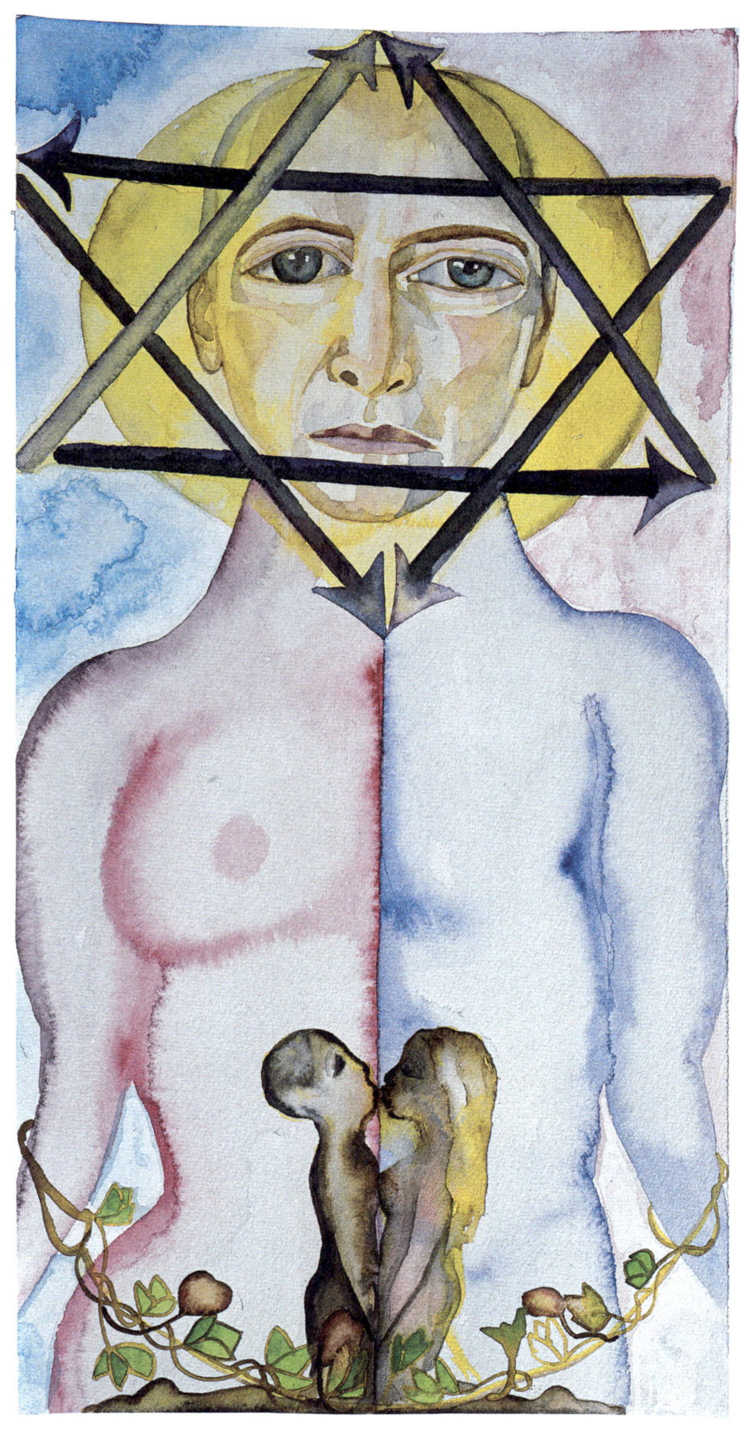

VI The Lover
Der Liebende (Bill Katz) 2009–2011
Aquarell und Gouache auf Papier
watercolor and gouache on paper
48 × 24 cm

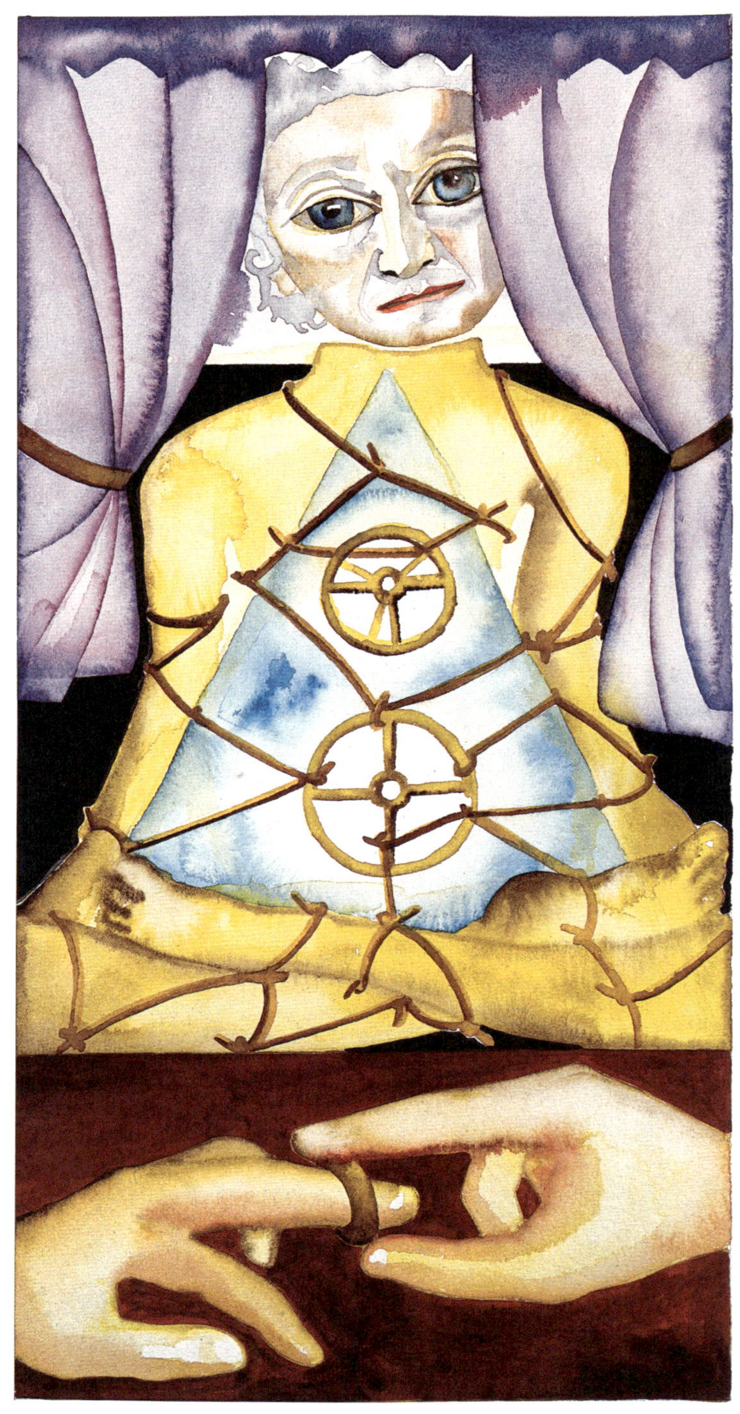

VII The Chariot
Der Wagen (Max Seidel) 2009–2011
Aquarell und Gouache auf Papier
watercolor and gouache on paper
48 × 24 cm

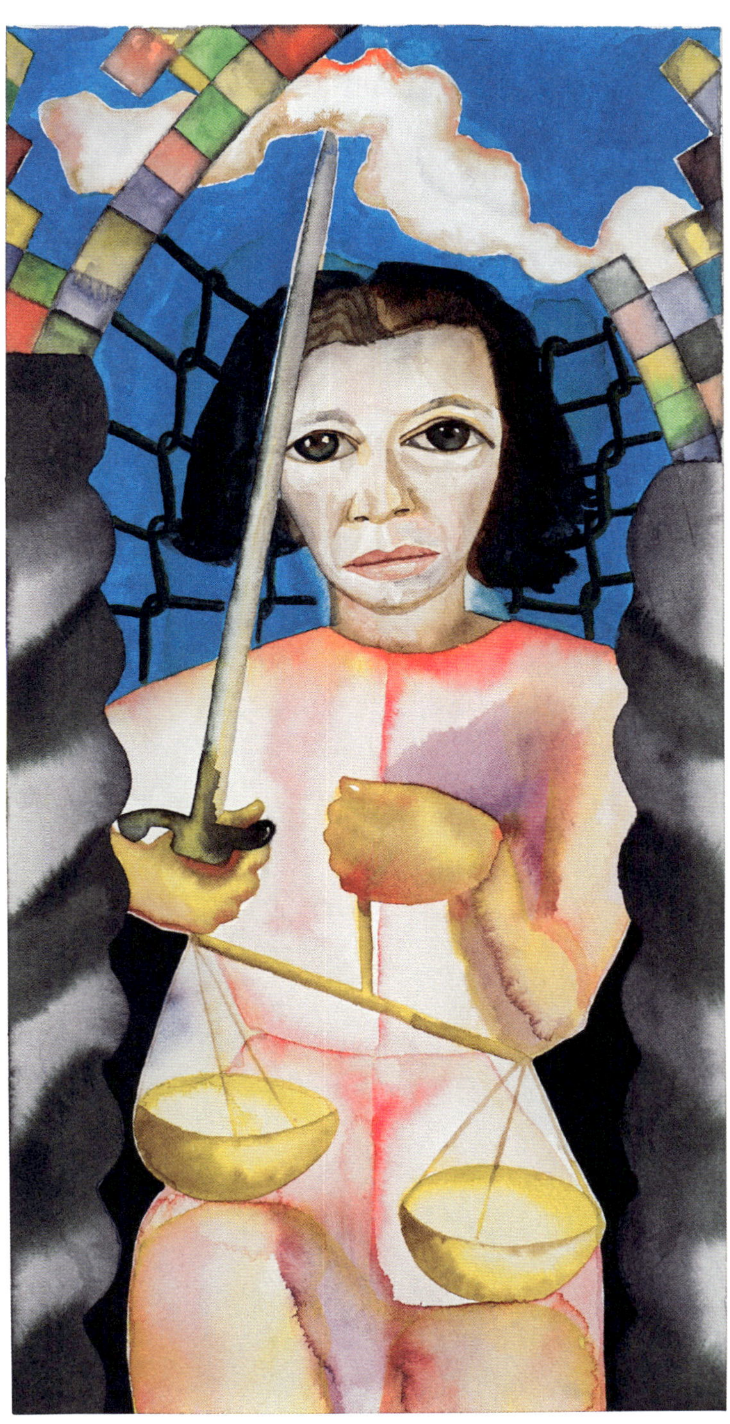

VIII Justice
Die Gerechtigkeit (Fran Lebowitz) 2009–2011
Aquarell und Gouache auf Papier
watercolor and gouache on paper
48 × 24 cm

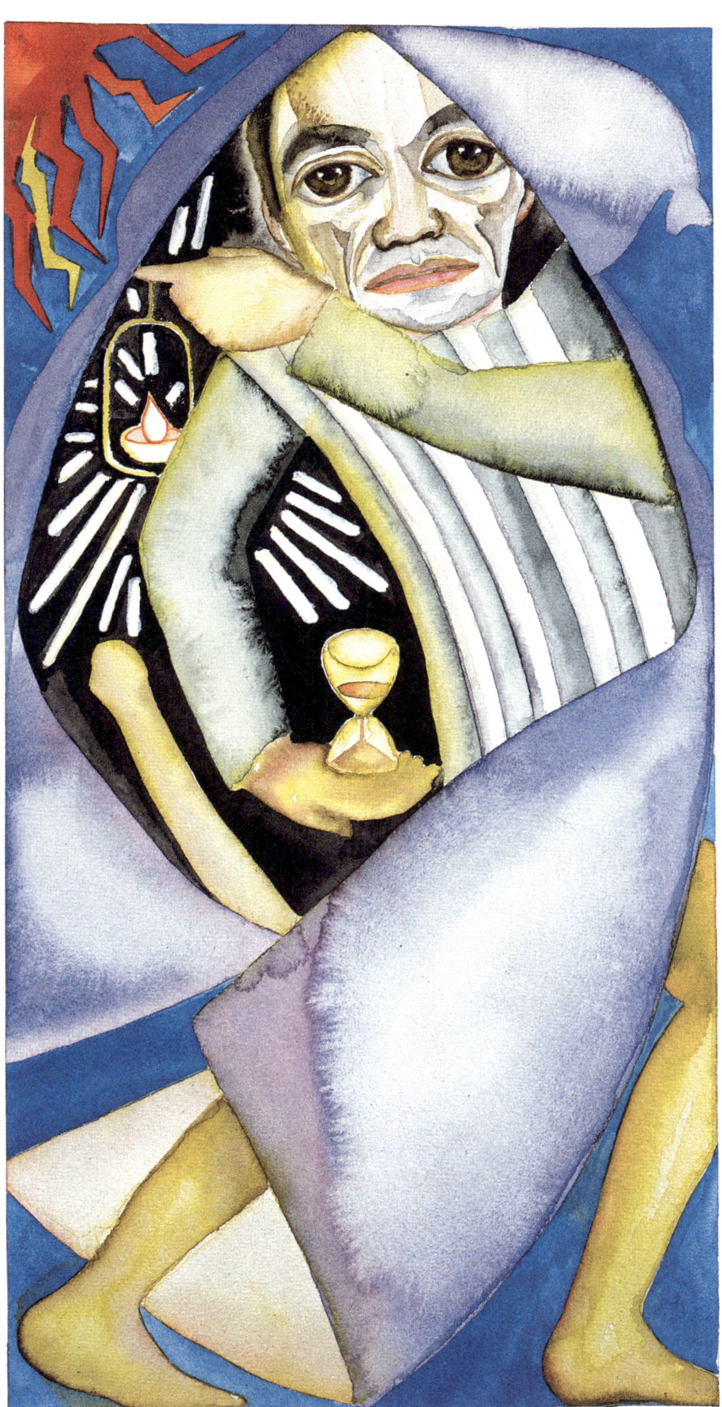

IX The Hermit
Der Eremit (Colm Tóibín) 2009–2011
Aquarell und Gouache auf Papier
watercolor and gouache on paper
48 × 24 cm

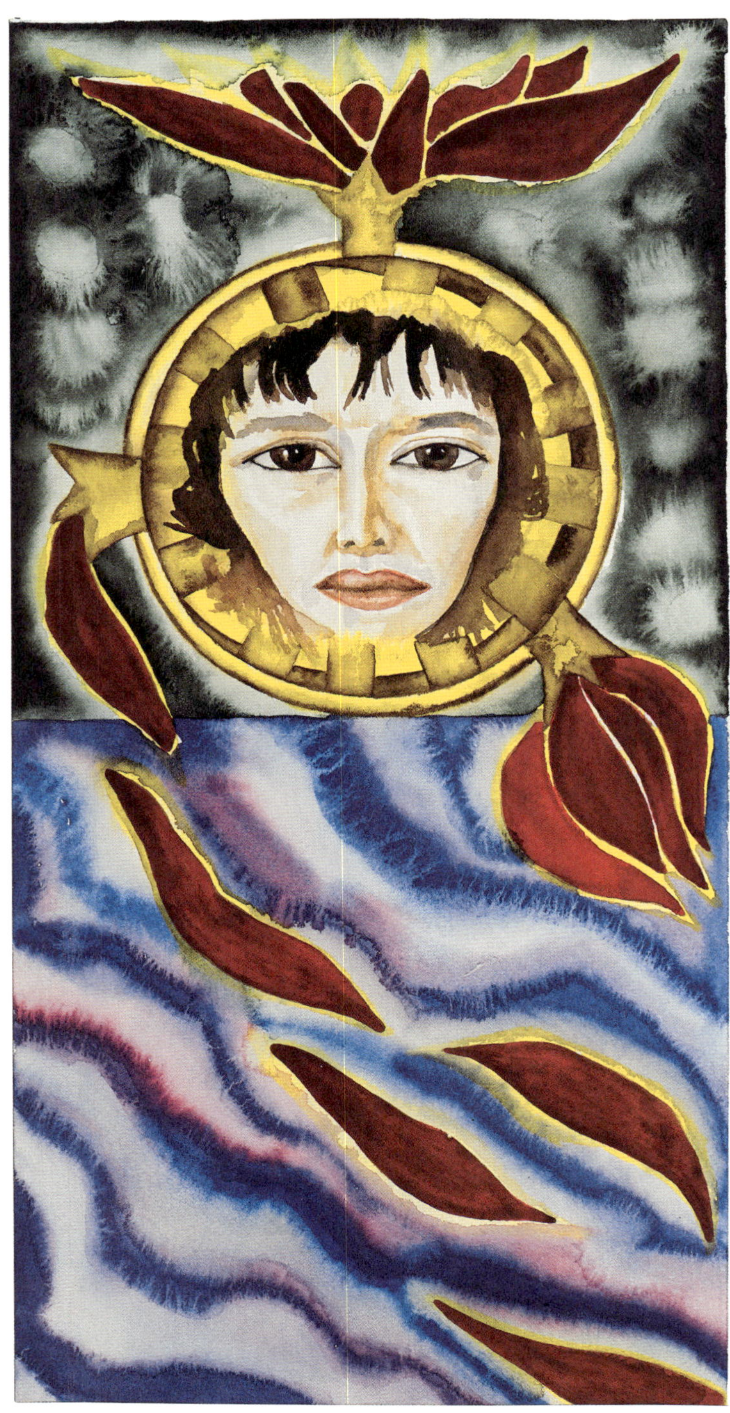

X The Wheel of Fortune
Das Rad des Schicksals (Paz de la Huerta) 2009–2011
Aquarell und Gouache auf Papier
watercolor and gouache on paper
48 × 24 cm

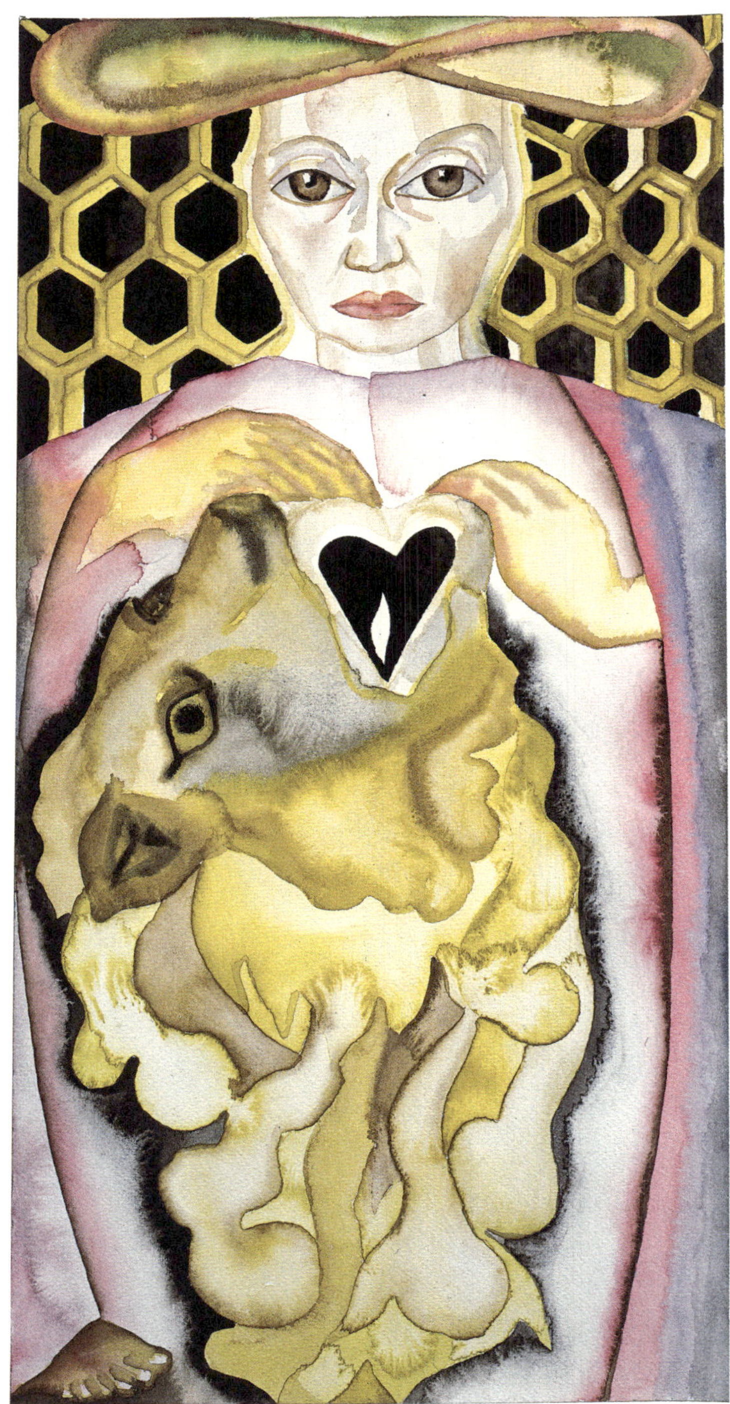

XI Force
Die Kraft (Diane von Fürstenberg) 2009–2011
Aquarell und Gouache auf Papier
watercolor and gouache on paper
48 × 24 cm

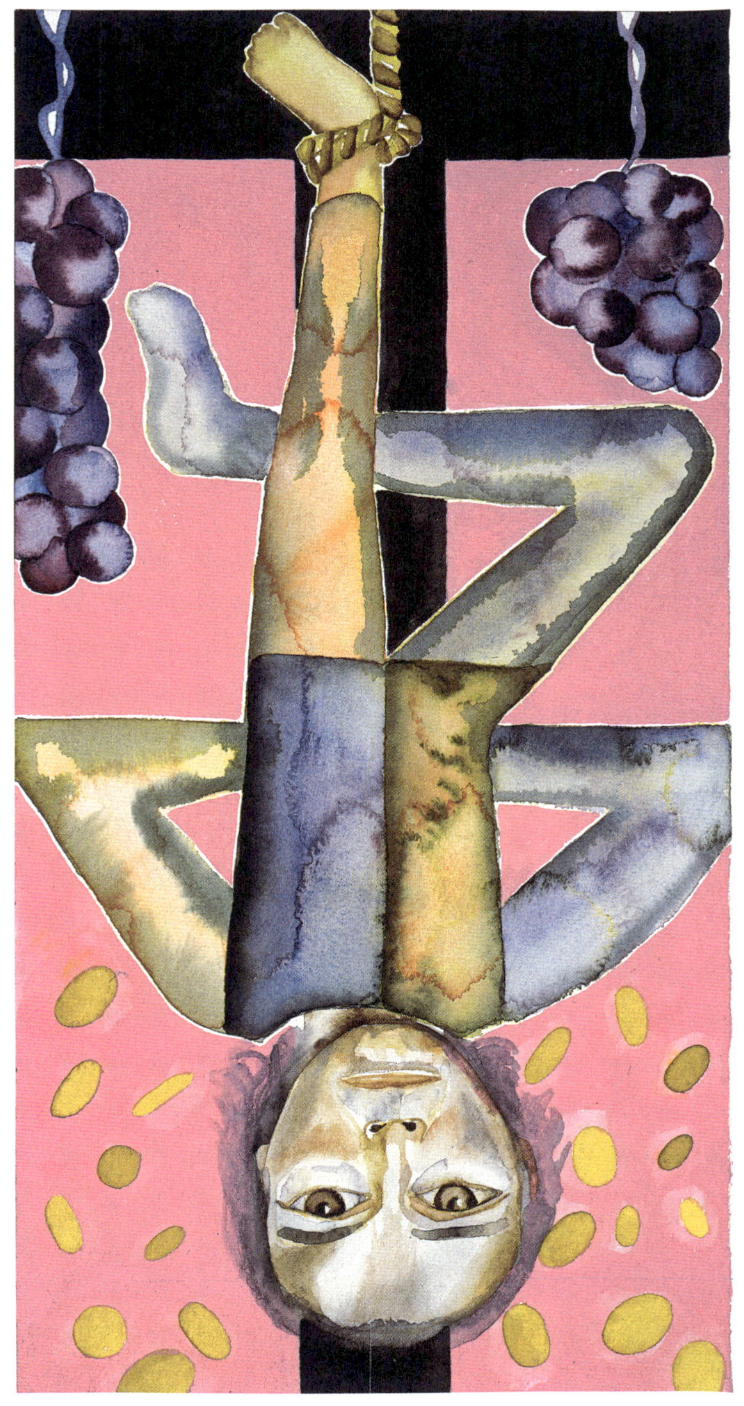

XII The Hanged Man
Der Gehängte (Brice Marden) 2009–2011
Aquarell und Gouache auf Papier
watercolor and gouache on paper
48 × 24 cm

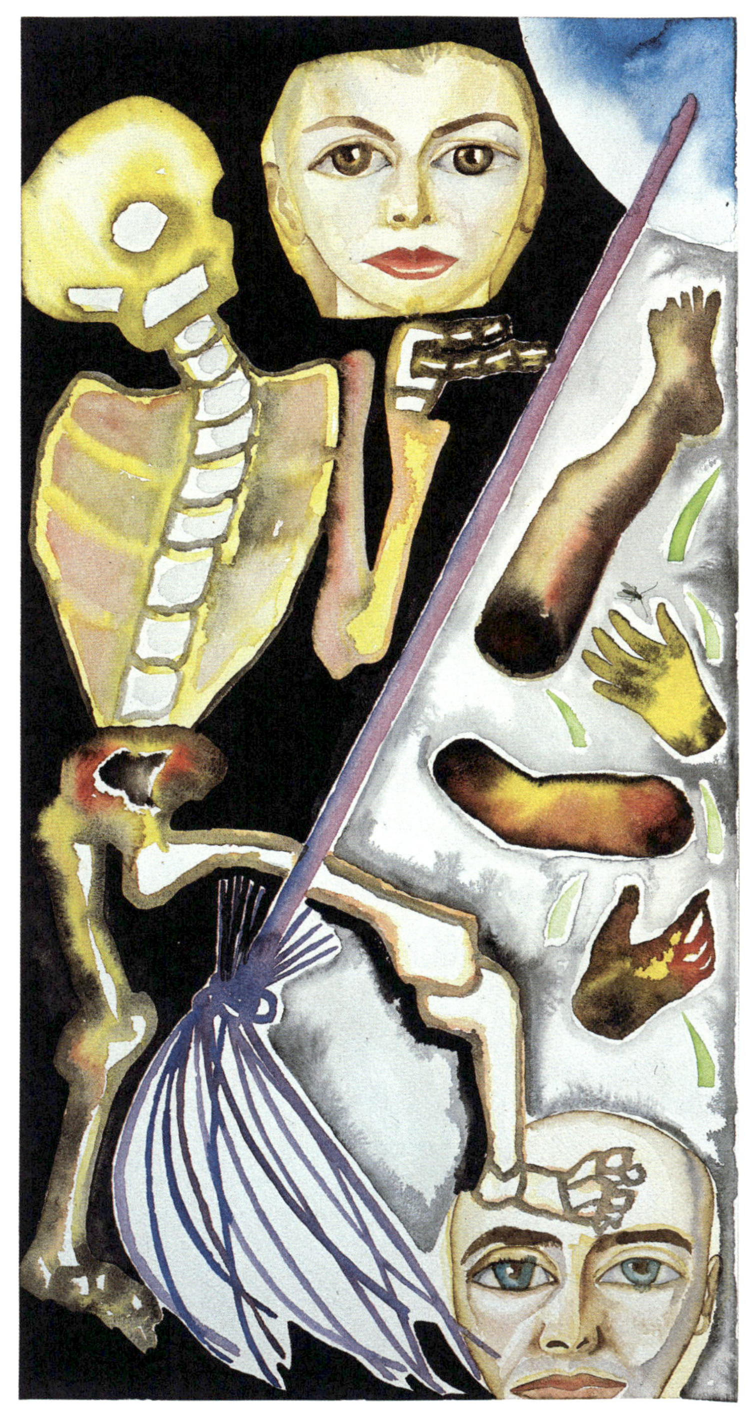

XIII The Card with No Name
Die Karte ohne Namen (Nina Clemente) 2009–2011
Aquarell und Gouache auf Papier
watercolor and gouache on paper
48 × 24 cm

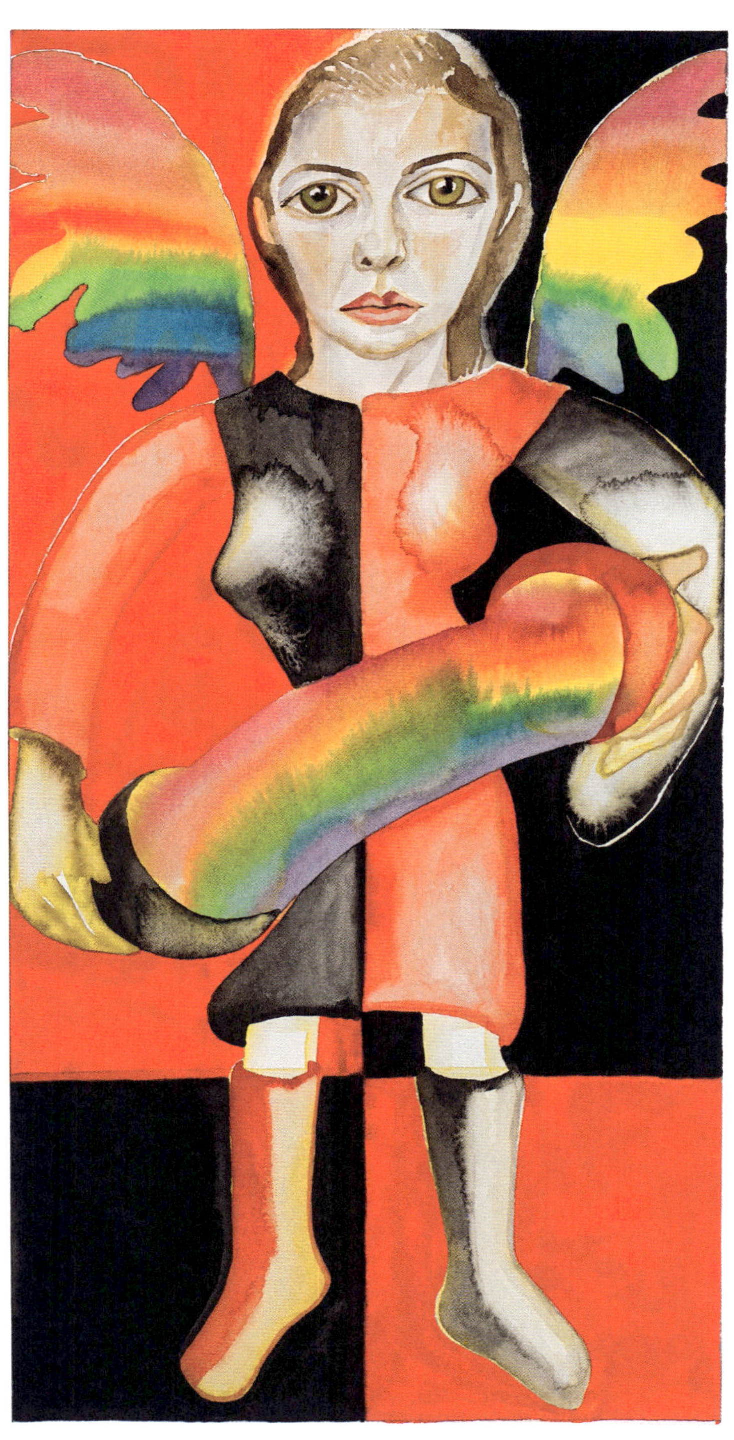

XIV Temperance
Die Mäßigkeit (Chiara Clemente) 2009–2011
Aquarell und Gouache auf Papier
watercolor and gouache on paper
48 × 24 cm

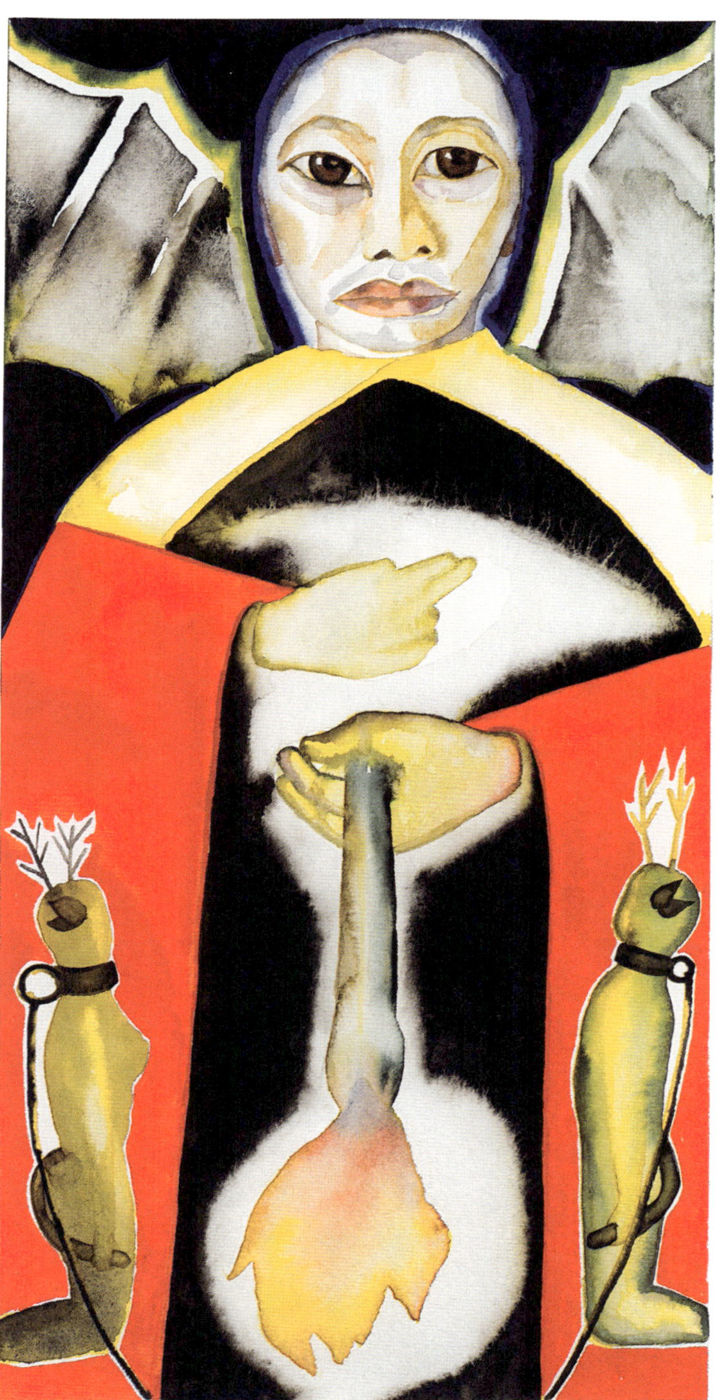

XV The Devil
Der Teufel (Terence Koh) 2009–2011
Aquarell und Gouache auf Papier
watercolor and gouache on paper
48 × 24 cm

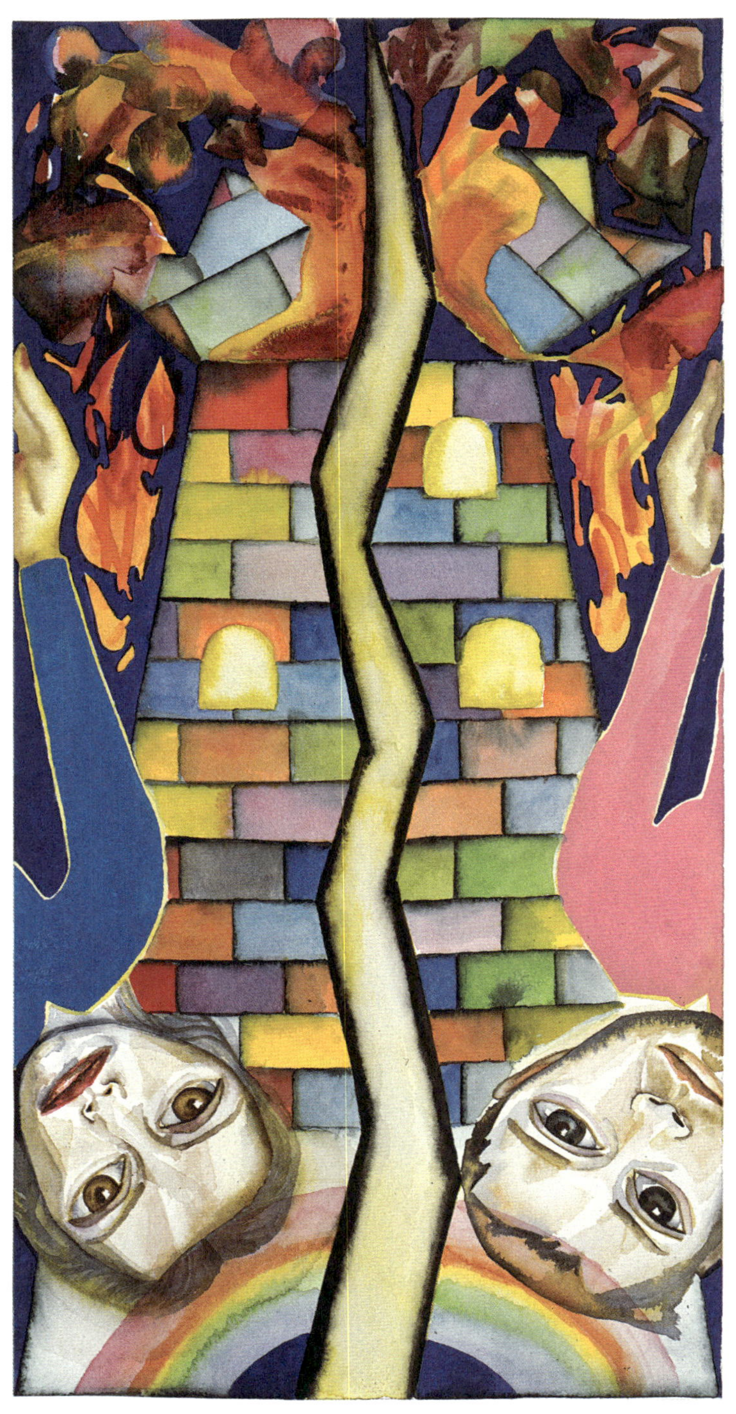

XVI The Tower
Der Turm (Aimee Mullins and Eric Treiber) 2009–2011
Aquarell und Gouache auf Papier
watercolor and gouache on paper
48 × 24 cm

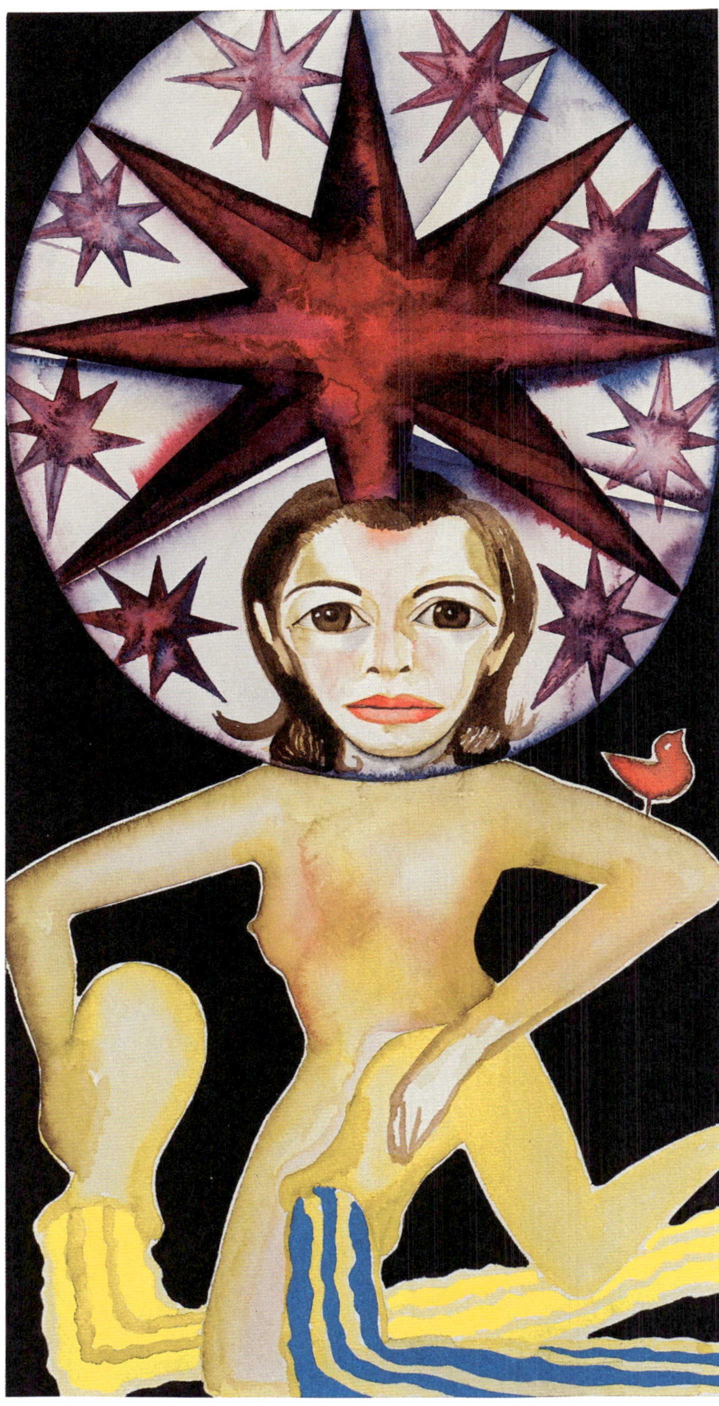

XVII The Star
Der Stern (Alba Clemente) 2009–2011
Aquarell und Gouache auf Papier
watercolor and gouache on paper
48 × 24 cm

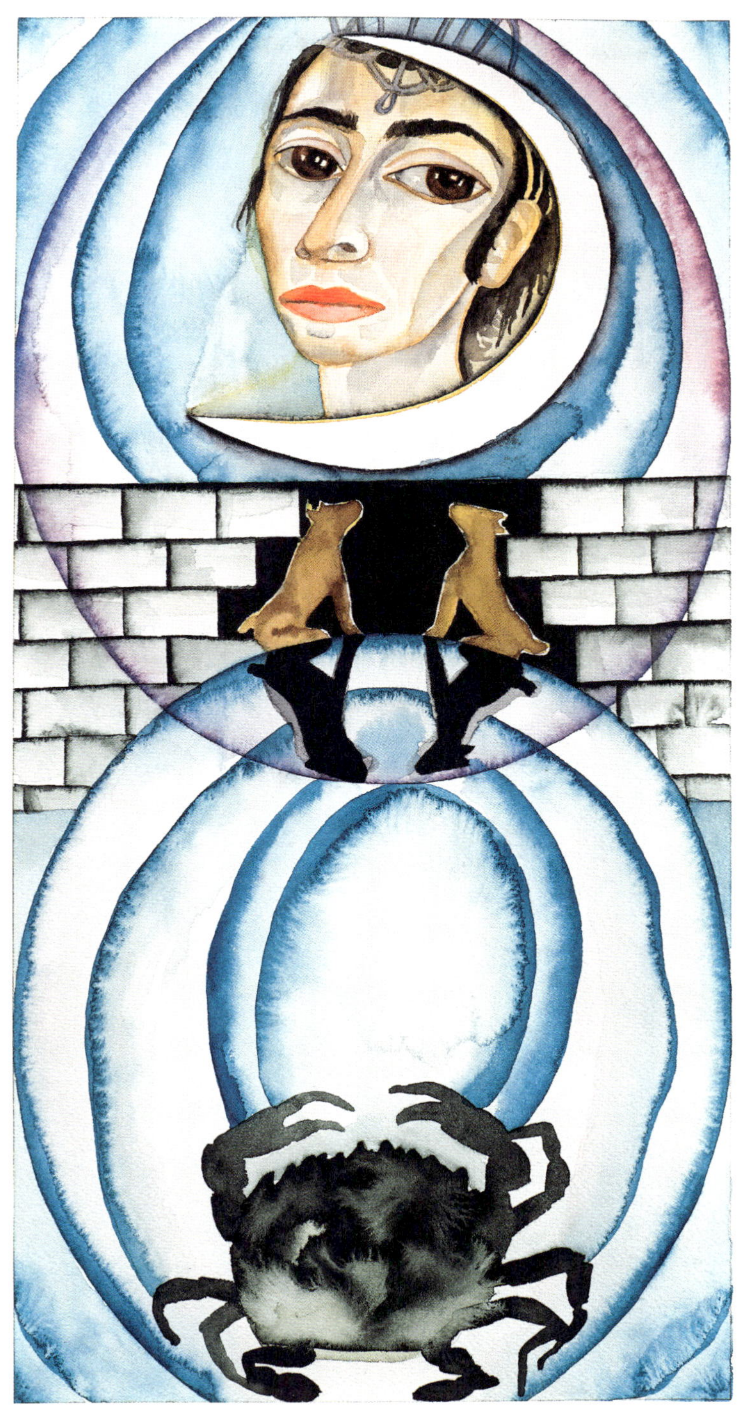

XVIII The Moon
Der Mond (Marisa Monte) 2009–2011
Aquarell und Gouache auf Papier
watercolor and gouache on paper
48 × 24 cm

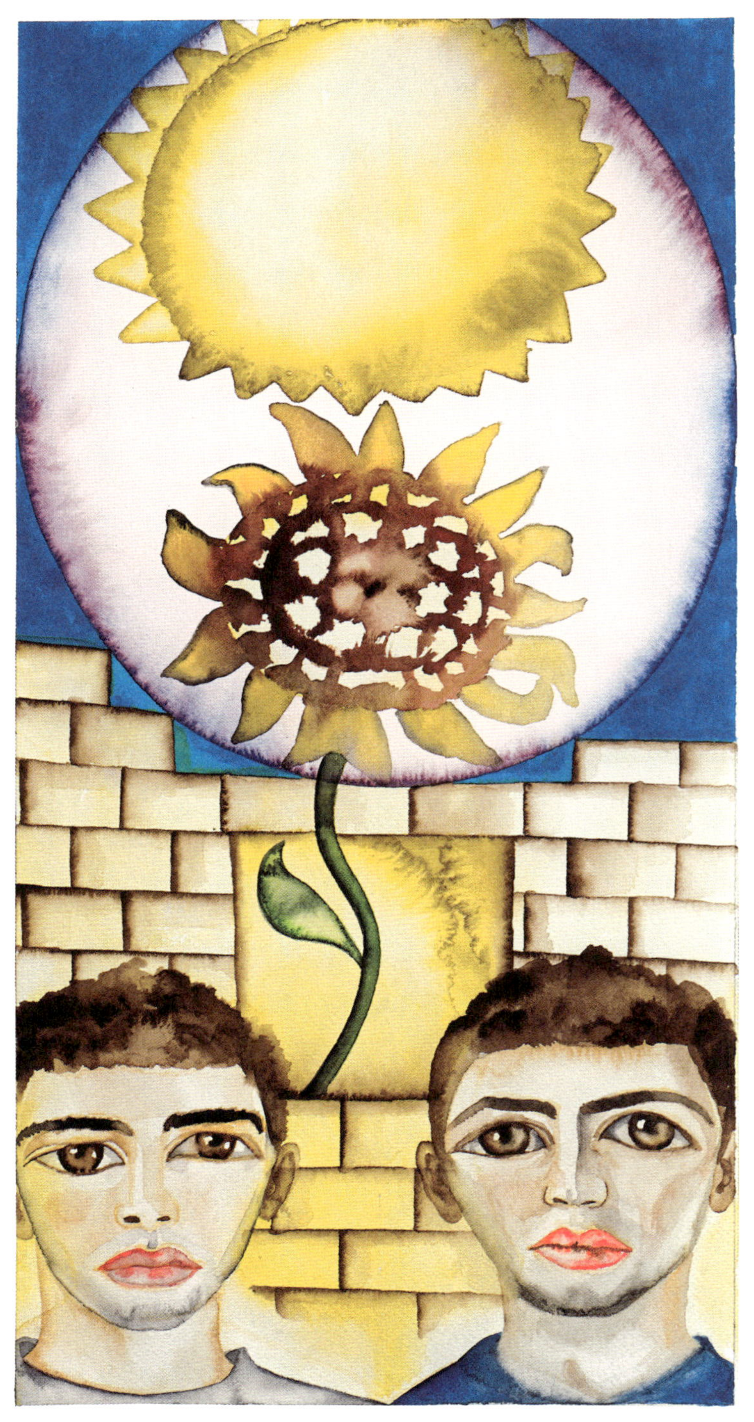

XIX The Sun
Die Sonne (Andrea Clemente and Pietro Clemente) 2009–2011
Aquarell und Gouache auf Papier
watercolor and gouache on paper
48 × 24 cm

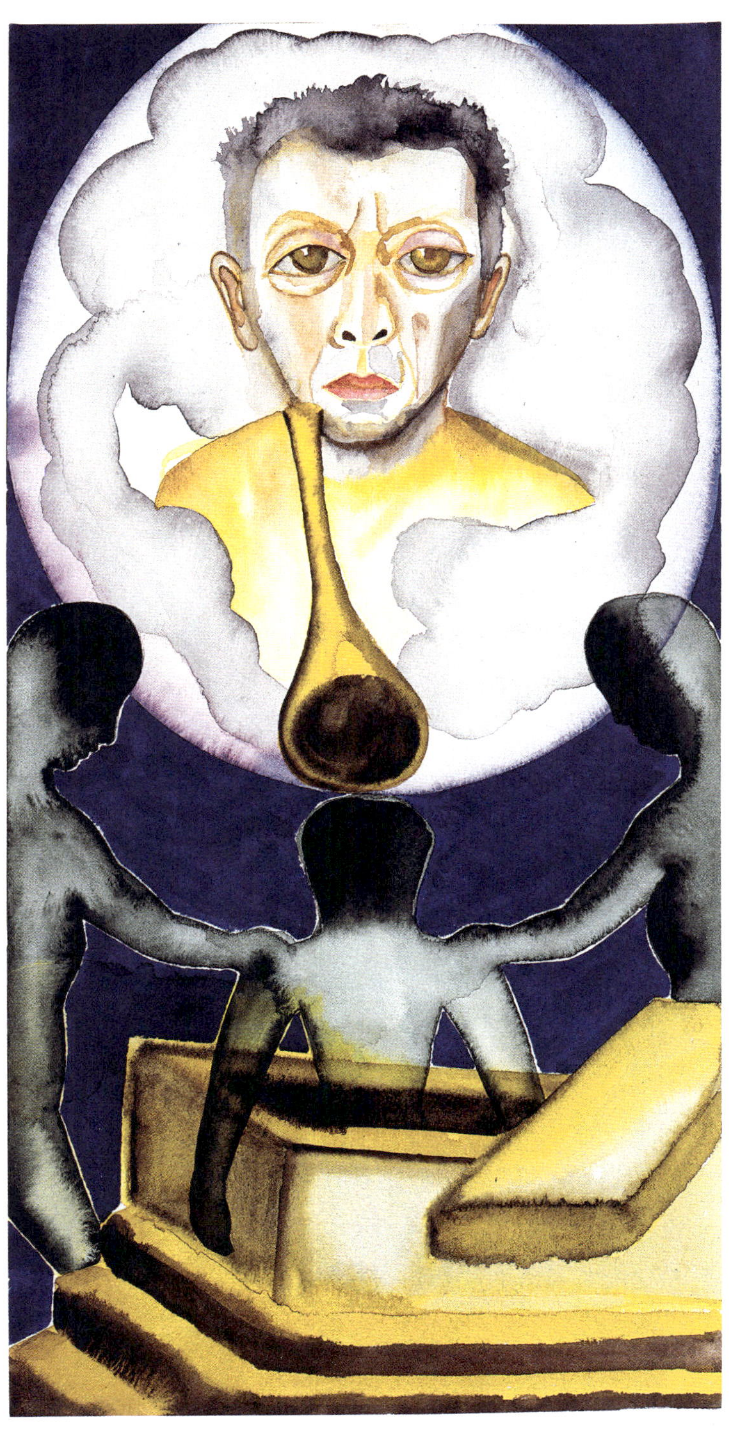

XX Judgement
Das Gericht (Philip Glass) 2009–2011
Aquarell und Gouache auf Papier
watercolor and gouache on paper
48 × 24 cm

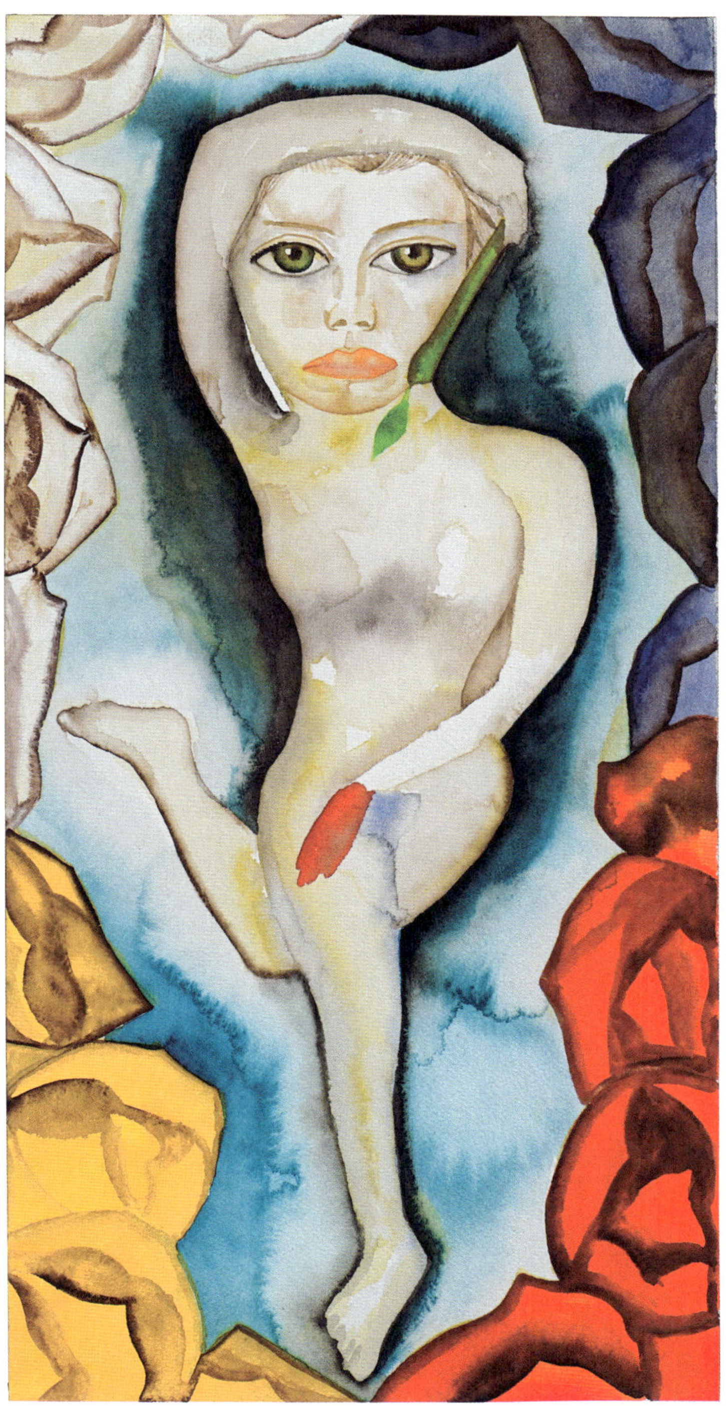

XXI The World
Die Welt (Sara Mearns) 2009–2011
Aquarell und Gouache auf Papier
watercolor and gouache on paper
48 × 24 cm

Indien

Seit den 1970er-Jahren reist Clemente nach Indien, und was er über die Kultur des Landes lernen konnte, hat sein Werk grundlegend beeinflusst, konzeptuell wie auch visuell. Er fühlt sich hingezogen zu Indiens Philosophie, Religion, der klassischen Kunst, Musik und Architektur, aber auch zur indischen Populärkultur, von den Comics über die Mythologie Indiens bis zu Plakaten und Straßenschildern. Über die Jahre hat er zahlreiche Arbeiten in Zusammenarbeit mit Kunsthandwerkern vor Ort geschaffen. 1976 zum Beispiel begann er während eines langen Aufenthaltes in Madras (im heutigen Chennai), mit den Malern von Schildern und von Reklametafeln am Straßenrand zusammenzuarbeiten, was bei den folgenden Aufenthalten in den 1980er-Jahren eine Fortsetzung finden sollte. Die drei großformatigen Werke, die hier gezeigt werden, gehören zu dieser Serie und entstanden im Jahr 1985. Es sind Gouachen auf handgeschöpftem Pondicherry-Papier, das wie in einem Mosaik mit handgewebten Baumwollstreifen zu einer Gitterstruktur zusammengefügt wurde. Jede Arbeit besteht aus 16 Blättern und ist faltbar. Die Bilder sind in der Vertikalen mittig in zwei Teile unterteilt. Diese Teile haben einen verschiedenfarbigen Hintergrund und unterscheiden sich auch im Stil, denn sie wurden nach Clementes Anweisungen von unterschiedlichen Künstlern ausgeführt. Die Gouachen befassen sich mit dem Konzept der Dualität, also um gegensätzliche, aber komplementäre Kräfte wie Yin und Yang, das Männliche und das Weibliche oder Tag und Nacht. Das Motiv des Hermaphroditen kommt im Werk von Clemente häufig vor, er ist ein archetypisches Bild für die Ganzheit. *Day and Night* (Tag und Nacht) bezieht sich auf die zyklisch vergehende Zeit, aber auch auf Kontraste wie Licht und Dunkelheit, Bewusstsein und Unbewusstheit sowie Leben und Tod. *Mother of Letters* (Mutter der Buchstaben) greift diese Themen wieder auf: Das Bild zeigt eine Figur in der Bildmitte, es ist das Mädchen aus dem Titel, das in zwei Hälften geteilt ist. Es steht mit geöffneten Beinen da und bildet so den Buchstaben A, Symbol des Berges. Dies ist möglicherweise ein Bezug zu Parvati, der Frau von Shiva, deren Name Tochter der Berge bedeutet. Parvati ist die Stimme der Vernunft, der Freiheit und der Stärke. In allen Kulturen haben Buchstaben eine symbolische und sogar magische Bedeutung.

India

Clemente has been visiting India since the 1970s, and learning about its culture has had a profound impact on his work, conceptually and visually. He is attracted to its philosophy; religion; classical art, music and architecture; but also to its popular culture, from comics about its mythology to posters and street signs. Over the years, he has created a large number of works in collaboration with local craftsmen. In 1976, for example, and during an extended stay there, he started working with roadside billboard and sign painters in Madras (now known as Chennal), something he would continue doing during subsequent visits in the 1980s. The three large works presented here, belonging to this series, were made in 1985. They are gouaches on sheets of handmade Pondicherry paper, joined mosaic-like with handwoven cotton strips, forming a grid. Each work is made from sixteen sheets and can be folded. Their images are divided vertically in the middle in two parts. These parts have different-colored backgrounds, varying in style as well, as they are made by different artists following Clemente's instructions. The paintings deal with the concept of duality, being about contrary forces that are complementary, like yin and yang, male and female, or day and night. The hermaphrodite is a recurrent subject in Clemente's work, and it is an archetypal image of wholeness. *Day and Night* refers to the cycle of time, but also to contrasts such as light and darkness, consciousness and unconsciousness, and life and death. *Mother of Letters* continues these subjects, presenting a character, the girl of the title, divided in two halves in the center of the picture. She is standing with her legs open, forming the letter A, symbol of the mountain; this is perhaps a reference to Parvati, wife of Shiva, whose name means Daughter of the Mountains. Parvati is the voice of reason, freedom, and strength. Letters are symbolic in all cultures, having even magical connotations.

Hermaphrodite
Hermaphrodit 1985
Detail

Nächste Doppelseite:
following page:

Hermaphrodite
Hermaphrodit 1985
Gouache auf 16 Blatt handgeschöpftem Pondicherry-Papier, zusammengefügt mit handgewebten Baumwollstreifen
gouache on sixteen sheets of handmade Pondicherry paper, joined with handwoven cotton strips
239 × 330 cm

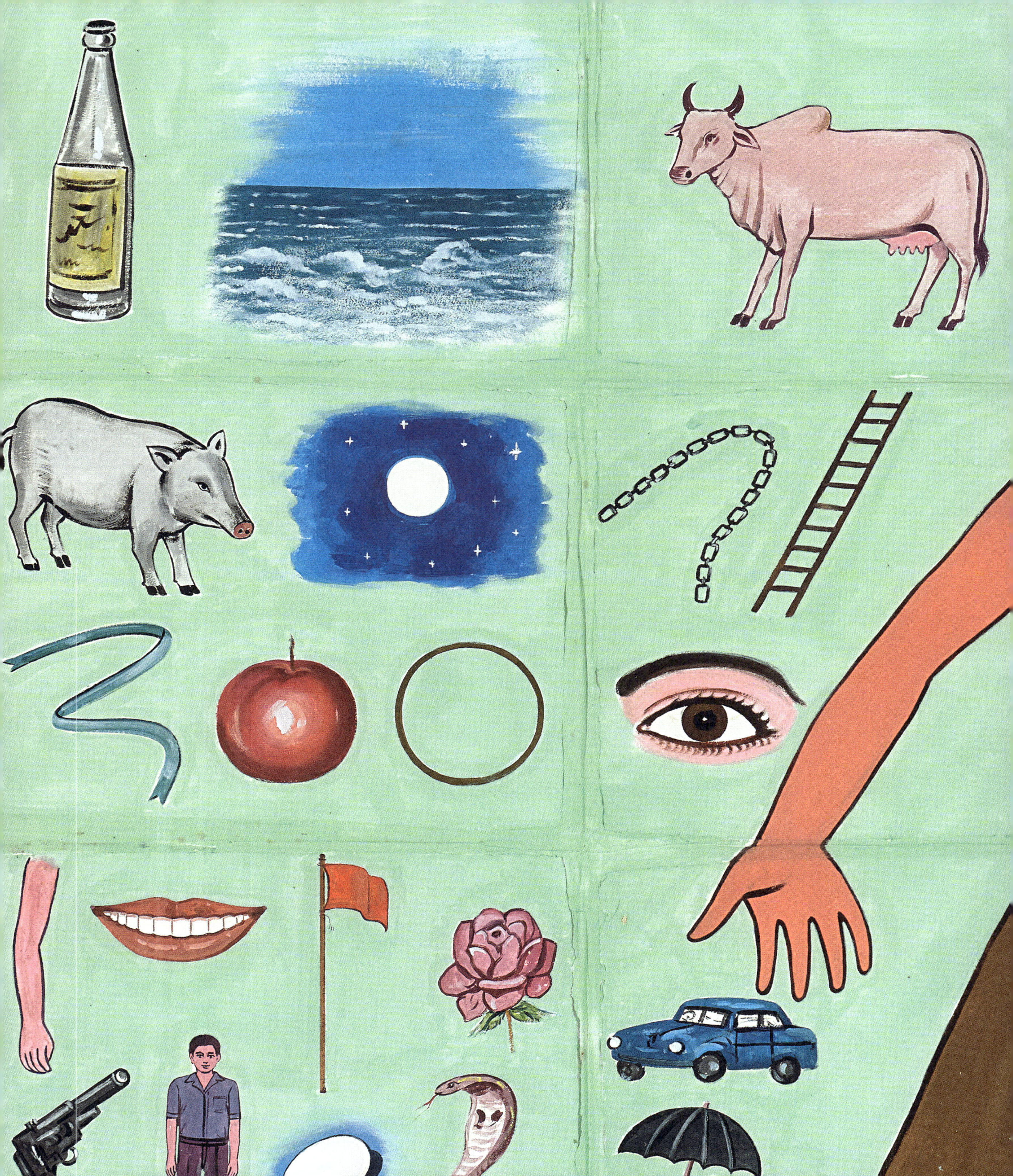

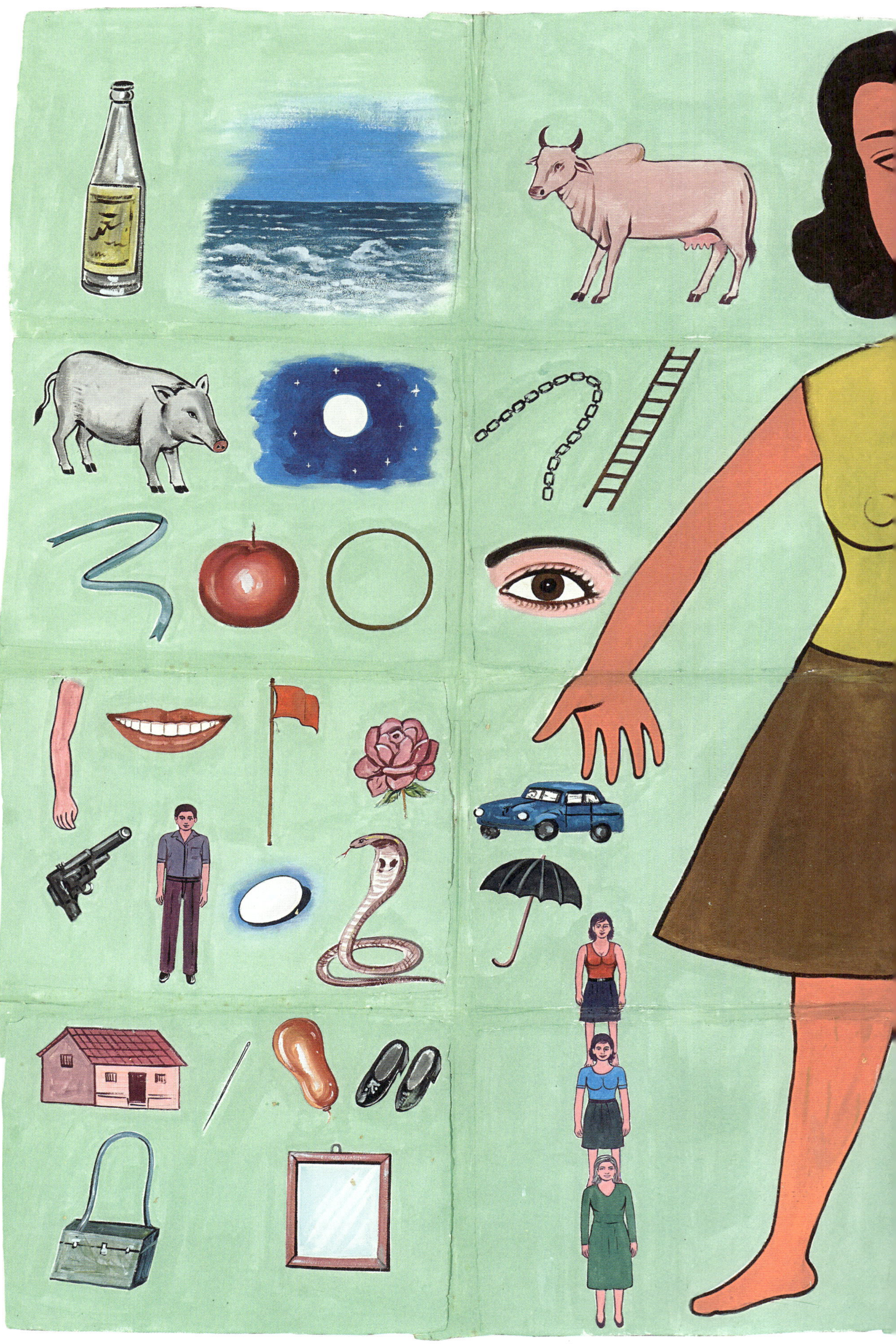

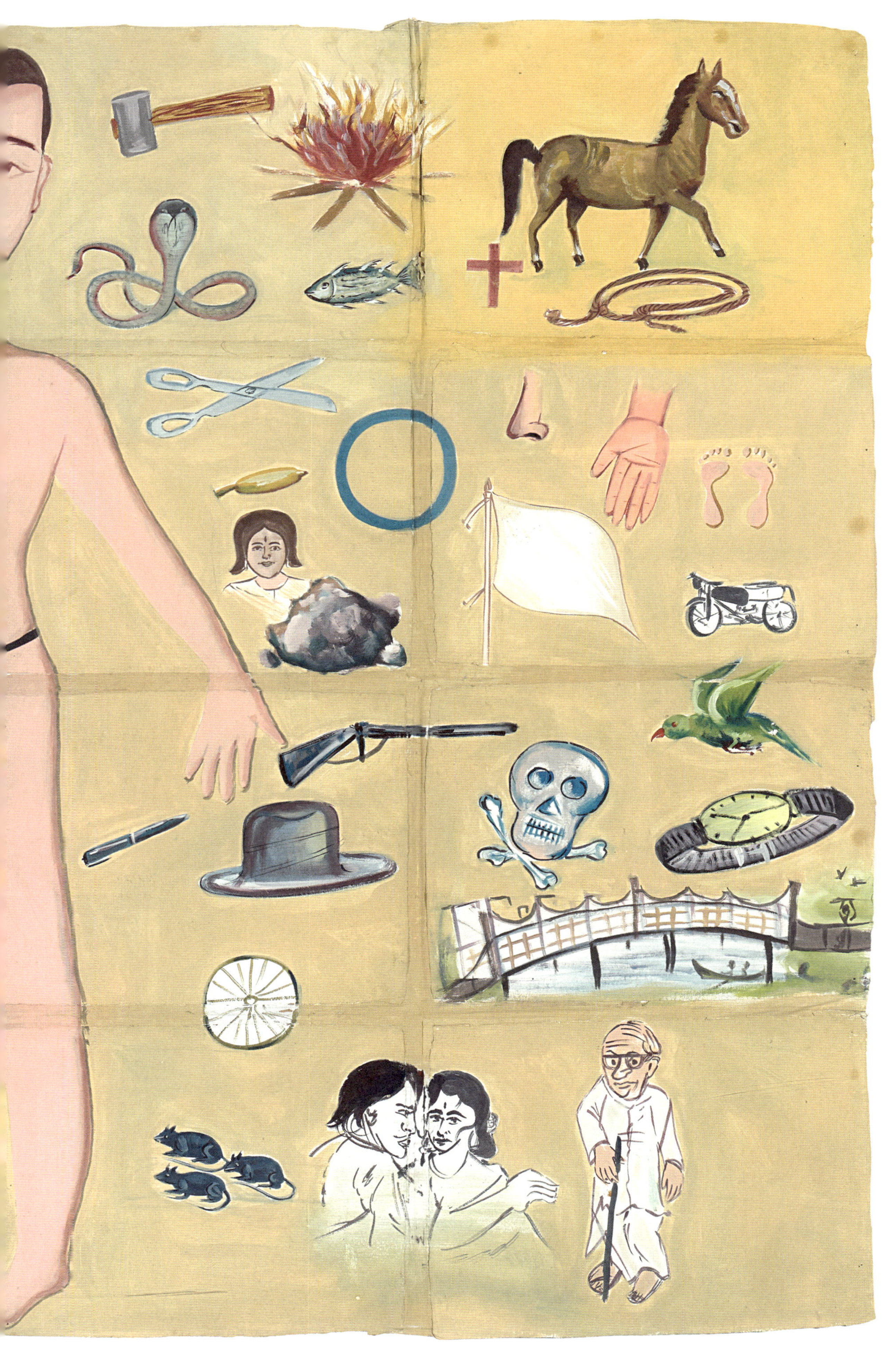

Day and Night
Tag und Nacht 1985
Detail

Nächste Doppelseite:
following page:

Day and Night
Tag und Nacht 1985
Gouache auf 16 Blatt handgeschöpftem Pondicherry-Papier, zusammengefügt mit handgewebten Baumwollstreifen
gouache on sixteen sheets of handmade Pondicherry paper, joined with handwoven cotton strips
239 × 330 cm

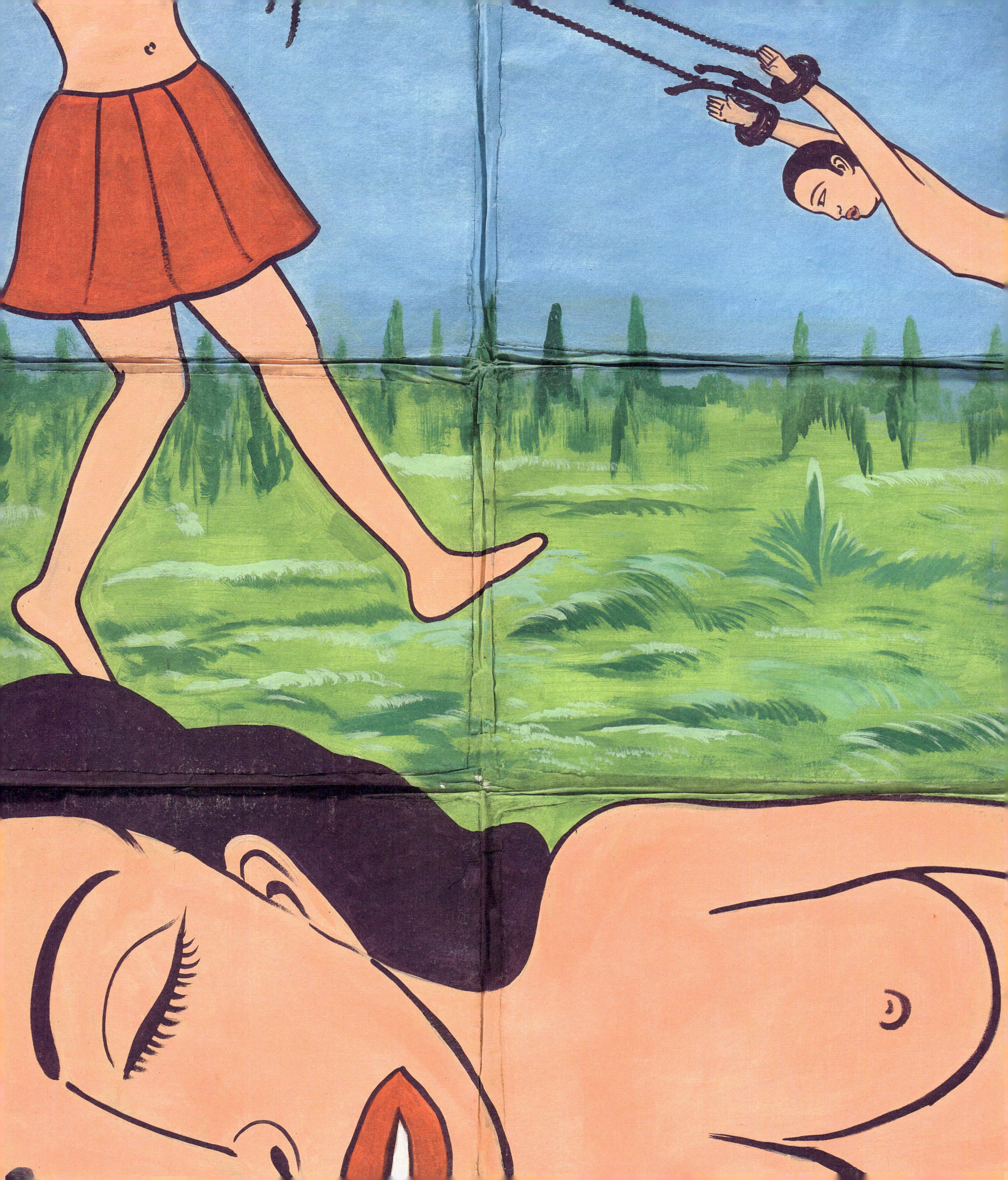

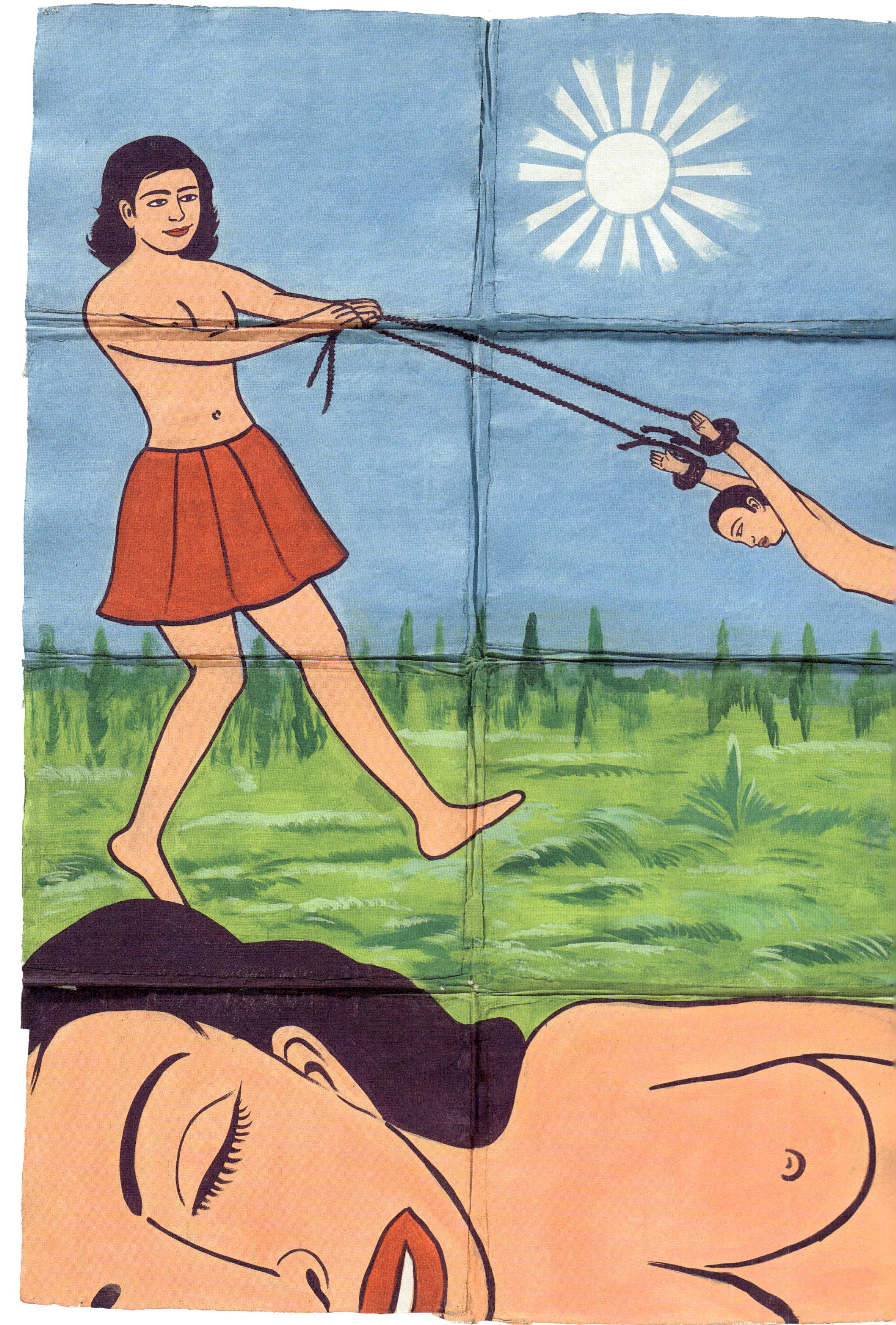

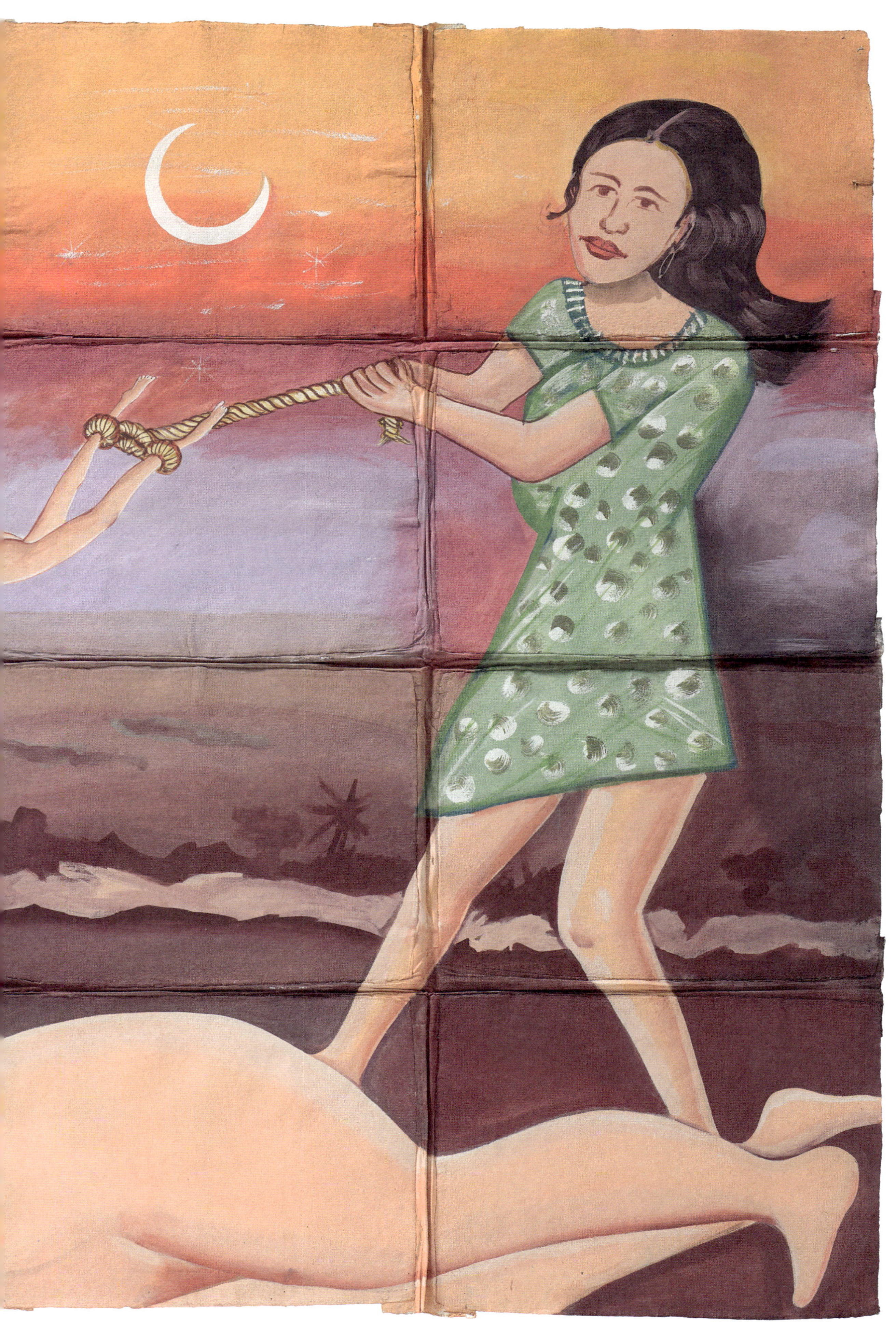

Mother of Letters
Mutter der Buchstaben 1985
Detail

Nächste Doppelseite:
following page:

Mother of Letters
Mutter der Buchstaben 1985
Gouache auf 16 Blatt handgeschöpftem Pondicherry-Papier, zusammengefügt mit handgewebten Baumwollstreifen
gouache on sixteen sheets of handmade Pondicherry paper, joined with handwoven cotton strips
239 × 330 cm

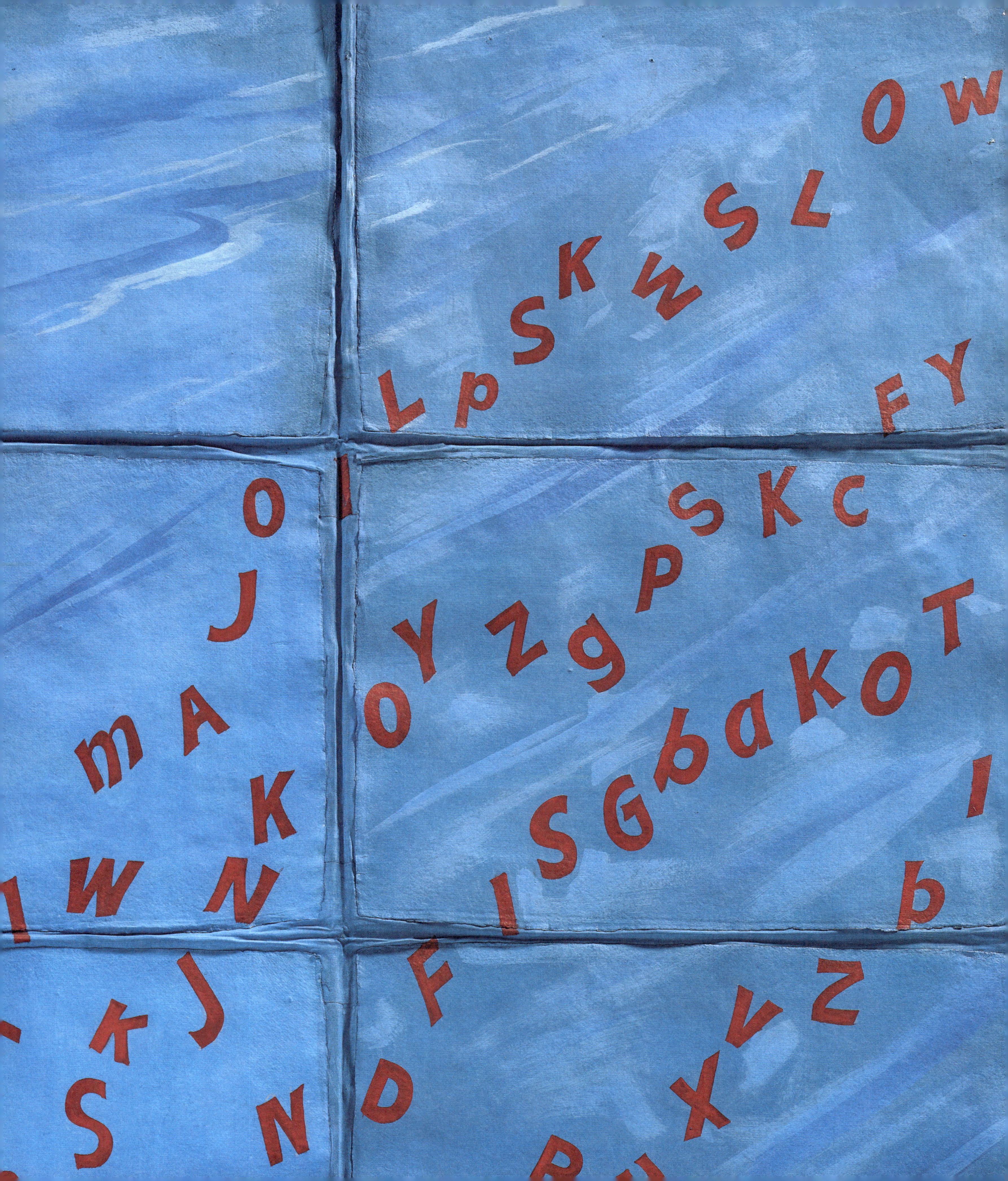

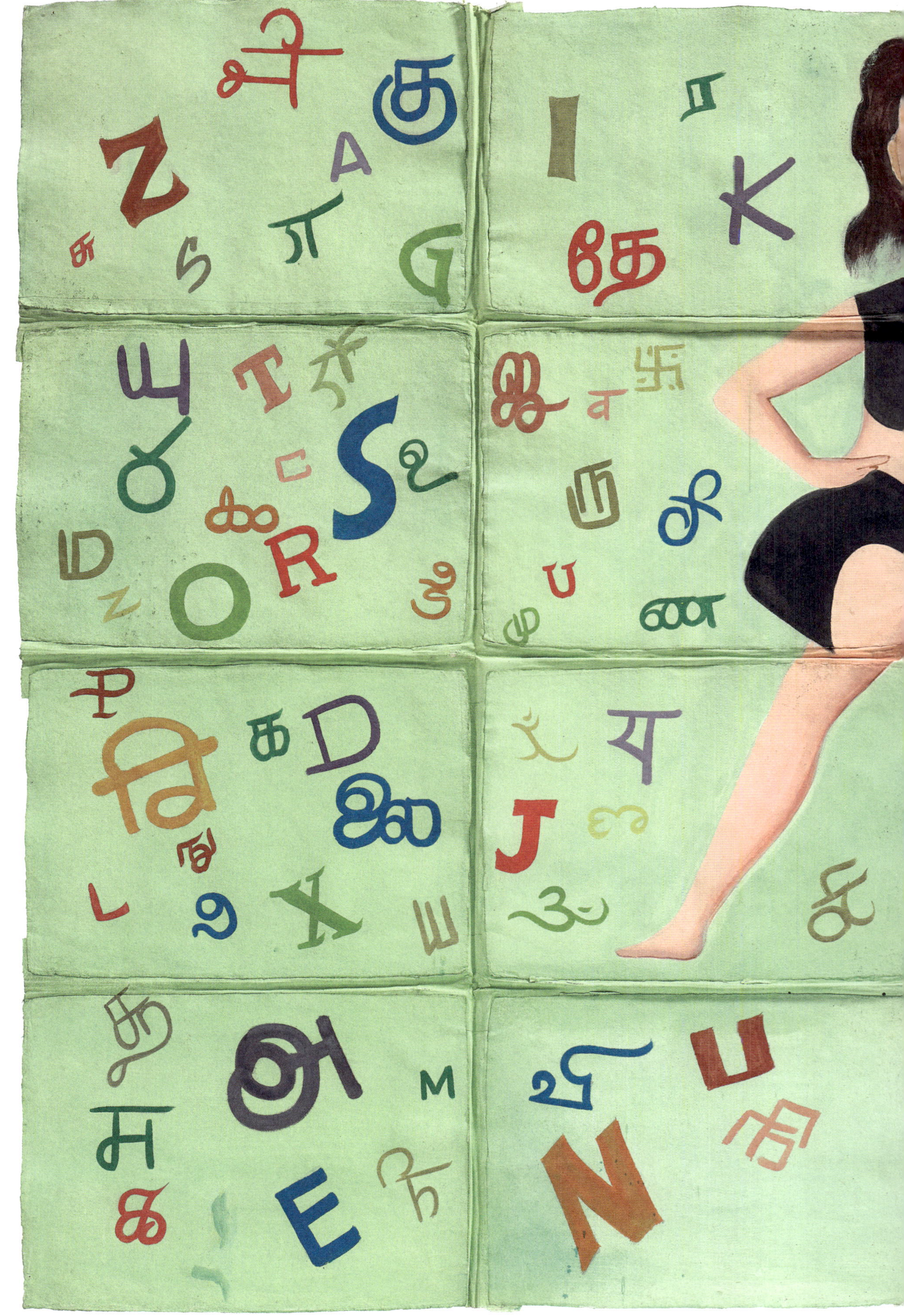

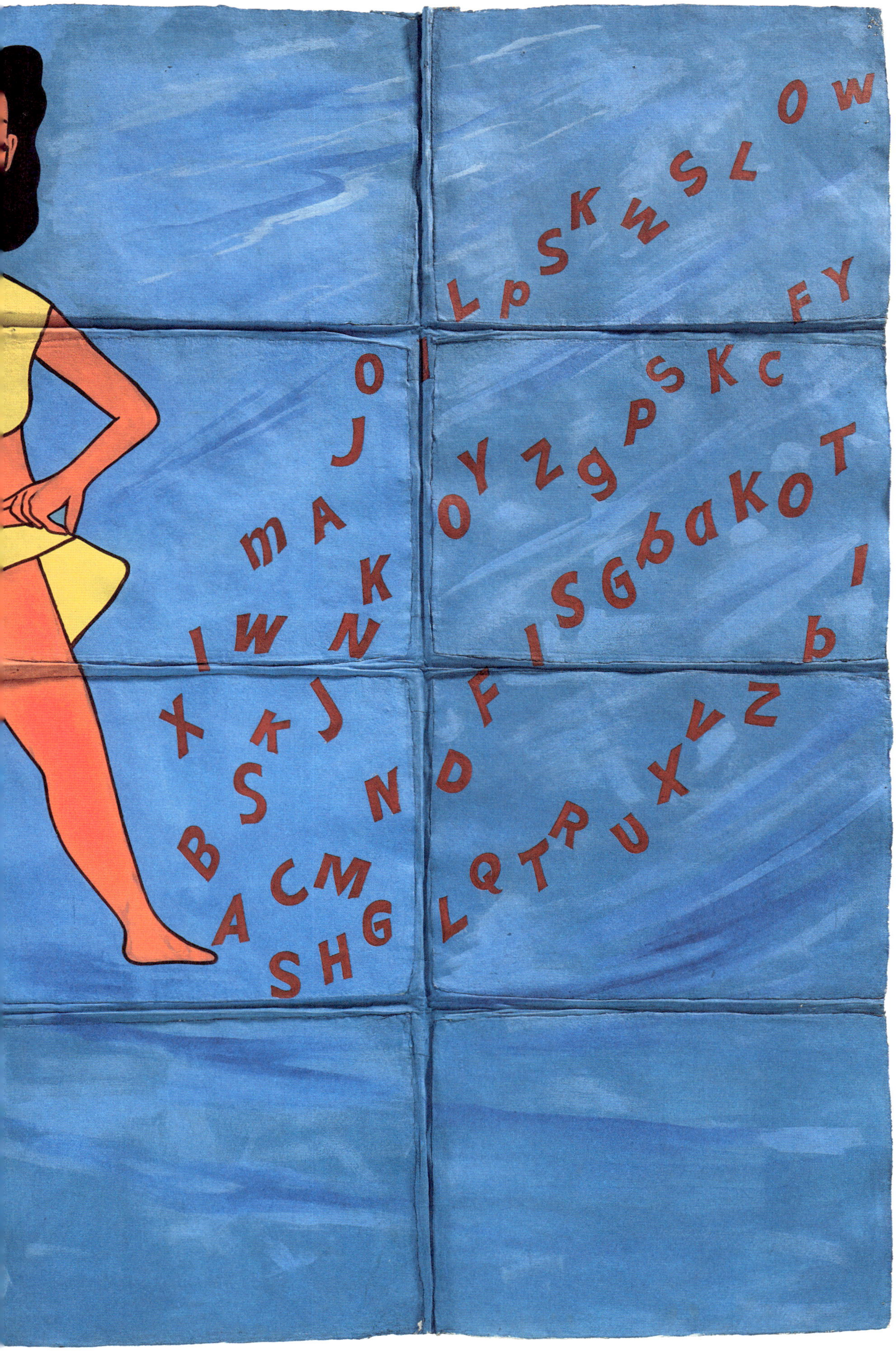

Francesco Riding a Unicorn
Francesco reitet ein Einhorn 2007
Öl auf Leinen oil on linen
142,2 × 114,3 cm

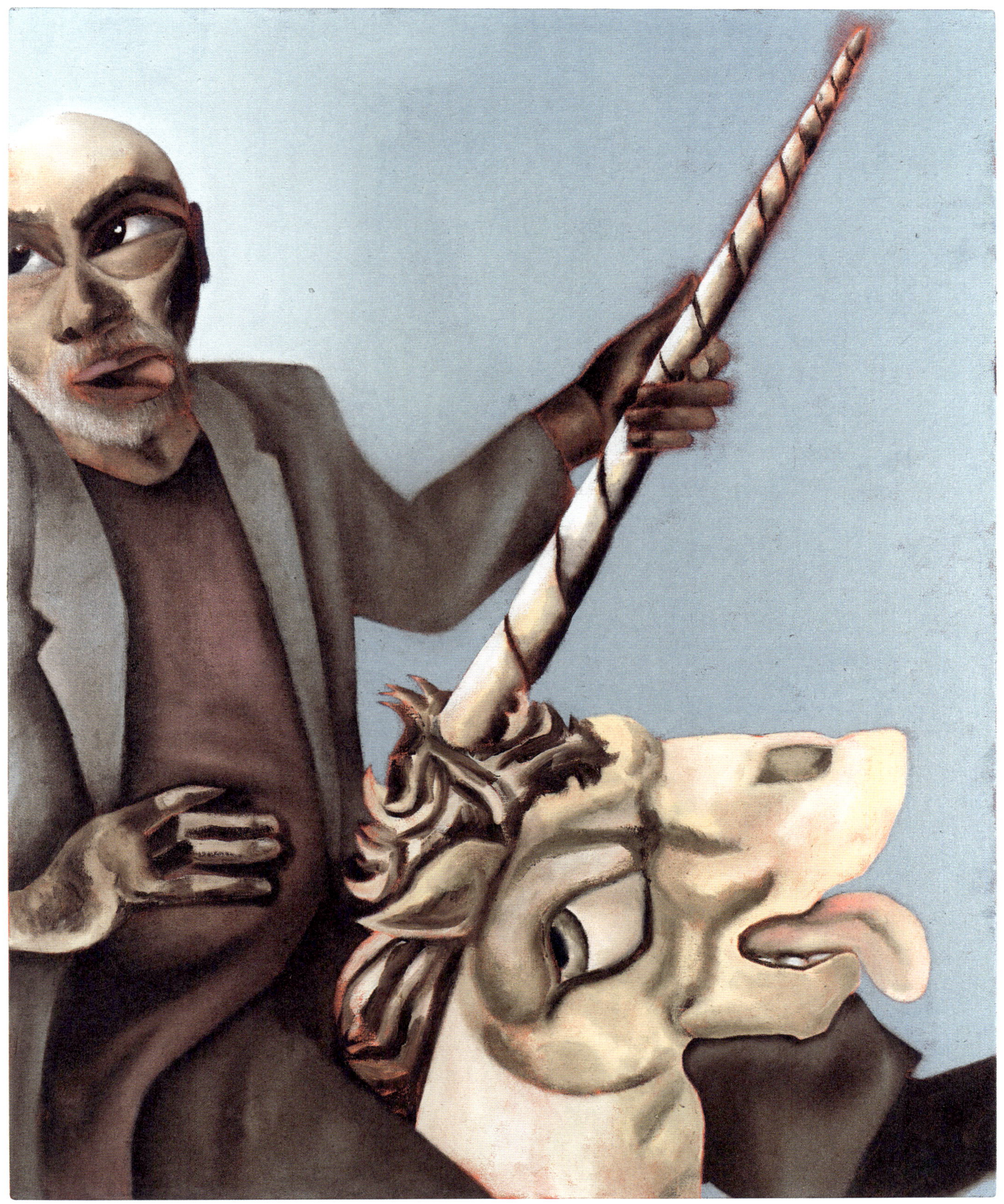

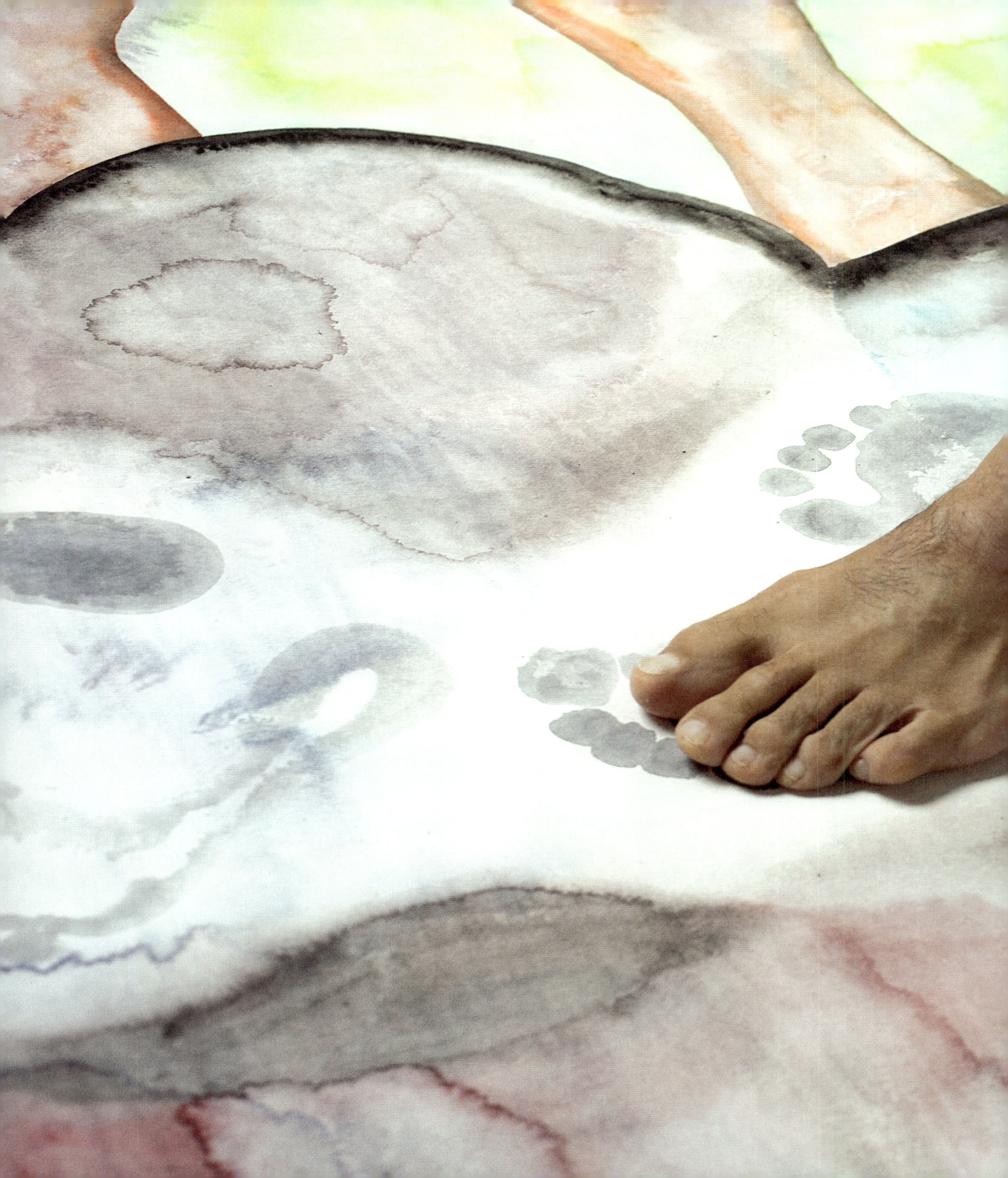

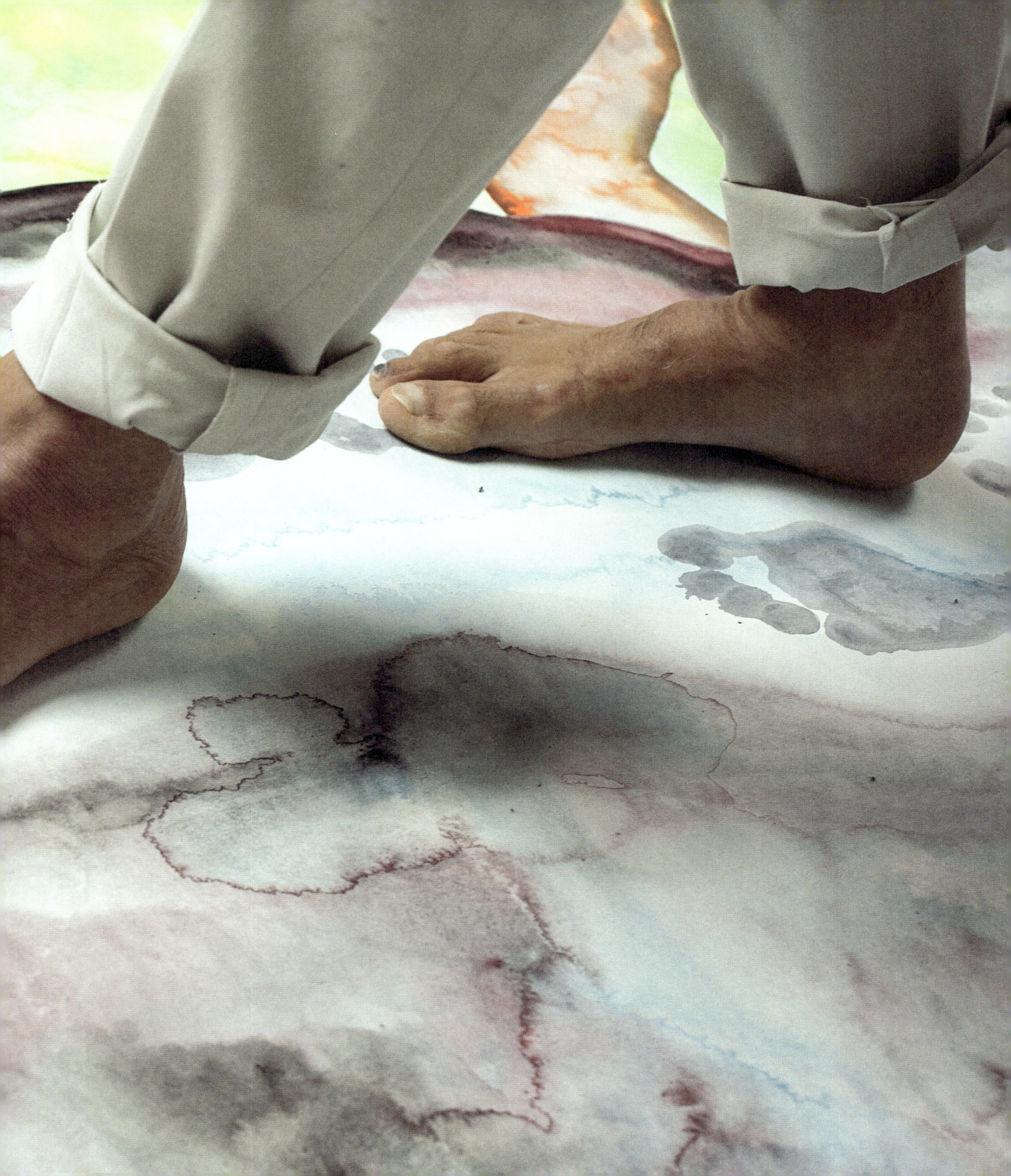

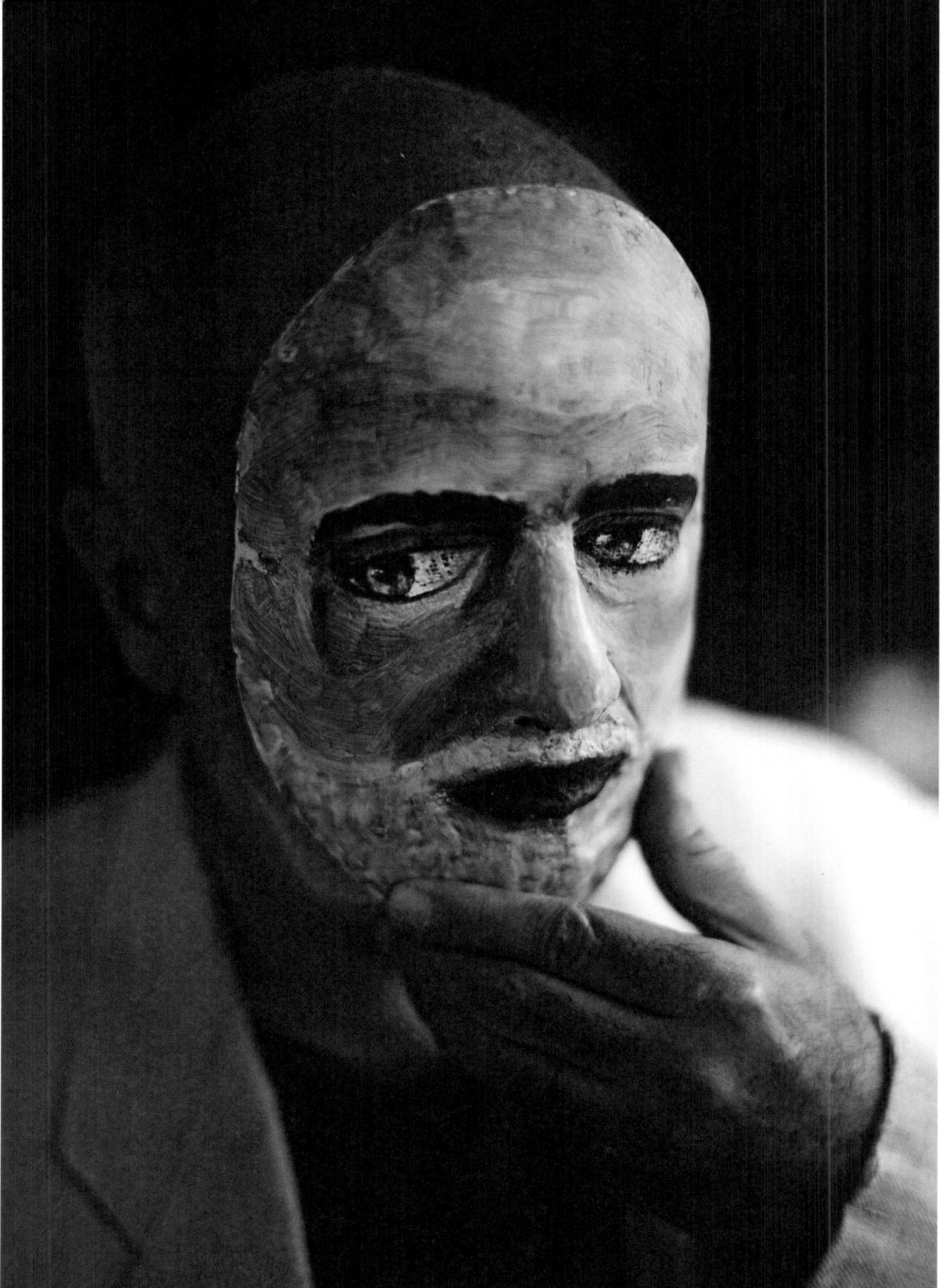

Biografie
Biography

BETH CITRON

1952–1970: Die frühen Jahre

Francesco Clemente wurde am 23. März 1952 in Neapel als Sohn der Malerin Bianca Quarto und des Richters Lorenzo Clemente geboren. Die sommerlichen Autoreisen mit seinen Eltern quer durch Europa in einem Fiat 500 waren für ihn ein früher Unterricht in Kunst und Kultur. Seine gesamte Kindheit hindurch schrieb Clemente Gedichte, im Alter von zwölf Jahren veröffentlichte er die Sammlung *Castelli di Sabbia* (Sandburgen).

1970 schrieb Clemente sich an der Fakultät für Architektur an der Universität von Rom ein. Noch als Student begann er, seine Kunstwerke in Italien auszustellen.

1971–1980: Rom und Indien

Im Jahr 1971 lernte Clemente auf Capri Joseph Beuys kennen, eine erste Einzelausstellung hatte er 1975 in Rom bei Gian Enzo Sperone. Im selben Jahr nahm er an einer Gruppenausstellung teil, bei der unter anderen auch Jannis Kounellis, Luigi Ontani und Alighiero Boetti vertreten waren. Letzterer wurde gemeinsam mit seiner Frau Anne-Marie in den 1970er-Jahren zu seinem Mentor und Freund.

1973 reiste Clemente zum ersten Mal nach Indien und verbrachte einen Großteil seines Aufenthaltes in einem Ashram in Delhi. 1974 unternahm er mit Alighiero Boetti eine Reise nach Afghanistan und beobachtete, wie Boetti mit traditionellen

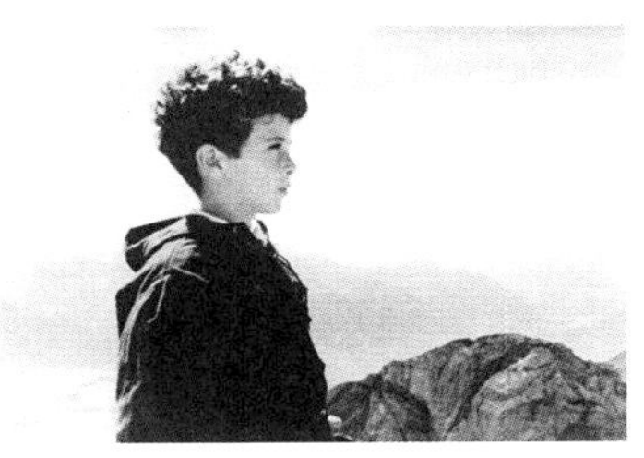

Francesco Clemente, Jungfrau, Schweiz, 1962 Francesco Clemente, Jungfrau, Switzerland 1962

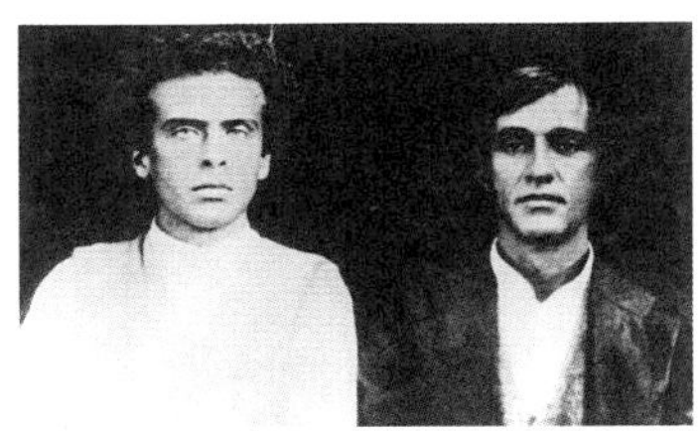

Mit Alighiero Boetti, Kabul, Afghanistan, 1974 With Alighiero Boetti, Kabul, Afghanistan 1974

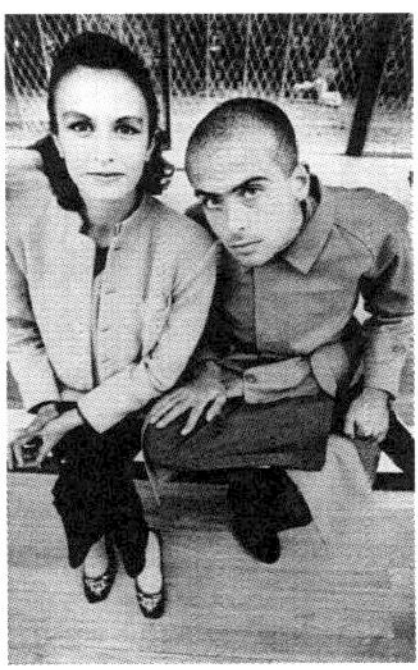

Mit Alba Primiceri, Venedig, 1975 With Alba Primiceri, Venice 1975

1952–1970: Early Life

Francesco Clemente was born in Naples on March 23, 1952 to Bianca Quarto, a painter, and Lorenzo Clemente, a judge. Summer travels by car, a Fiat 500, across Europe with his parents provided an early education in arts and culture. Clemente wrote poems throughout his boyhood, publishing the collection *Castelli di Sabbia* (Sandcastles) at the young age of twelve.

In 1970, Clemente enrolled in architecture school at the University of Rome. While still a university student, he began to show his artwork in Italy.

1971–1980: Rome and India

He met artist Joseph Beuys in Capri in 1971, and he held his first solo exhibition in Rome at Gian Enzo Sperone in 1975. That same year, he participated in a group exhibition with artists including Janis Kounellis, Luigi Ontani, and Alighiero Boetti who, along with his wife Anne-Marie, became his mentor and friend during the 1970s.

Clemente traveled to India for the first time in 1973, spending much of that time in an ashram in Delhi. In 1974 he traveled to Afghanistan with Alighiero Boetti, and on that trip Clemente observed Boetti's way of working with

Vorige Seite:
previous page:

Francesco Clemente
Füße / Feet, 2011

Francesco Clemente
mit Maske / with a mask, 2012

Stickerinnen an Leinwänden arbeitete. Mitte der 1970er-Jahre war Clemente klar, dass er kein Arte-Povera-Künstler der »zweiten Generation« werden würde, aber seine spätere Arbeitsweise mit Kunsthandwerkern in Indien verdankt sich der Praxis von Boetti. Zusammen mit Alba Primiceri, seiner zukünftigen Frau, kehrte Clemente 1976 und nochmals 1977 nach Indien zurück. Später bemerkte er: »In meiner Arbeit fügte sich da [auf dieser Reise] alles zusammen.«[1] In jener Zeit begann er in Serien zu arbeiten, was für ihn noch immer ein wichtiges Grundgerüst ist, das zum Teil eine Spannung zwischen der Wiederholung als Mittel künstlerischer Strenge und als spirituelle Disziplin beschwört.

Obwohl Clementes Arbeit stark in spezifischen geografischen Räumen verwurzelt ist, begann der Künstler schon früh in seiner künstlerischen Laufbahn mit einer nomadischen Herangehensweise. Eine Generation bevor es zur gängigen Praxis wurde, nannte er gleichzeitig mehrere Orte sein Zuhause – und lebte in den 1970er-Jahren in Rom und Madras (im heutigen Chennai) und seit den 1980er-Jahren in Varanasi und New York. Während der 1970er-Jahre arbeitete Clemente mit Fotografie und auf Papier. In diesem Jahrzehnt entstanden einige Hundert kleine Tuschezeichnungen und Pastelle. Sie zeigen eine Vielzahl von Bildmotiven – Menschen, Tiere und Gegenstände, die in Verwandlung begriffen sind oder als Assemblage dargestellt werden. Die Kuratorin Ann Percy stellte fest: »Diese oft skatologischen, immer halluzinogen Blätter sind wie Aufzeichnungen oder Gekritzel, sie lagen jahrelang nur im Atelier des Künstlers in Rom herum, bilden aber für Clemente [Zitat des Künstlers] ›einen endlosen Strom von Bildern, die auseinander hervorzugehen schienen‹, ›jedes davon mit einer Vorstellung verknüpft‹, und sie waren für viele seiner Gemälde eine visuelle Quelle.«[2]

Gegen Ende dieses Jahrzehnts schuf Clemente Installationen, die Zeichnungen und Objekte zusammenführen, darunter die wichtige Werkreihe *Undae clemente flamina pulsae*, die sich jetzt in der

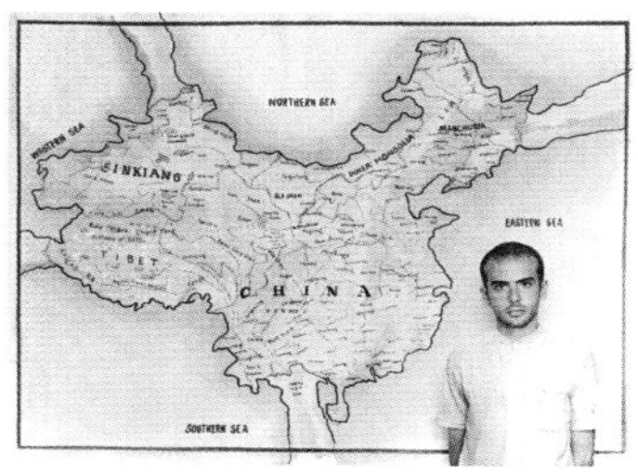

Madras, Indien, 1978 Madras, India 1978

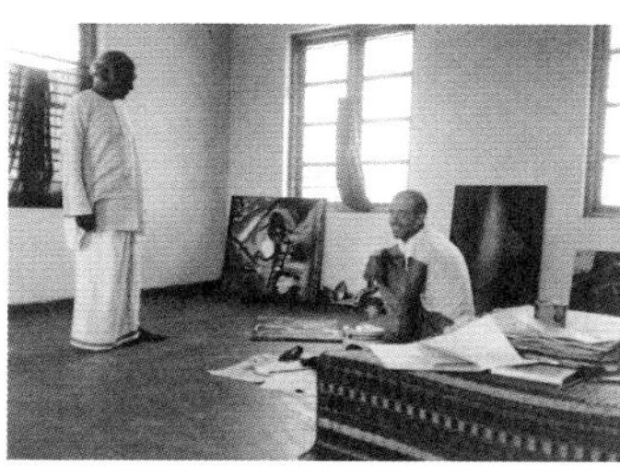

Mit dem Drucker C. T. Nachiappan bei Kalakshetra Press, Madras, Indien, 1978 With printer C. T. Nachiappan at Kalakshetra Press, Madras, India 1978

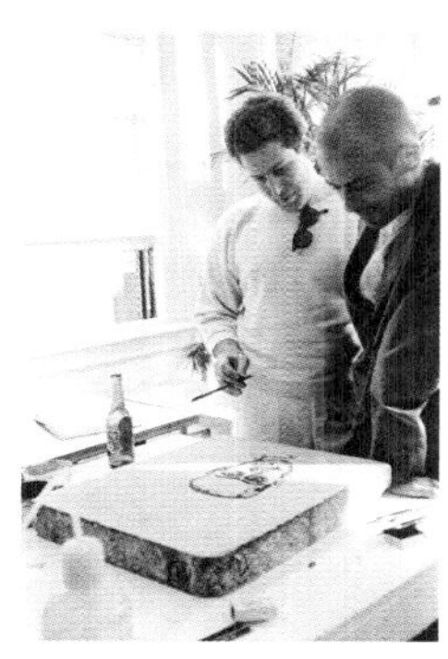

Mit Julian Schnabel bei der Petersburg Press, New York, 1982 With Julian Schnabel at Petersburg Press, New York 1982

traditional embroiderers on canvases. By the mid-1970s it was clear to Clemente that he would not become a "second-generation" Arte Povera artist, but he later adapted a mode of working with artisans in India that owes to Boetti's practices. Clemente returned to India with Alba Primiceri, who would become his wife, in 1976 and again in 1977. He later noted: "My work really came together [on this trip]." It was during this time that Clemente began a practice of working in series, which has remained an important structure for him, in part evoking a tension between repetition as a measure of artistic rigor and as spiritual discipline.

While Clemente's work is deeply rooted in specific geographies, the artist has embraced a nomadic approach since early in his career. For a generation before it was considered common practice, he has called multiple places home simultaneously—living between Rome and Madras (now known as Chennai) in the 1970s and between Varanasi and New York since the 1980s.

Throughout the 1970s, Clemente worked with photography and on paper, executing several hundred small ink drawings and pastels in this decade. These depict a variety of images—such as humans, animals, or objects in a state of transformation or presented as an assemblage. Curator Ann Percy has observed: "Often scatological and always hallucinogenic, the sheets are like notations or doodles, and for years were simply scattered around the artist's studio in Rome, but they actually constitute for Clemente [quoting the artist] 'an endless stream of images that seemed to generate one another,' 'each of which was tied to an idea,' and that provided visual sources for many of his paintings."

Towards the end of this decade, Clemente produced installations that combined drawings and objects, including the important series *Undae clemente flamina pulsae* (Waves with

Sammlung des Groninger Museum (Niederlande) befindet. Auf spielerische Weise verbindet dieses Werk Farbfotografien von indischen Kitschskulpturen, Malerei auf Metallplatten, Farbfotos dieser Malerei und retuschierte Fotos von Alltagsgegenständen. Ab den späten 1970er- und während der 1980er-Jahre war Clementes Hauptaufenthaltsort in Indien das Anwesen der Theosophischen Gesellschaft in der südindischen Stadt Madras, in der er geeignete Arbeitsbedingungen sowie spirituelle und intellektuelle Bereicherung fand.[3] Inspiriert von der Fülle bunt bemalter Reklametafeln rund um Madras entwickelte er in dieser Zeit mithilfe von tamilischen Schildermalern eine seiner wichtigsten Werkgruppen. Die Gelegenheit zur Kollaboration, darunter die Zusammenarbeit mit jungen Kunsthandwerkerinnen und -handwerkern sowie Handwerksleuten, wurde zu einem wichtigen Bestandteil von Clementes Arbeitsmethode.

Die Bildträger für diese großformatigen Werke schuf Clemente, indem er einzelne Blätter des vor Ort handgeschöpften Papiers mit handgewebten Baumwollstreifen zusammenfügte. Die Kuratorin Jyotindra Jain hat dazu angemerkt: »Die schachbrettartige Gitterstruktur, die aufgrund dieser Technik entstand, hatte visuell Ähnlichkeit mit dem Verfahren der Reklametafelmaler, die ebensolche schachbrettartigen Raster auf eine Zeichnung oder ein Foto legen, um es – Feld für Feld – vergrößert auf eine riesige Reklametafel zu übertragen.«[4] Die Arbeiten konnten auf ein Kofferformat zusammengelegt und leicht transportiert werden, was wunderbar zur Reiselust und Rastlosigkeit von Clementes Lebensweise passte.

1981–1995: Varanasi und New York

Im März 1981 reiste Clemente zum ersten Mal nach New York. Anfang 1982 kehrte er mit seiner Familie dorthin zurück, um sich mit Atelier und neuem Zuhause dauerhaft niederzulassen. Nachdem er in Italien mit anderen figurativ arbeitenden Malern seiner Generation wie Enzo Cucchi und Sandro Chia als

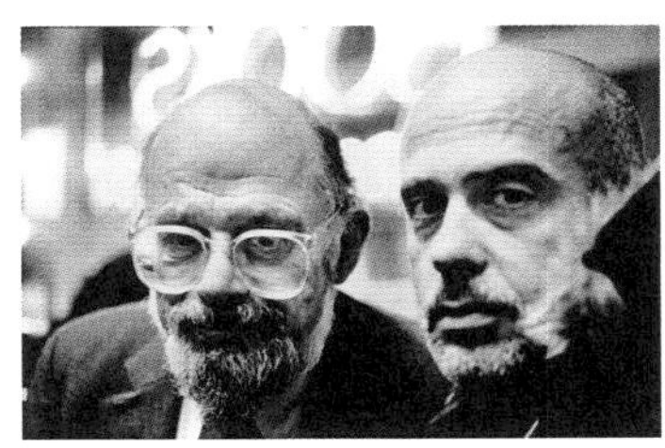

Mit Allen Ginsberg in Chenonceau, 1982
With Allen Ginsberg in Chenonceau 1982

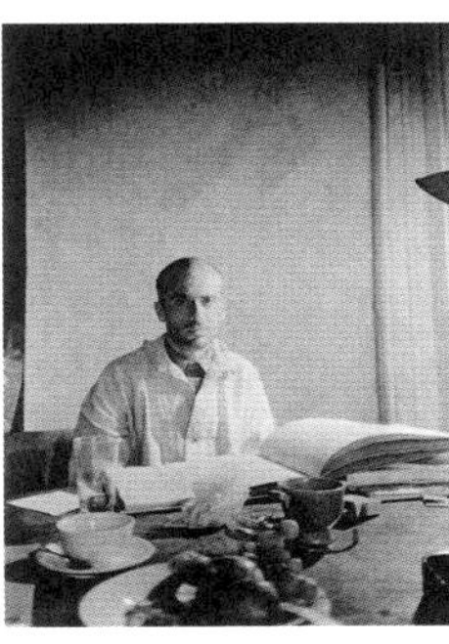

Arbeit im Atelier an den Illustrationen zur handgeschriebenen Fassung von Allen Ginsbergs Gedicht *White Shroud*, New York, 1983 Working in the studio on *White Shroud*, an illuminated manuscript, with Allen Ginsberg, New York 1983

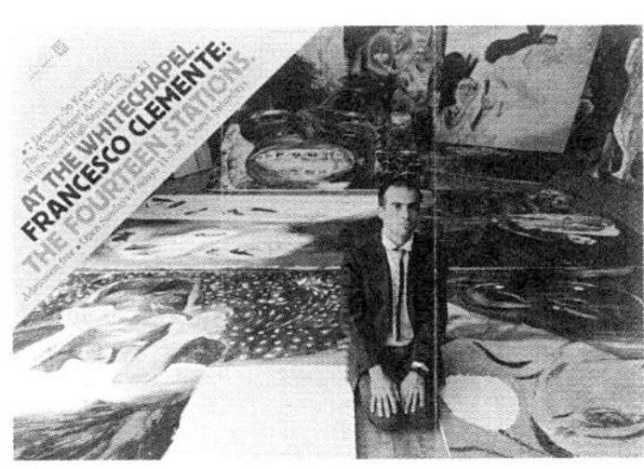

Plakat für die Ausstellung *The Fourteen Stations* in Whitechapel, London, 1983
Poster for the exhibition *The Fourteen Stations* at the Whitechapel, London 1983

Mild Gusts), now in the collection of the Groninger Museum (Netherlands). This work playfully incorporated color photographs of Indian kitsch sculpture, paintings on sheets of metal, color photographs of these paintings, and retouched photographs of everyday objects.

From the late 1970s through the 1980s, Clemente's main base in India was at the Theosophical Society compound in Madras, and he found practical working conditions and spiritual and intellectual enrichment in that southern city. Inspired by the abundance of brightly painted billboards around Madras, Clemente developed in this period one of his most important bodies of work with the assistance of Tamil signboard painters. The opportunity to collaborate, including working with young artisans and craftspeople, has been an important part of Clemente's working methodology.

For these large-scale works, Clemente created the ground by joining individual sheets of local handmade paper with handwoven cotton strips. Curator Jyotindra Jain has noted, "The checkered grid that resulted from this technique also bore visual similarity with the method of billboard painters who create such a checkered grid on a sketch or a photograph, which they enlarge, square by square, into a giant-size billboard." These works could be folded into a suitcase and easily transported, matching the peripatetic nature of Clemente's practice.

1981–1995: Varanasi and New York

In March 1981 Clemente traveled to New York for the first time. He returned early in 1982 with his family to set up a permanent studio and home. After being grouped with Italian figurative painters of his generation, including Enzo Cucchi and Sandro Chia, as part of the Transavanguardia by curator Achille

Mitglied der Transavanguardia galt, ein Begriff, den der Kurator Achille Bonito Oliva geprägt hat, wurde Clemente in New York kurzzeitig dem Neo-Expressionismus zugeordnet. Auch wenn Clemente sich diesen Zugehörigkeiten und jeder Zuschreibung zu künstlerischen Bewegungen widersetzt hat, war sein Werk zu diesem Zeitpunkt für die erneute Auseinandersetzung mit der Malerei sicherlich von zentraler Bedeutung, als Gegengewicht zu Konzeptualismus und Minimalismus, die in den 1970er-Jahren dominierten.

In New York in den frühen bis mittleren 1980er-Jahren schloss Clemente dauerhafte Freundschaften mit bedeutenden Künstlern, Denkern und Dichtern, aus denen oft künstlerische Kooperationen erwuchsen. Die bekannteste war vermutlich jene mit den Künstlern Andy Warhol und Jean-Michel Basquiat im Jahr 1984. Ursprünglich vom Schweizer Kunsthändler Bruno Bischofberger in Auftrag gegeben, schufen Clemente, Warhol und Basquiat schließlich zwei Dutzend Werke auf Leinwand und Metall. Häufig mündeten Clementes Gemeinschaftsarbeiten in ein Buch oder Manuskript, so auch bei mehreren Projekten mit dem Dichter Allen Ginsberg. Dazu zählte *Images from Mind and Space* (Bilder von Geist und Raum) von 1983, ein illustriertes Manuskript aus Aquarellen und Text, mit einem farbenfrohen, halbabstrakten Bild von Clemente auf jeder Seite und einem Gedicht, das Ginsberg in Schreibschrift um das Bild herum schrieb. Diesem Beispiel folgten *White Shroud* (Weißes Totentuch) und *Black Shroud* (Schwarzes Totentuch) 1983 beziehungsweise 1984, mit einem handgeschriebenen Gedicht von Ginsberg, das von Clementes Aquarellen ergänzt wurde.

In derselben Zeit stellte Clemente eine Serie von 48 Lithografien her, mit denen er die erste englische Übersetzung von Alberto Savinios *Partenza dell'argonauta* (1918) unter dem Titel *Departure of the Argonaut* (Aufbruch des Argonauten) ausgestaltete. Dieses großformatige, gebundene Buch wurde anlässlich von Clementes gleichnamiger Ausstellung im New Yorker Museum of Modern Art im

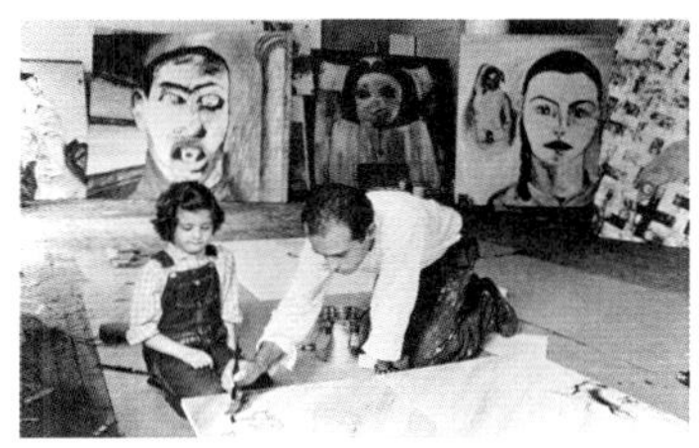

Mit der Tochter Chiara Clemente im Atelier, im Hintergrund die *Midnight Sun*-Gemälde, New York, 1983 In the studio with daughter Chiara Clemente and the *Midnight Sun* paintings, New York 1983

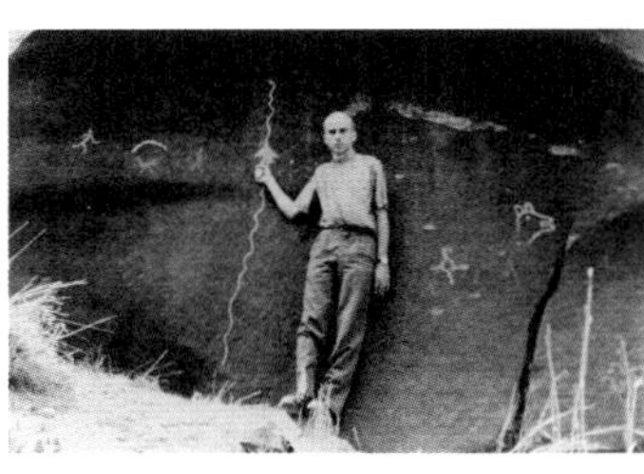

Santa Clara Pueblo, New Mexico, 1983 Santa Clara Pueblo, New Mexico 1983

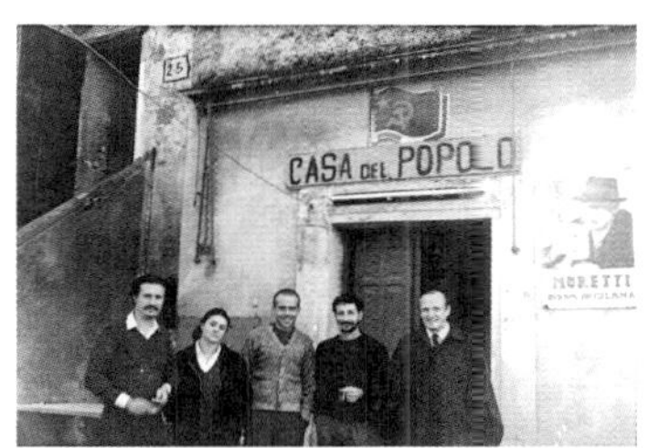

V. l. n. r.: Claudio »Carruba«, Roberta und Claudio Giambattista, Francesco Clemente und Bruno Bischofberger vor der Kantine der Kommunistischen Partei in Mandrione, Rom, 1983 L.-r.: Claudio "Carruba," Roberta and Claudio Giambattista, Francesco Clemente, and Bruno Bischofberger at the Communist Party canteen in Mandrione, Rome 1983

Bonito Oliva, in New York he was briefly associated with Neo-Expressionism. While Clemente has resisted these associations and attachment to movements, his work was definitely central to a renewed engagement with painting at this moment as a counterpoint to the conceptualism and minimalism that had dominated the 1970s.

In New York in the early to mid-1980s, Clemente developed lasting friendships that often turned into creative collaborations with key artists, thinkers, and poets. Perhaps the best-known of these was with artists Andy Warhol and Jean-Michel Basquiat in 1984. Initially commissioned by Swiss art dealer Bruno Bischofberger, Clemente, Warhol, and Basquiat went on to create two dozen works on both canvas and metal. Often, Clemente's collaborations have resulted in books or manuscripts, including several projects with poet Allen Ginsberg. These included *Images from Mind and Space*, 1983, an illuminated manuscript of watercolor and text with a colorful, semi-abstract image by Clemente on each page and a poem surrounding the image in Ginsberg's cursive handwriting. *White Shroud* and *Black Shroud* followed suit in 1983 and 1984, respectively, featuring Ginsberg's handwritten poem complemented by Clemente's watercolor paintings.

In the same period, Clemente produced a series of 48 lithographs to embellish the first English translation of Alberto Savinio's *Partenza dell'argonauta* (1918). This large bound book was published by Petersburg Press in New York and London on the occasion of Clemente's eponymous exhibition organized by New York's Museum of Modern Art in 1986.

In this period, Clemente also embraced portraiture, chronicling New York's intellectual and artistic life.

Jahr 1986 bei Petersburg Press in New York und London veröffentlicht.

In dieser Zeit begeisterte Clemente sich auch für die Porträtmalerei und wurde zum Chronisten des intellektuellen und künstlerischen Lebens in New York.

1996–2008: Bilbao, Neapel, Selbstporträts, Brasilien

La stanza della madre
(Das Zimmer der Mutter), 1998
Die vom Guggenheim Museum Bilbao zur Einweihung in Auftrag gegebene Serie von 17 Bildern lässt an die großformatigen, dekorativen Wandmalereien der Paläste des Mittelalters und der Renaissance denken. Verweise auf die Elementarkräfte Erde, Wasser, Feuer und Luft werden Symbolik aus der Kultur Indiens, der Religionsgeschichte und der Astrologie gegenübergestellt. Clemente verwendete Bühnenprospekte des Ensembles der Ballets Russes aus den 1920er-Jahren als Farbträger für diese Bilderreihe. Die Flicken im Material und das verblichene Hintergrunddekor dienen als Grundlage für die Malerei und steigern den lyrischen Charakter der Arbeit. Schließlich ruft die Bezeichnung »stanza« die *stanze* der Renaissance in Erinnerung, Räume, die den Rückzug von der Welt draußen ermöglichten.

Ave Ovo, 2004/05
Im Jahr 2004 arbeitete Clemente vier Monate lang daran, einen Raum im Madre Museum in Neapel in ein Kunstwerk zu verwandeln. *Ave Ovo* besteht aus einem monumentalen Fresko und einem Boden aus Keramik. Die Arbeit zeigt Symbole der Geschichte Neapels sowie aus Clementes persönlicher Geschichte.

Selbstporträts, 2005
Das Selbstporträt ist eine wichtige und immer wiederkehrende Ausdrucksform in Clementes Werk. Während er in einigen dieser Arbeiten wiederzuerkennen ist, zeigt ihn eine entscheidende Serie von 2005 in Gestalt verschiedener Avatare, unter anderem als Frau aus Bengalen (in einem Sari), als das »Andere« (dargestellt durch eine fischfressende Katze, nach

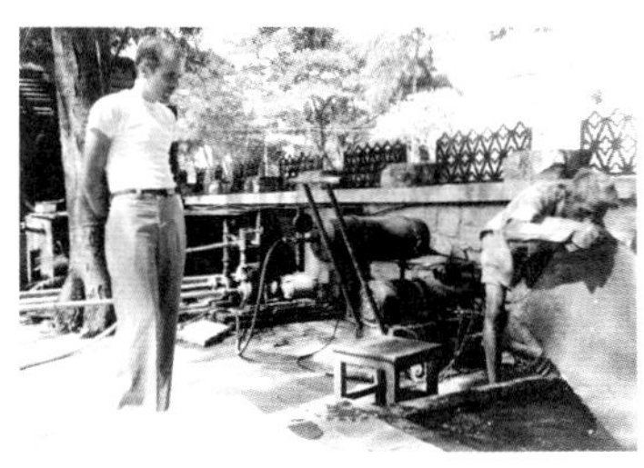

Arbeit am »Indigo Room« mit handgeschöpftem Papier in der Indigofärberei von Prema und Sheela Shrinivasan in Madras, Indien, 1984 Working on the Indigo Room with handmade paper at the indigo pit of Prema and Sheela Shrinivasan, Madras, India 1984

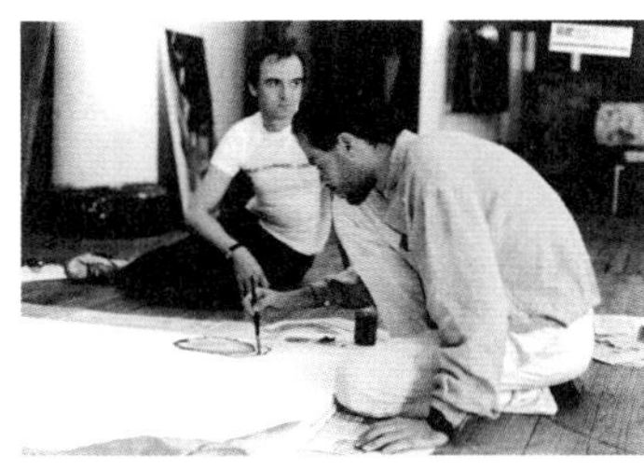

Rene Ricard sitzt Modell für ein Aquarell, New York, 1984 Rene Ricard modeling for a watercolor screen, New York 1984

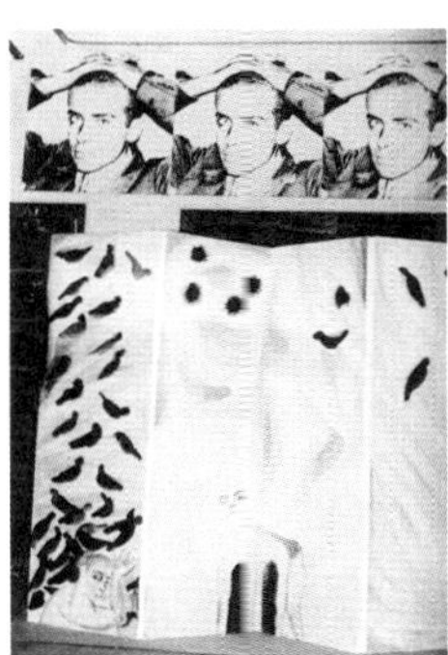

Ansicht des Ateliers mit einem Porträt Francesco Clementes von Andy Warhol und einem Aquarell-Paravent von Francesco Clemente, New York, 1985 View of the studio with a portrait of Francesco Clemente by Andy Warhol and a watercolor screen by Francesco Clemente, New York 1985

1996–2008: Bilbao, Naples, Self-Portraits, Brazil

La stanza della madre
(Mother's Room), 1998
This series of seventeen panels, commissioned for the inauguration of the Guggenheim Museum Bilbao, evokes the large-scale decorative murals of medieval and Renaissance palaces. References to elemental forces—earth, water, fire, and air—are juxtaposed with symbolism from Indian culture, religious history, and astrology. Clemente used backdrops from the 1920s Ballets Russes as his canvases for this series, with the patches in the material and faded background design serving as the basis for the painting and enhancing the lyricism in the work. Finally, "stanza" recalls the Renaissance *stanze*, rooms that provide refuge from the outside world.

Ave Ovo, 2004–2005
In 2004 Clemente spent four months transforming a room into a work of his art at the Madre Museum in Naples. *Ave Ovo* is composed of a monumental fresco and a ceramic floor. The work reveals symbols of Neapolitan history as well as of Clemente's personal history.

Self-Portraits, 2005
Self-portraiture is an important and ongoing expression in Clemente's work. While he is sometimes recognizable in these works, a key 2005 series features Clemente in distinct avatars including as a Bengali woman (wearing a sari), as "the other" (represented by a cat eating a fish, after a trope in Indian Kalighat paintings), and as an artist (represented as a bird on a perch). Writer Salman Rushdie dedicated an essay to Clemente's 2005 self-portraits, elaborating: "The more one looks at self portraits the more one begins to feel that metamorphosis, the art of the protean, may lie closer to the truth

einer Trope in der indischen Kalighat-Malerei) und als Künstler (dargestellt als Vogel auf einer Sitzstange). Der Schriftsteller Salman Rushdie widmete Clementes Selbstporträts von 2005 einen Essay, in dem er ausführt: »Je länger man sich die Selbstporträts ansieht, umso stärker spürt man, dass die Verwandlung, diese proteische Kunst, möglicherweise doch der Wahrheit der Form näher kommt als die abbildende Darstellung, und genau aus diesem Grund sind die neuen Selbstporträts von Clemente so interessant. Clemente ist selbst metamorph par excellence – Schauspieler, Clown, Maske, Avatar – und er ist so aalglatt wie der legendäre ›Alte vom Meer‹, er windet sich mit aller Kraft, wenn man versucht, ihn festzulegen. Man muss schon fest zupacken, und das lange, während er unablässig seine Gestalt ändert, um sich dem Griff zu entwinden ...«[5]

From the Terreiro (Aus dem Terreiro), Brasilien, 2006–2008

Zwischen 2006 und 2008 unternahm Clemente einige ausgedehnte Reisen nach Brasilien. Die dort entstandenen Arbeiten greifen Bilder und Themen auf, die für seine gesamte Malerei von zentraler Bedeutung sind, ebenso wie spezifisch brasilianische Vorstellungen und Ikonografie, worin sich Clementes bleibende Verbindung zu spezifischen Geografien spiegelt. Die Werkgruppe wurde in einer Ausstellung in der Yale School of Art präsentiert, die von dem Dekan Robert Storr kuratiert wurde. Storr bemerkte: »Symbole des Alltagslebens vermischen sich mit solchen des traditionellen Katholizismus und verschmelzen in Clementes Werk, wie es auch in der Kultur Brasiliens mit dem Glauben geschieht. Zeichen und Symbole schöpfen aus dem afro-brasilianischen Erbe des Candomblé – wie der Voodoo-Glaube, eine Variante des Animismus der Yoruba, der mit den Sklaven nach Nord-, Süd- und Mittelamerika kam. Das zugrundeliegende Thema ist hier, wie auch in Clementes übrigem Werk, in dem indischer Mystizismus und europäische Hermetik verknüpft sind, die Durchdringung verschiedener Kulturen

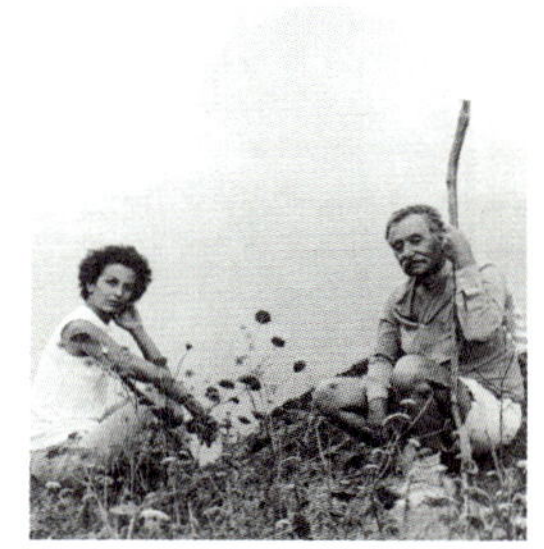

Alba Clemente und Ettore Sottsass, Filicudi, 1986 Alba Clemente and Ettore Sottsass, Filicuci 1986

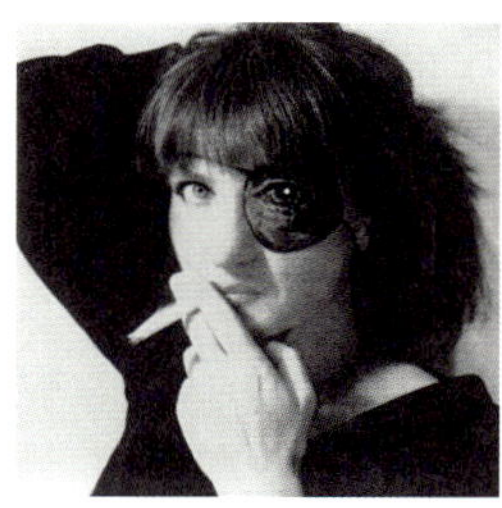

Edit DeAk, Herausgeberin von *Art-Rite*, trägt eine von Francesco Clemente bemalte Augenklappe, New York, 1986 Edit DeAk, editor of *Art-Rite*, wearing an eyepatch painted by Francesco Clemente, New York 1986

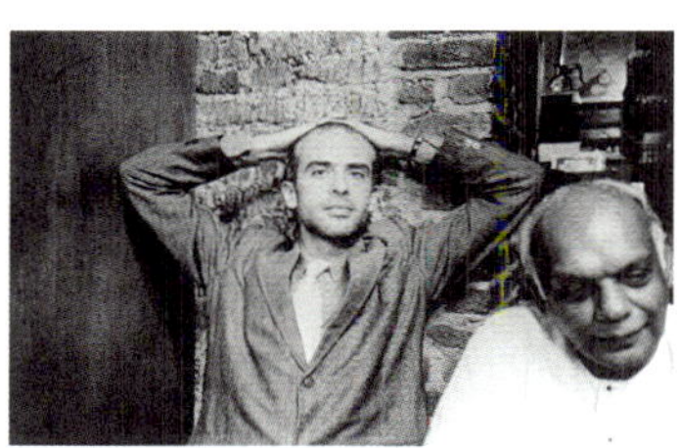

Mit C. T. Nachiappan, Drucker der »Hanuman Books«, Lower East Side, New York, 1984 With C. T. Nachiappan, printer of the Hanuman Books, in the Lower East Side, New York 1984

about the form than representation, and this, finally, is why Francesco Clemente's new pictures of himself are so interesting. Clemente is a metamorph par excellence—actor, clown, mask, avatar—and, as slippery as the legendary Old Man of the Sea, he wriggles hard when you try to pin him down. You have to hold on tightly, and for a long time, while he mutates ceaselessly to elude your grasp..."

From the Terreiro, Brazil, 2006–2008

Between 2006 and 2008, Clemente made several extended trips to Brazil. The work he developed there considers images and themes central to his art throughout his paintings as well as ideas and iconography specific to Brazil, reflecting Clemente's abiding connection to specific geographies. This body of work resulted in an exhibition at the Yale School of Art, curated by dean Robert Storr. Storr noted, "Emblems of everyday life blend with those of traditional Catholicism and fuse in Clemente's work, as that faith does in Brazilian culture. Signs and symbols draw from the Afro-Brazilian heritage of Candomblé — like voodoo, a variant of Yoruba animism that was brought to the Americas by slaves. Here, as in Clemente's other work linking Indian mysticism to European hermeticism, the underlying subject is the interpenetration of diverse cultures and the intrinsically syncretic nature of transcendental aspiration."

2009–2020: Tarots and Tents

The Tarots, 2011

This series of 78 works, inspired by tarot cards, was shown first at the Uffizi Gallery in Florence. These works incorporate esoteric allusions, traditional iconography, and purely personal references. Some of the cards feature portraits painted from life of people who are dear to Clemente. These cover a variety of personalities from the worlds

und die an sich synkretistische Natur jeder transzendentalen Suche.«[6]

2009–2020: Tarots und Zelte

The Tarots (Die Tarots), 2011
Diese 78 Arbeiten umfassende, von Tarotkarten inspirierte Bildserie wurde zunächst in den Uffizien von Florenz gezeigt. Die Werke enthalten esoterische Anspielungen, traditionelle Ikonografie und ganz persönliche Verweise. Auf einigen der Karten sind nach dem Modell gemalte Porträts von Menschen zu sehen, die Clemente etwas bedeuten. Sie umfassen eine ganze Bandbreite von Persönlichkeiten aus der Welt der Kunst, der Literatur, des Theaters, des Films und aus seinem Privatleben, mit denen Clemente auf der Bildebene verschiedene künstlerische und intellektuelle Disziplinen verbindet. Die Karten entstanden in unterschiedlichen Teilen der Welt, darunter Amalfi, New York, Chennai und Taos. Sie stellen eine Reise durch Clementes persönliche Geografie dar, die an jedem einzelnen dieser Orte tief verwurzelt ist. Auch in technischer Hinsicht zeichnen sich diese Arbeiten auf Papier durch eine enorme Vielfalt und den Willen zum Experimentieren aus: Tusche, Pastell, Tempera, Aquarell und Collage kommen abwechselnd auf den Blättern zum Einsatz und unterstreichen das immense technische Können des Künstlers.

Tents (Zelte), 2012–2014
Zwischen 2012 und 2014 schuf Clemente in Jodhpur, Rajasthan, in Zusammenarbeit mit einer Kunsthandwerker-Gemeinschaft eine Serie von sechs bemalten Zelten. Clemente bemerkte dazu: »Man sagt mir, ich sei ein Künstler-Nomade ... [Die Zelte] entstanden aus dem Nachdenken über mein eigenes Leben und meine eigenen Bedürfnisse; es war als hätte ich kein Zuhause gehabt, hätte mir aber eines gewünscht.«[7] Die Zelte sind mit Stangen und besonderen gusseisernen Gewichten gesichert. Die Außenseiten sind mit Holzschnittmustern, die nach Zeichnungen von Clemente geschnitzt wurden, handbedruckt. Sie erinnern an die Tarnung der indischen Armeeuniformen

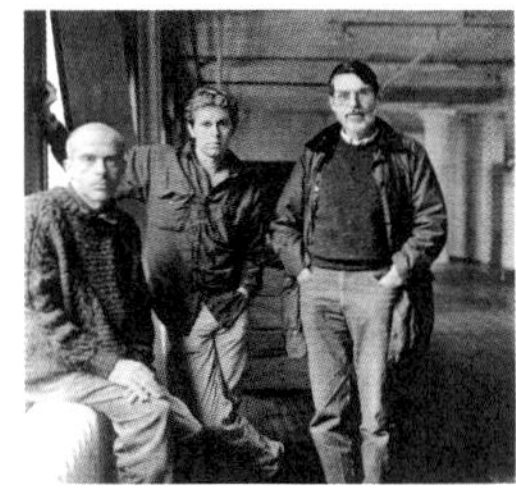

Francesco Clemente, Raymond Foye und Robert Creeley im Atelier, New York, 1988 Francesco Clemente, Raymond Foye, and Robert Creeley in the studio, New York 1988

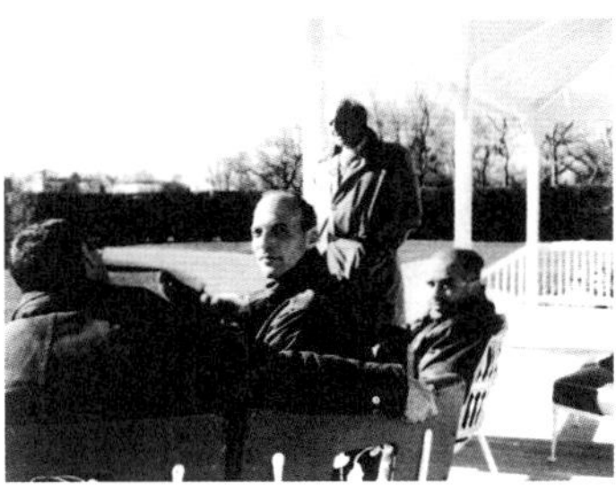

Mit Bill Katz und Cy Twombly, South Hampton, 1989 With Bill Katz and Cy Twombly, South Hampton 1989

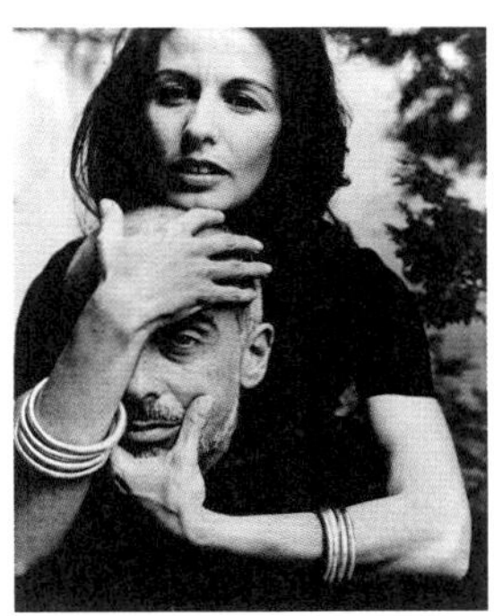

Mit Alba Clemente, 1990er Jahre With Alba Clemente, 1990s

of art, literature, theatre, cinema, and his personal life, with which Clemente visually connects different artistic and intellectual disciplines. The cards were created in different parts of the world including Amalfi, New York, Chennai, and Taos. They constitute a journey across the private geography of Clemente that is deeply rooted to each of these places. From the point of view of technique as well, these works on paper are characterized by extreme diversity and willingness to experiment: ink, pastel, tempera, watercolor, and collage are variously used on the sheets, punctuating the artist's great technical skill.

Tents, 2012–2014
Between 2012 and 2014, Clemente created a suite of six painted tents in Jodhpur, Rajasthan, in collaboration with a community of artisans. Clemente noted that "I am told I am a nomadic artist... [The tents] were generated by reflection on my own life, and my own needs; it was as if I didn't have a home, but wanted one." The tents are secured with poles and special cast-iron weights. Their exteriors are decorated with handprinted woodblock designs carved after Clemente's drawings. The patterns recall the camouflaging on the gear of the Indian army uniforms in Rajasthan. Inside the tents (each of which centers on a specific theme such as the spice trade, truth, angels, or devils), walls, ceilings, and entryways are awash in richly toned jewel-like paintings. The tents have been shown together in the *Encampment* exhibition at the Massachusetts Museum of Contemporary Art (2015), traveling to Carriageworks in Sydney (2016).

in Rajasthan. Im Inneren der Zelte (jedes konzentriert sich auf ein eigenes Thema, wie Gewürzhandel, Wahrheit, Engel und Teufel) sind Seitenwände, Decke und Eingangsbereich übersäht mit schillernder Malerei in prächtigen Farben. Die Zelte wurden in der Ausstellung *Encampment* (Lager) im Massachusetts Museum of Contemporary Art (2015) gemeinsam gezeigt und reisten dann in die Carriageworks nach Sydney (2016).

[1] Interview mit Rainer Crone und Georgia Marsh, Mai 1986, zusammengestellt aus unbearbeiteten Mitschriften, die später in Rainer Crone und Georgia Marsh, *Francesco Clemente: An Interview with Francesco Clemente*, New York 1987, veröffentlicht wurden; zit. in Ann Percy und Raymond Foye (Hg.), *Francesco Clemente: Three Worlds* (Ausst.-Kat. Philadelphia Museum of Art / Wadsworth Atheneum, Hartford / San Francisco Museum of Modern Art / Virginia Museum of Fine Arts, Richmond), Philadelphia 1990, S. 53.

[2] Ann Percy, »Italy«, in: *Three Worlds* (wie Anm. 1), S. 21.

[3] Raymond Foye schreibt: »Die Gründe, warum sich Clemente in Madras niederließ, hängen mit der Tatsache zusammen, dass es eine Stadt war, wo Raum, Vorräte, Hilfsmittel, Arbeit und Transport mit einem angemessenen Maß an Ausdauer sichergestellt werden konnten. Seine Gründe zu bleiben lagen in der Nähe zu einigen Dutzend Tempeln und heiligen Stätten, die im Staat Tamil Nadu verstreut sind, seinen vielen klassischen Musikern und Tänzern und dem jährlichen ›Carnatic music Festival‹ sowie seiner langen Tradition in philosophischer Unterweisung rund um die Theosophische Gesellschaft und die benachbarte Krishnamurti-Stiftung.« In: *Three Worlds* (wie Anm. 1), S. 55.

[4] Jyotindra Jain, *Clemente: Made in India*, Mailand 2011, S. 110.

[5] Salman Rushdie, »Being Francesco Clemente«, in: *Francesco Clemente: Self Portraits* (Ausst.-Kat. Gagosian Gallery, New York), 2006, S. 5–10. Abrufbar auf: http://www.francescoclemente.net/images/literature/Salman%20Rushdie.pdf [Zugriff am 30.3.2020].

[6] Yale School of Art, »Clemente > Brazil > Yale«, 15.3.2013, https://news.yale.edu/2013/03/15/yale-school-art-presents-clemente-brazil-yale [Zugriff am 30.6.2021].

[7] Massachusetts Museum of Contemporary Art, »Francesco Clemente: Encampment«, 19.3.2015, https://massmoca.org/francesco-clemente-encampment/ [Zugriff am 30.6.2021].

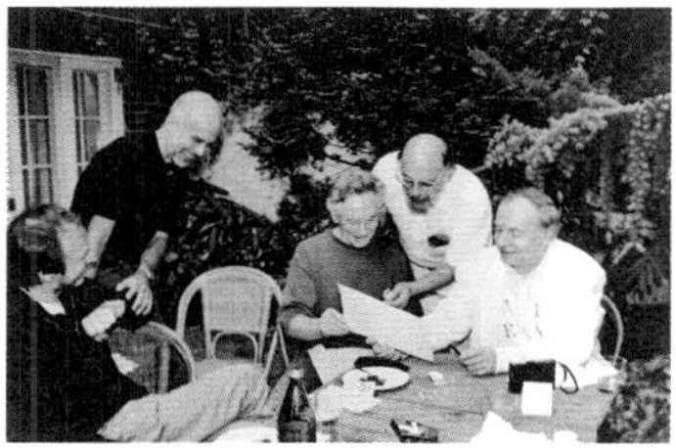

Rene Ricard, Francesco Clemente, Michael McClure, Allen Ginsberg und Andrei Voznesensky bei Clemente zu Hause, West Village, New York, 1990 Rene Ricard, Francesco Clemente, Michael McClure, Allen Ginsberg, and Andrei Voznesensky at Clemente's home in the West Village, New York 1990

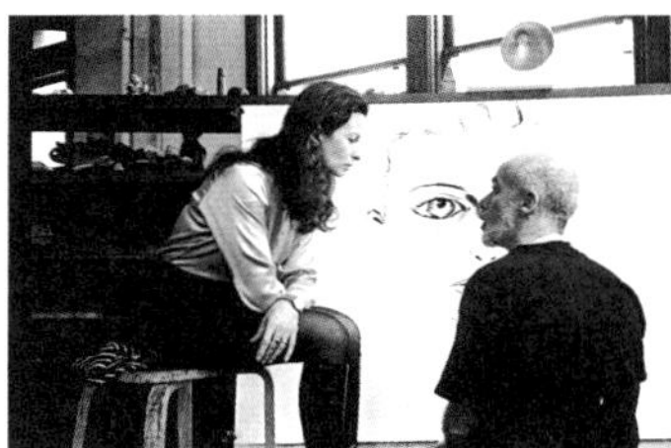

Mit Ehefrau Alba Clemente im New Yorker Atelier, 1993 In the studio with wife Alba Clemente, New York 1993

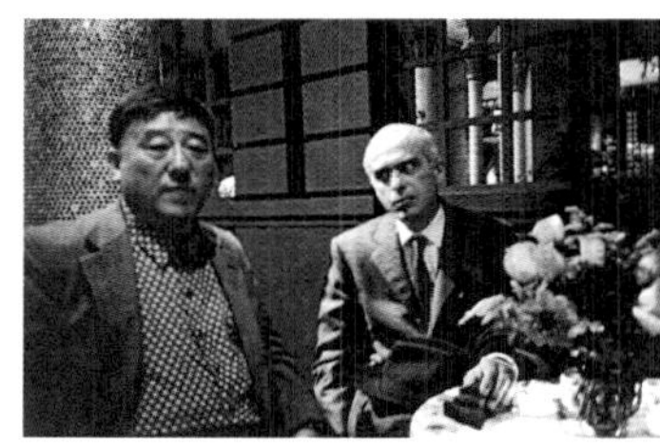

Mit Gelek Rinpoche, einem tibetischen inkarnierten Lama der Vajirayana-Linie, New York, 1994 With Gelek Rinpoche, Tibetan incarnate Lama in the Vajirayana lineage, New York 1994

[1] Interview with Rainer Crone and Georgia Marsh, May 1986, taken from unedited transcripts that were later published in Crone and Marsh, *Francesco Clemente: An Interview with Francesco Clemente* (New York: Vintage, 1987); quoted in Ann Percy and Raymond Foye, *Francesco Clemente: Three Worlds* (Philadelphia: Philadelphia Museum of Art, 1990), 53.

[2] Ann Percy, "Italy," in *Three Worlds*, 21.

[3] Raymond Foye notes: "Clemente's reasons for settling in Madras were largely due to the fact that it was a city where space, supplies, labor, and shipping could all be secured with a reasonable amount of perseverance. His reasons for staying were its proximity to several dozen temples and holy sites scattered across the state of Tamil Nadu; its wealth of classical musicians and dancers and the yearly Carnatic music festival; and its long tradition of philosophical learning centered around the Theosophical Society and the neighboring Krishnamurti Foundation." Percy and Foye, 55.

[4] Jyotindra Jain, *Clemente: Made in India* (Milan: Charta, 2011), 110.

[5] Salman Rushdie, "Being Francesco Clemente," in *Francesco Clemente: Self Portraits*, exh. cat. (New York: Gagosian Gallery, 2006), 5–10. Available from: http://www.francescoclemente.net/images/literature/Salman%20Rushdie.pdf

[6] Yale School of Art, "Clemente > Brazil > Yale," March 15, 2013, https://news.yale.edu/2013/03/15/yale-school-art-presents-clemente-brazil-yale.

[7] Massachusetts Museum of Contemporary Art, "Francesco Clemente: Encampment," March 19, 2015, https://massmoca.org/francesco-clemente-encampment/.

Creditlines

Self-Portrait at Villa Fersen, 1978
Francesco Clemente
S. / p. 29

Autoritratto, 1979
The JABLONKA Collection
S. / p. 31

Departure of the Argonaut, 1983–1986
Francesco Clemente
S. / pp. 35–77

Southern Cross, 2006
ALBERTINA, Wien / Vienna –
The JABLONKA Collection
S. / p. 81

Pastels from the Terreiro, 2007
ALBERTINA, Wien / Vienna –
The JABLONKA Collection
S. / pp. 82–93

Self-Portraits in White, Red and Black, 2008
ALBERTINA, Wien / Vienna –
The JABLONKA Collection
S. / pp. 97–101

Self-Portrait with Eyes, 2002
ALBERTINA, Wien / Vienna –
The ESSL Collection
S. / pp. 102/103

Self-Portrait as an Androgynae, 2005
ALBERTINA, Wien / Vienna –
The JABLONKA Collection
S. / p. 105

Alba's Amalfi, 2007
ALBERTINA, Wien / Vienna –
The JABLONKA Collection
S. / pp. 108–117

The Tarots, 2009–2011
Francesco Clemente
S. / pp. 121–135

Hermaphrodite, 1985
ALBERTINA, Wien / Vienna –
The JABLONKA Collection
S. / pp. 139–141

Day and Night, 1985
Francesco Clemente
S. / pp. 143–145

Mother of Letters, 1985
Francesco Clemente
S. / pp. 147–149

Francesco Riding a Unicorn, 2007
Erwin Wurm
S. / p. 151

Bildnachweis Image credits

Frontispiz / Frontispiece, S. / pp. 12 (r.), 97–101, 105, 108–117, 143–149, 155 (l., m.), 156 (l., r.), 157 (l.), 158 (m.), 159 (m.), 160 (l.), 161 (m.): Courtesy of Francesco Clemente
S. / pp. 4, 152/153: Sante D'Orazio / Courtesy of Francesco Clemente
S. / pp. 8, 15 (r.): Courtesy of Rafael Jablonka
S. / pp. 11 (l.), 82–93: ALBERTINA, Wien / Vienna
S. / pp. 11 (r.), 102/103: Mischa Nawrata
S. / p. 12 (l.): Klassik Stiftung Weimar, Bestand Museen, KK 106
S. / p. 15 (l.): Museo Nacional Thyssen-Bornemisza / Scala, Florence
S. / pp. 16, 29: John Berens Photography / Courtesy of Francesco Clemente
S. / p. 31: Studio SEBERT / Courtesy of Rafael Jablonka
S. / pp. 35–77: Tom Powel / Courtesy of Francesco Clemente
S. / pp. 121–135: Adam Reich
S. / pp. 139–141: Johannes Plattner
S. / p. 151: Sandro E. E. Zanzinger
S. / p. 154: Alessandra d'Urso / Courtesy of Francesco Clemente
S. / pp. 15 (r.): Maria Mullas / Courtesy of Francesco Clemente
S. / pp. 156 (m.), 159 (l.): Alba Clemente / Courtesy of Francesco Clemente
S. / pp. 157 (m.), 160 (r.), 161 (l.), 162 (m., r.): Allen Ginsberg / Courtesy of Francesco Clemente
S. / pp. 157 (r.), 158 (l.): Gianfranco Gorgoni / Courtesy of Francesco Clemente
S. / p. 158 (r.): Yoyo Bischofberger / Courtesy of Francesco Clemente
S. / pp. 159 (r.), 160 (m.): Francesco Clemente
S. / p. 161 (r.): Bruce Weber / Courtesy of Francesco Clemente
S. / p. 162 (l.): Camilla MacGrath / Courtesy of Francesco Clemente

Diese Publikation erscheint anlässlich der Ausstellung This catalogue has been published on the occasion of the exhibition

FRANCESCO CLEMENTE

Albertina, Wien
The Albertina Museum, Vienna
28. Juli – 30. Oktober 2022
July 28 – October 30, 2022

572. Ausstellung der Albertina
572nd exhibition of the Albertina Museum

Ausstellung Exhibition

Generaldirektor Director General
Klaus Albrecht Schröder

Kurator Curator
Rafael Jablonka

Kuratorin der Albertina Curator of the Albertina Museum
Elsy Lahner

Assistenzkuratorin Assistant Curator
Melissa Lumbroso

Ausstellungsorganisation Exhibition Management
Barbara Buchbauer, Kristin Jedlicka, Christiane Steinbichler-Schranz

Restauratorische Betreuung Conservation
Ute Kannengießer, Ida Rupp, Christina Schaaf-Fundneider

Rahmung und Passepartourierung Framing and Mounting
Ines Aßmann

Jahrespartner der Albertina
Annual Partner of the Albertina Museum

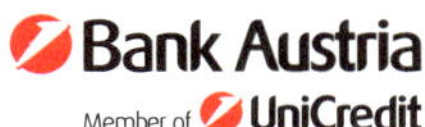

Partner der Albertina
Partner of the Albertina Museum

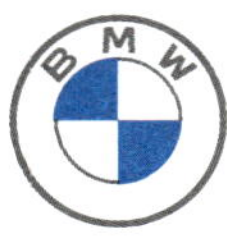

Sponsor der Ausstellung
Sponsor of the exhibition

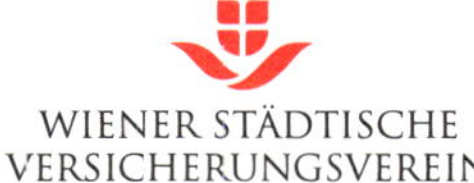

Katalog Catalogue

Herausgeber Edited by
Elsy Lahner, Klaus Albrecht Schröder

Redaktion Editing
Elsy Lahner, Melissa Lumbroso

Produktionsleitung Head of Production
Sandra Maria Rust

Projektmanagement Hirmer Verlag
Project Management Hirmer Publishers
Cordula Gielen

Lektorat Deutsch German Copyediting
Annette Siegel, München Munich

Lektorat Englisch English Copyediting
Mike Pilewski, München Munich

Erstlektorat initial copyedit **(Essay Jablonka)**
Raymond Foye

Übersetzung aus dem Englischen
Translation from English to German
Cordula Unewisse, Wachtberg

Übersetzung aus dem Deutschen
Translation from German to English
David Sánchez Cano, Madrid (Vorwort Foreword **Schröder)**
James Gussen (Essay Jablonka)

Gestaltung Design
Kühle und Mozer, Köln Cologne

Herstellung Production
Sophie Friederich, Hirmer

Lithografie Pre-press
Reproline Mediateam GmbH & Co. KG, Unterföhring

Papier Paper
Munken Lynx 150g

Schrift Font
Lineto Brown

Druck und Bindung Printing and Binding
Westermann Druck GmbH, Zwickau

Printed in Germany

ISBN 978-3-7774-4089-7
(**Museumsausgabe** Museum edition)

ISBN 978-3-7774-3563-3
(**Buchhandelsausgabe** Trade edition)

www.hirmerverlag.de
www.hirmerpublishers.com

Bibliografische Information der Deutschen Nationalbibliothek: Die Deutsche Nationalbibliothek verzeichnet diese Publikation in der Deutschen Nationalbibliografie; detaillierte bibliografische Daten sind im Internet über https://dnb.de abrufbar.

Bibliographic information published by the Deutsche Nationalbibliothek: The Deutsche Nationalbibliothek lists this publication in the Deutsche Nationalbibliografie; detailed bibliographic data is available online at https://dnb.de.

Umschlagvorderseite Front cover:
Detail von / of ***Southern Cross*, 2006, S.** / p. **81**

Frontispiz Frontispiece:
Detail von / of ***Self-Portrait in White, Red and Black VI*, 2008, S.** / p. **100**